DR. FRIEDBERT ASBOGA

Astromedizin, Astropharmazie und Astrodiätetik

Standardwerke der Astrologie

Dr Friedbert Asboga

Astromedizin, Astropharmazie und Astrodiätetik

CHIRON VERLAG

Alle Angaben in diesem Buch sind vom Autor sorgfältig erwogen und geprüft worden. Dennoch kann eine Gewährleistung jeglicher Art nicht übernommen werden. Eine Haftung für Personen-, Sach- Vermögens- oder sonstige Schäden ist ausgeschlossen. Die medizinische Astrologie ersetzt nicht den Besuch beim Arzt oder Heilpraktiker. Personen mit gesundheitlichen Beschwerden sollten alle therapeutischen Maßnahmen mit ihrem Arzt besprechen und auch gegebenenfalls die bei Heilmitteln anzuwendenden Gebrauchshinweise beachten.

978-3-389997-259-7

Umschlag: Judith Hamann, Tübingen
Foto © shutterstock
Druck: SDL, Berlin

Zu beziehen über:
Chiron Verlag, Postfach 1250, D-72002 Tübingen
www.chironverlag.com

Inhalt

Vorwort

Das Gesetz der kosmischen Entsprechung, die Abhängigkeit des Menschen von den Einstrahlungen, die wir mit Planeten- und Fixsternnamen bezeichnen, findet eine besonders eindringliche Beweisführung auf dem Gebiete von Krankheit und Heilmittel. Die alte Überlieferung ist von jeher den neuen Erkenntnissen angepasst worden, und wie früher behandelt heute eine Anzahl einsichtiger und naturverständiger Ärzte ihre Kranken auf Grundlage dieser Erfahrungslehre.

Die vorliegende Schrift stellt das letzte und umfassendste Werk über diesen Gegenstand vor. Es ist kein Buchwissen, was hier nachgeschrieben worden ist, sondern die Erfahrungen aus einer eigenen Heilpraxis werden mitgeteilt.

Die Grundlage ist das Geburtshoroskop. Die Aufstellung eines solchen hier zu lehren, geht nicht an, dafür ist die Sonderliteratur vorhanden, der Verfasser Dr. Asboga hat selbst ein derartiges sehr geschätztes Lehrbuch geschrieben, auf das verwiesen wird. Dieses führt gleich in das ganze Gebiet der Astrologie ein.

Das Horoskop zeigt die maßgebenden Einflüsse von Fixsternen und Wandelsternen auf und nun gilt es, daraus die Lehren zu ziehen.

Der astrologische Arzt kann unmöglich schematisch behandeln, wie es die Schulmedizin macht, die sich exakt nennt, aber an den wichtigsten Grundwahrheiten ahnungslos vorbeigeht. Ich betone: ahnungslos, weil die Professoren der Hochschulen in dieser Hinsicht auch ahnungslos sind und nichts aufnehmen, was nicht im Sinne ihrer Weltanschauung liegt. Sobald jedoch ein Arzt aus dem engen Gesichtskreis der Schullehre tritt und sehend wird, dann wird er astrologischer Arzt und kann es nicht begreifen, dass es noch Ärzte gibt, die diese Tatsachen nicht sehen wollen und daher auch darin erfahrungslos bleiben.

Nichts wäre verkehrter, als dieses Buch rein verstandesmäßig als Gedächtnissache aufzunehmen und wiederum schematisch zu werden. Man verlässt nicht einen Irrtum, um in den Bannkreis eines neuen zu treten. Es geht durchaus nicht an, etwa zu erklären: Dieser Kranke untersteht dem Zeichen Stier und wird daher mit jenen Mitteln behandelt, die Dr. Asboga dafür vorschreibt. Obgleich dabei ein Irrtum viel weniger möglich ist als bei den Hochschulärzten. Diese nehmen Mensch für Mensch und ihre Forschungen auf dieser falschen Grundlage sind falsch. Wenn hier ein Dogma gelten soll, so dieses: Erforsche erst den Menschen in seiner Anlage und seiner Konstitution, dann erst sind die Mittel zu wählen. Ich will das mit Nahrungsmitteln beweisen.

Gibt es ein Buch, in dem der Apfel nicht als ein Wunderding von gesundheitlicher Wirkung angepriesen wird? Darin sind sich nämlich alle einig, der Vegetarier, der Rohköstler, der Mischköstler und der Allesesser. Nun, viele Leute werden durch das Essen von Äpfeln krank. Ich erkläre: Keine Ernährungslehre hat allgemeinen Wert. Jeder Einzelne muss für sich eine solche aufstellen. Ein Mensch gedeiht gut bei Körnerfrüchten, bei denen andere zu kurz kommen. Ein anderer gedeiht erst bei gemischter Fleischkost, wobei der Dritte krank und leistungsunfähig wird. Mit heißen Bädern kann der Vierte seine Krankheiten loswerden und der fünfte sich solche verschaffen.

Da leuchtet es ein, wie unsachlich etwa Ernährungsuntersuchungen sind, wenn diese Sonderveranlagung der Versuchspersonen unbeachtet bleibt! Das ist jedoch wissenschaftlich selbstverständlich ... unbeachtet geblieben. Selbst bei Personen, die unter dem gleichen Zeicheneinfluss stehen, ist eine Gleichsetzung unsachlich, denn nun gilt es zu unterscheiden, ob der Mensch sensitiv ist oder nicht. Das Horoskop kann dem erfahrenen Arzte Hinweise geben.

Genauso, wie es mit den Nahrungsmitteln geschildert ist, ist es auch mit den Heilmitteln. Die eine Person wird am besten durch Kräuter geheilt, die andere durch Homöopathie, bei der nächsten schlagen die spagyrischen Mittel kräftig durch, und dann kommt eine andere Schar, der man mit biochemischen Mitteln am besten dient.

Der richtige Arzt, auch der astrologische, weiß das und er ist in der Regel so feinfühlig, um es gleich bei der Untersuchung zu erkennen, was hier im vorliegenden Falle anzuwenden ist. Ist er im Zweifel, so hat er im Pendel ein nie versagendes Hilfsmittel. Dieser ist ein Anzeiger der Ausstrahlungen der Person, seiner Anlage und seiner wunden Stellen; auch die Heilwirkung der Mittel erfasst er in ihren Ausstrahlungen und, was die Hauptsache ist: Er zeigt an, ob hier eine Heilmöglichkeit besteht oder nicht.

Die scheinbare Fülle der hier von Dr. Asboga angegebenen Mittel schrumpft daher der einzelnen Person gegenüber zusammen. Es kommt gar nicht infrage, einfach alles zu verordnen, damit der Körper sich das Zuträgliche auswählt, denn die nicht wirkenden Mittel schränken die Wirkung der helfenden ein, wenn nicht gar eine Aufhebung eintritt. Darin zeigt sich der Heilkünstler, mit wenigem viel oder alles zu erreichen.

Das Studium dieses Buches bringt zuerst die Einsicht von der Vielheit der menschlichen Veranlagungen. Aus vier werden 12, aus diesen teilen sich 144 ab und daraus werden weiterhin Tausende. Dabei alles durchaus begreiflich und übersichtlich, wer die vier kennt, lernt schnell die 12 und aus diesen folgen mit derselben Selbstverständlichkeit die verschiedenen Verbindungen. Nun treten die Planeten in einer Mannigfaltigkeit in die Erscheinung, sodass sich für jeden Menschen eine besondere Lage ergibt, die der verständige Arzt jedoch anhand des Horoskopes schnell übersieht. Nicht nur der Arzt: jeder Mensch kann es anhand dieses Buches, er lernt sich selbst körperlich kennen und kann somit seine starken und schwachen Seiten beurteilen und seine Lebensführung dem anpassen.

Dieses Buch erfüllt somit einen doppelten Zweck: Dem Laien enthüllt es seine Veranlagung und zeigt ihm seine beste Lebensführung, dem Arzte gibt es die Grundlage für die Heilbehandlung.

Angesichts der für Krankheitsbehandlung in Deutschland jährlich ausgegebenen vielen Milliarden, angesichts der wahnsinnigen

Heilmittelvergeudung – gegenüber der trotzdem sinkenden Gesundheit ist ein solches Buch von unschätzbarem Wert. Hätten wir die einsichtsvollsten Personen an bestimmenden Stellen, dann würde die Gratisverbreitung die wirksamste Sparmaßnahme sein! Wenn die Krankenkassen anstelle des Baues prächtiger Verwaltungsschlösser Geld ausgeben würden, diese Schrift ihren Versicherten in die Hände zu drücken, würde eine gewaltige Verbesserung der Kassenverwaltung kommen, die von selbst zur Ermäßigung der Beiträge führen würde.

Diesen Erfolg wünsche ich dem Buche, aus tiefer Besorgnis wegen der derzeitigen Zustände.

Malente-Gremsmühlen, 22. Oktober 1930.
A. Frank Glahn

I
Grundlagen der Astromedizin

1. Makrokosmos und Mikrokosmos. Die 4 Elemente

Es hieße Eulen nach Athen tragen, wollte man in einer Epoche, in der der neue geistige Impuls des Wassermannzeitalters immer mehr und mehr zu wirken beginnt, in der eine neue Zeit mit neuen Menschen, neuer geistiger Einstellung, neuen Ansprüchen und neuen Werten heraufzukommen sich anschickt, noch den Versuch machen, die Astrologie als solche zu rechtfertigen oder ihre wissenschaftliche Existenzberechtigung darzutun. Dies ist von berufenen Autoren bereits zur Genüge in einwandfreier Weise geschehen. Und wer trotz des reichen vorhandenen Materials, das jeder wissenschaftlichen Belastungsprobe standzuhalten vermag, sich zur Astrologie noch nicht bekennen will oder kann, der ist entweder böswillig oder entbehrt der nötigen Einsicht und Intelligenz oder der erforderlichen Konzentration, um sich in die allerdings nicht ganz leichte und flüssige Materie einzuarbeiten.

Der wichtigste und für die derzeitige Menschheit bedeutsamste Zweig der Astrologie ist die astrologische Medizin. Denn die Krankheitserscheinungen des menschlichen Organismus werden immer eines der hervorragendsten und bedeutsamsten Probleme für die Allgemeinheit bleiben, dessen Lösung der sogenannten Schulmedizin bisher in nur sehr mangelhafter Weise geglückt ist – hauptsächlich aus dem Grunde, weil sie den Begriff und die Bedeutung der »Krankheit« nur sehr unvollkommen erfasst und sich auch gerade mit diesem Grundproblem der medizinischen Wissenschaft fast gar nicht befasst hat[1]. Ebensowenig wird in der Praxis die Tatsache gewürdigt, dass ganz spezifische Formen gewisser pathologischer Zustände Hand in Hand gehen mit ebenso bestimmten Konstitutionen, Naturellen und Temperamenten. Wer nur einigermaßen auf astrologischem Gebiet versiert ist, der weiß, dass die Zusammenhänge zwischen Makrokosmos und Mikrokosmos am deutlichsten zutage treten im Zodiakus des menschli-

---

[1] vgl. auch Prof. Dr. F. Martius, KONSTITUTION UND VERERBUNG IN IHREN BEZIEHUNGEN ZUR PATHOLOGIE, Berlin 1914, Seite 1 ff.

chen Körpers, und dass es gesetzmäßige Beziehungen gibt zwischen dem Zodiakus und dem anatomischen Menschen, zwischen Gestirneinflüssen und Krankheiten, zwischen astralen Kräften und Heilkräutern und dementsprechend zwischen den Bewegungen und Konstellationen der als kosmische Persönlichkeiten zu wertenden Gestirne und zwischen Diagnostik, Therapeutik, Pharmazie und Diätetik. Jedem Mystiker ist außerdem die Erkenntnis in Fleisch und Blut übergegangen, dass die fortschreitende Entwicklung der Menschheit unlösbar verbunden ist mit den geistigen und himmlischen Hierarchien, die als Herrscher der Sonne und des Mondes, der Planeten und der Tierkreiszeichen gelten, und welche diese Entwicklung in höherem Aufträge zu lenken und zu leiten bestimmt sind. Der Kosmos oder, richtiger gesagt, der Makrokosmos, das Weltall ist keine Unendlichkeit, sondern ein zwar für unsere Begriffe unendlich großes, aber immerhin endliches und bestbegrenztes Gebilde, das dem Gesetz von Werden, Sein und Vergehen, vor allem aber dem Gesetz der Periodizität, genauso unterworfen ist, wie der Mikrokosmos, nur dass bei ihm hinsichtlich der Begriffe Sein, Werden und Vergehen unendlich große Zeitläufte infrage kommen. Der Makrokosmos ist aber auch kein ungeordnetes, chaotisches Gebilde, sondern im Gegenteil ein in unendlich feiner und subtiler Weise in seiner Gesamtheit wie in allen seinen Teilen funktionierender Organismus, der in bestimmter hierarchischer Weise gegliedert ist und von dem unser Sonnensystem nur einen verschwindend kleinen Teil bildet. Die okkulte Weltanschauung unterscheidet nun sieben Daseinsebenen, auch »Reiche«, »Welten«, »Globen« genannt, und zwar

1. *Prakriti* (die materielle Ebene), 2. *Prana* (die Astralebene), 3. *Kama* (die mentale Ebene), 4. *Manasa* (die kausale Ebene), 5. *Manas* (die manasische Ebene), 6. *Buddhi* (die buddhische Ebene) und 7. *Atma* (die atmische Ebene oder die Welt Gottes).

Die Erde gehört der untersten Ebene, also der niedrigsten Materie an, wobei bemerkt wird, dass die oben zu 1–4 genannten Ebenen als materielle Ebenen gelten, während die zu 5–7 genannten als spirituelle Globen anzusehen sind. Die Erde ist also ein Prakriti-Globus, der – samt den anderen Planeten und Monden – von einem Prana-Globus umgeben ist. Dieser pranische Sonnenglobus kreist – zusammen mit anderen pranischen Globen – um Alkyone, den hellsten Stern der Plejaden, und ist von einem Kama-Globus umgeben, dessen Mittelpunkt Alkyone ist. Auch dieser Kama-Globus wiederum kreist mit allen seinen zahlreichen Sonnensystemen und gemeinsam mit einer unendlichen Zahl anderer Kama-Globen um ein Manasa-Zentrum, das seinerseits ebenfalls ein Globus ist und bei welchem das physische oder materielle Universum endigt. Jede dieser drei höheren Ebenen steht in einem bestimmten korrelaten Verhältnis zu den drei niedrigeren, während Manasa als das vierte Glied der Reihe und als Zwischenglied zwischen dem materiellen und dem spirituellen Universum eine mittlere Stellung, gewissermaßen als Zwitterglied, einnimmt. Übersetzen wir diese uralte okkulte Weltallslehre in die Sprache der modernen Astronomie, so entsprechen:

1. das *Planetensystem* dem prakritischen Reich, 2. das *Sonnensystem* dem Prana, 3. das *Übersonnensystem* dem Kama, 4. das *Nebelsystem* dem Manasa, 5. das *Übernebelsystem* dem Manas, 6. das *Weltensystem* dem Buddhi und 7. das *Zentralsystem* dem Atma. Das »Höchsterhabene Wesen« ist der Erbauer des ganzen Weltalls, der dieses durch »das Wort« geschaffen hat (Evangelium. Joh. V. 1–5) und es auflöst, wenn es seinen Zweck erfüllt hat. Jedes Weltensystem hat seinen Welten-, jedes Sonnensystem seinen Sonnenlogos, jeder Planet seinen Planetenlogos (Gott). Der betreffende Logos ist der Schöpfer und Erhalter seines speziellen Systems. Unser Planetensystem hat also einen Sonnenlogos und neun Planetenlogoi, von denen aber nur sieben aktiv sind, da die Planeten Uranus und Neptun den Übergang zu dem nächsthöheren Sonnensystem bilden. Jedes vollkommene Planetensystem besteht aus 12 Gestirnen, entsprechend den 12 himmlischen Hierarchien, die als die 12 Entwicklungsstadien des Logos anzusehen sind, durch welche auch die Entwicklung des betreffenden Kosmos entsprechend beeinflusst wird. Beim Entstehen einer neuen Hierarchie manifes-

tiert sich gleichzeitig ein neuer Planet. Unser Planetensystem ist noch kein vollkommenes, da es die Zwölfzahl noch nicht erreicht hat. Dies steht im Einklang mit der Tatsache, dass in der Bibel auch nur 9 Hierarchien genannt sind, und dass auch die älteren und neueren Theologen nur 9 Hierarchien kennen, stimmt aber auch mit der okkulten Lehre überein, nach welcher die Erde noch drei große Manvantaras (Entwicklungsperioden) vor sich hat, während welcher noch 3 Hierarchien gebildet werden müssen. Die 10. Hierarchie ist bereits weit vorgeschritten, und ihre Manifestation steht bevor. Da bis jetzt für alle Tierkreiszeichen, ausgenommen Widder, Stier und Zwillinge, Planeten bestehen, nämlich die Sonne für das Zeichen Löwe, die Erde (der Mond) für das Zeichen Krebs, Merkur für Jungfrau, Venus für Waage, Mars für Skorpion, Jupiter für Schütze, Saturn für Steinbock, Uranus für Wassermann und Neptun für Fische, so müssen sich noch manifestieren die Planeten für die Zeichen Widder, Stier und Zwillinge. Die okkulte Wissenschaft nimmt an, dass diese drei Planeten in den höheren Sphären bereits existieren. Was die Tierkreiszeichen betrifft, so entfallen von den neun vorhandenen himmlischen Hierarchien das Zeichen

- Fische auf die Seraphim,
- Wassermann auf die Cherubim,
- Steinbock auf die Throne,
- Schütze auf die Herrschaften oder Geister der Weisheit,
- Skorpion auf die Kräfte oder Geister der Bewegung,
- Waage auf die Gewalten oder Geister der Form,
- Jungfrau auf die Fürstenhäuser oder Geister der Persönlichkeit,
- Löwe auf die Erzengel,
- Krebs auf die Engel.

Während der gegenwärtigen Erdentwicklung ist die 10. Hierarchie, nämlich die des Menschen, in der Bildung begriffen, und erst mit Schluss der 7. Runde vollendet. Nach der okkulten Lehre macht die Erde im ganzen sieben Hauptentwicklungsstufen oder Hauptperioden durch derart, dass während der drei ersten Stufen sowie in der ersten Hälfte der 4. Stufe der Geist immer tiefer und tiefer in den Stoff (die Materie) versinkt (Involution), während der zweiten Hälfte der 4. Stufe aber die Evolution, der Wiederaufstieg in das geistige Reich, beginnt und sich während der letzten drei Runden fortsetzt und vollzieht. Die derzeitige Menschheit befindet sich demnach bereits wieder in aufsteigender Bewegung.

Die erste Entwicklungsperiode ist die sogenannte Saturnperiode, die zweite die Sonnen-, die dritte die Mondperiode, die vierte, in der wir uns jetzt befinden, die Erdperiode, die fünfte die Jupiter-, die sechste die Venus-, die siebte und letzte die Vulkanperiode. Während der lunaren Manvantara, also während der Mondentwicklung der Erde, hatte die Evolution sieben Klassen von lebenden Wesen hervorgebracht, welche in der esoterischen (Geheim-)Lehre »Lunar-Pitris« genannt werden. Außerdem waren aus der Solarperiode, der Sonnenentwicklung, noch zwei Klassen sogenannter »Solar-Pitris« vorhanden. Von den Ersteren hatte die oberste Klasse das niedere mentale Prinzip entwickelt, während in der 2. und 3. Klasse das karmische Prinzip entwickelt war, in den vier unteren aber fehlte. In der neuen Manvantara, der Erdentwicklung, hatten die Lunar-Pitris der 1. Klasse zunächst die Aufgabe, die von den »Geistern der Form« gebildeten Körperformen zu beseelen und die so vorbereiteten Körper alsdann den Pitris der zweiten und dritten Runde als Vehikel zu überlassen. Dies geschah in der ersten Runde, der sogenannten polarischen Epoche. In der zweiten Runde, der hyperboräischen Epoche, setzten die Pitris der 1. Klasse ihre menschliche Evolution fort, während die der 2. Klasse erst das Anfangsstadium menschlicher Wesenheit erreichten. In der 3. Runde, der lemurischen Epoche, erlangten auch die Körper der Pitris der 1. Klasse die menschliche Form. Diese ist aber noch gallertartig und unverhältnismäßig groß. Die Pitris 2. Klasse setzten ihre Evolution fort, während die der dritten jetzt erst zu menschlichen Wesen sich auszubilden begannen. In dieser Runde treten auch die Solar-Pitris 2. Klasse zum ersten Mal in Erscheinung, und zwar fällt ihnen die Aufgabe zu, in der menschlichen Evolution nunmehr die Führung zu übernehmen.

Die seelische und geistige Entwicklung ist in dieser Epoche eine äußerst geringe, weshalb von einer anderen planetarischen Kugel, nämlich der in ihrer Evolution viel weiter vorgeschrittenen Venus, Abkömmlinge ihrer hochentwickelten Menschheit, die sogenannten Manasaputras (Söhne des Intellekts) auf die Erde herüberkommen, hier ihre Wohnsitze aufschlagen und als geistig hochstehende Lehrer der jungen Menschheit nunmehr deren geistige und sittliche Führung übernehmen. In der 4. Runde, der atlantischen Epoche, nimmt demgemäß die menschliche Entwicklung einen ungewöhnlich raschen Fortgang, und wir finden hier eine Kultur, die der unsrigen nur in ganz geringem Maße nachsteht. In diese Runde fällt auch der katastrophale Untergang des damaligen Erdteiles Atlantis, der sich über einen großen Teil des Atlantischen Ozeans, einen Teil Nordamerikas und einen Teil Afrikas erstreckte. Er soll 60 Millionen Menschen das Leben gekostet haben. Immerhin hat ein Teil der Atlantier den Untergang dieses Erdteils überlebt, und aus diesen Überlebenden hat sich die Menschheit der 5. Runde, der nachatlantischen Epoche, also unsere heutige Menschheit, entwickelt. Schon das erste Zeitalter dieser Epoche, das altindische, war ein ausgesprochenes Kulturzeitalter, dessen Bedeutung die heutige exakte Wissenschaft noch nicht genügend zu würdigen vermag. Ähnliches ist von dem altpersischen sowie von dem assyrisch-babylonisch-chaldäischen Zeitalter zu sagen, denen gegenüber das gegenwärtige trotz seiner Erfindungen und seiner modernen Errungenschaften an Bedeutung verloren hat, weil der Maßstab für die inneren Werte verlustig gegangen ist und den Zusammenhang mit dem Wahren, Schönen und Guten, mit der Gottheit selbst, eingebüßt hat. Denn unsere Zeit befindet sich auf einem Niederstieg in den Abgrund des krassesten Materialismus und der Verneinung göttlicher Wahrheiten, aus dem nur der geistige Impuls des Wassermannzeitalters uns emporzuheben vermag, aber auch nur diejenigen, die auf die Zeichen der Zeit zu achten und den Zeitgeist zu begreifen vermögen.

Bereits oben wurde darauf hingewiesen, dass im Makrokosmos, im Entstehen und Vergehen von Welten, und im Mikrokosmos, im Leben des Menschen, das Gesetz des periodischen Rhythmus obwaltet. Manvantara (Geburt, Leben und Betätigung) wechselt ab mit Pralaya (Tod, Vergeistigung und Ruhe). Das Manvantara gliedert sich in unserem Planetensystem in vier weitere große Zeitabschnitte, nämlich

1. das Kritajuga, das Zeitalter der Glückseligkeit, dessen Dauer 4 x 432.000 = 1.728.000 Jahre beträgt,
2. das Tetrajuga, die Periode des Feuers (der Wärme), deren Dauer 3 x 432.000 = 1.296.000 Jahre ausmacht,
3. das Traparajuga, die Periode des Misstrauens und des Zweifels, deren Dauer sich auf 2 x 432.000 = 864.000 Jahre beläuft, und endlich
4. das Kalijuga oder das Zeitalter der Miseren, das sich auf 1 x 432.000 = 432.000 Jahre erstreckt.

In der letztgenannten Zeitperiode, deren Beginn nach den uns gewordenen Überlieferungen etwa in die Zeit 3000 v. Chr. fallen soll, befindet sich nunmehr die heutige Menschheit. Demnach umfasst ein Manvantara einen Zeitraum von 10 x 432.000 = 4.320.000 Jahren.

Neben dieser Einteilung gibt es noch eine zweite, die durch die jährliche Fortbewegung des sogenannten Frühlingspunktes gegeben ist. Ursprünglich deckten sich die Sternbilder und die entsprechenden Tierkreiszeichen des Zodiaks. Durch die stete Bewegung der Sternbilder nach Osten tritt eine fortlaufende Verschiebung ein, während der sogenannte Frühlings- oder Widderpunkt seinen Standpunkt nicht verändert. Dieser Umlauf des Sternbilderkreises wird allgemein auf 25.980 Jahre angegeben, einen Zeitraum, den man das »platonische Jahr« zu nennen pflegt. Es würden hiernach auf jedes einzelne Zeichen 2.165 Jahre entfallen, sodass man heute, wo sich der Frühlingspunkt seit ungefähr 200 v. Chr. im Zeichen Fische befindet, vom Zeitalter der Fische zu sprechen pflegt. Dieses würde also, vorausgesetzt, dass es in der Tat mit dem Jahre 200 v. Chr. begonnen hätte, noch bis zum Jahr 2035 n. Chr. andauern, sodass in rund 100 Jahren der Beginn des Wassermannzeitalters einsetzen würde. Die Rückläufigkeit des Frühlingspunktes dürfte sich aber nicht auf 25.980, sondern auf rund 27.000 Jahre belaufen. Darauf deutet schon der Umstand hin, dass bei der Substitution dieser Zahl 16 platonische Jahre ein Kalijuga und 160 platonische Jahre ein Manvantara ausmachen würden. Die 16 ist die Quadratzahl von 4; die 4 aber ist eine der wichtigsten Zahlen in unserem Universum. Bekanntlich deutete Pythagoras in seiner Zahlenphilosophie den »Logos« an durch die Zahl 1 und die Schöpfung durch die Zahl 2. Die Kombination von beiden, den Kosmos, stellte er durch die Zahl 12 dar. Nun ist 3 + 4 = 7; d. h. der Kosmos besteht aus drei geistigen und vier materiellen Reichen. Und 3 x 4 = 12; d. h. der Kosmos besteht aus drei besonderen Welten, die durch eine Kette von vier Grundelementen (Feuer, Wasser, Luft und Erde) miteinander verbunden sind und sich in zwölf konzentrischen Sphären entwickeln. Diese zwölf Sphären bilden den Lichtkörper des Logos. Die heilige Vier der Pythagoräer ist aber nach der okkulten Lehre nichts anderes als die Dreiheit der durchgeistigten und beseelten Materie, umgeben von ihrer Aura, durch die sie wieder zu einer neuen Einheit, der Vier, wird. Diese ist also eine höhere Stufe der Eins, während die Sieben eine höhere Stufe der Vier und die Zwölf wiederum eine höhere Stufe der Sieben ist. Die Sieben und die Zwölf entstehen also im Makrokosmos und im Mikrokosmos aus der Drei und der niederen Vier. Und wie nach dem Willen des Logos, der ein Ausdruck des positiven Poles des Weltgeistes ist, während die Materie (Schöpfung) dessen negativen Pol bildet, sein Kosmos sich den Weltgesetzen entsprechend in Harmonie entwickelt, soll auch der Mensch sich körperlich, seelisch und geistig in Einklang mit den Schwingungen des Kosmos bringen und dadurch zu seinem Teil dazu beitragen, dass der Wille des Logos erfüllt werde. Tut er das, so bleibt er seelisch, geistig und körperlich gesund. Und wie ferner beim Menschen zu unterscheiden ist zwischen der höheren Individualität, das heißt zwischen dem höheren Ego, welches das Subjekt aller einzelnen Inkarnationen ist und im Horoskop durch die Sonne angedeutet wird, und zwischen der niederen Persönlichkeit, d. h. zwischen dem niederen Ego, zwischen der Maske, dem Vehikel, welches das höhere Ego sich für die derzeitige Inkarnation als »Körper« auserkoren hat, und welches im Horoskop durch Mond und Aszendenten repräsentiert wird, so hat auch unser Kosmos seine Individualität und seine Persönlichkeit, und zwar wird Erstere vertreten durch den Sonnenlogos, Letztere durch das gesamte Planetensystem einschließlich der Sonne, welches den derzeitigen kosmischen Körper des Systems bildet.

Nach diesen Betrachtungen über die Organisation des Kosmos (Makrokosmos) kehren wir zum Mikrokosmos, zur Materie und zum Menschen, zurück.

Wir wissen, dass die Materie in erster Linie eine Zweiheit (Polarität), in zweiter Linie eine Dreiheit (Trias) ist. Alle natürlichen Kräfte in der Welt bestehen nur durch Zahl, Gewicht, Maß, Harmonie und Bewegung. Und alle Dinge, die in der Materie existieren, haben hierin ihre Wurzel und ihr Fundament. Deshalb sind auch alle physischen und metaphysischen Dinge an bestimmte Zahlen gebunden, weshalb Pythagoras sich zu dem Ausspruch veranlasst fand, die Zahl sei es, wodurch alles bestehe, und die den einzelnen Dingen ihre besonderen Kräfte verleihe. Er hat eine ganze Zahlenphilosophie aufgestellt, die noch heute in der esoterischen Wissenschaft eine bedeutsame Rolle spielt. Hiernach bezeichnet die Eins die nicht geoffenbarte, nicht manifestierte Gottheit, das All-Eine, die höchste und einzige Einheit (Adam Kadmon). Diese Einheit durchdringt jede Zahl und ist Ursprung und Quelle aller anderen Zahlen sowie ihr gemeinschaftliches Maß. Sie ist daher aller Dinge Anfang und Ende. Sie selbst aber ist ohne Anfang und ohne Ende. Die Zwei ist der erste Sprössling der Einheit, die Zahl der Schöpfung, weshalb man sie auch »Genesis« nennt. Sie ist keine zusammengesetzte Zahl, sondern besteht nur aus zwei koordinierten Einheiten. Sie ist daher die Zahl der Materie. »Im Anfang war der Allgeist« (Evang, Joh. I, Vers 1); d. h. im Anfang war die Eins. Als durch die Schöpfung dem Geist die Materie koordiniert wurde, entstand die Zahl Zwei. Durch diese Koordination wurde aber gleichzeitig eine Antithese, ein Gegensatz, geschaffen; es fand eine Gegenüberstellung, eine Scheidung, eine Polarisation statt. Der These »Geist« wurde die Antithese »Materie« gegenübergestellt, dem Pol »Schöpfer« der Gegenpol »Schöpfung«. So entstanden weiter die Polaritäten: Gott und Welt, Ewigkeit und Zeit, Unendlichkeit und Raum, Jenseits und Diesseits, Leben und Tod, Werden und Vergehen, Tag und Nacht, Vergangenheit und Zukunft, Anfang und Ende, positiv und negativ, gut und böse, Mann und Frau, heiß und kalt, trocken und feucht. Wir sehen, dass die Zwei als die Zahl der Polarität und der Gegensätze zugleich auch die Zahl des Zwistes, der Zwietracht und des Kampfes ist. Denn jeder der beiden Pole, jede der beiden Polaritäten sucht sich auf Kosten der anderen zu vergrößern, zu verstärken und letzten Endes durchzusetzen. So brachte also die Schöpfung zugleich den Kampf in die Welt. Die Materie stand im Kampfe mit dem Allgeist, das Licht im Kampfe mit der Finsternis, das Positive im Kampfe mit dem Negativen, die Heiße im Kampfe mit der Kälte, das Trockene im Kampfe mit dem Feuchten. Deshalb war durch die Schöpfung an sich, d. h. durch die Setzung der Zahl 2, ein Zustand geschaffen, der als unerträglich und unmöglich bezeichnet werden musste. Es fehlte an einem Ausgleich, an einer Überbrückung, an einer Vermittlung der Gegensätze. Diese Mission war der Zahl 3 vorbehalten, der Zahl des Ausgleichs, der Vermittlung, des Gleichgewichts und der Synthese. Erst Thesis, die Antithesis und die Synthesis (Satz, Gegensatz und Mittelsatz – positiver, negativer und neutraler Pol – Anfang, Mitte und Ende, Warm, Halbwarm und Kalt) bilden ein vollkommenes Ganzes, in welchem die Gegensätze überbrückt sind. Deshalb bildet auch die Materie eine Dreiheit, bestehend aus Körper, Seele und Geist, wobei der letztere Koeffizient den positiven, der Körper den negativen und die Seele den neutralen Pol bildet. Deshalb ist aber auch jede Materie eine Dreiheit, mag sie dem Elementarreich, dem Pflanzen-, Tier- oder Menschenreich angehören. Aber nicht nur die sichtbare Materie ist eine Dreiheit, sondern auch die sog. Naturkräfte (Naturgesetze), die keineswegs blind waltende Kräfte, sondern große Intelligenzen, bildende Urkräfte und Vollstrecker des Göttlichen Willens sind, müssen als

Dreiheiten im obigen Sinne angesehen werden. Deshalb ist z. B. auch die Bewegung, welche den Urgrund alles Lebens bildet, eine Dreiheit, bestehend aus dem, was bewegt wird (Objekt der Bewegung = Körper), dem, was bewegt bzw. den Impuls zur Bewegung verleiht (motorisches Subjekt der Bewegung = Seele) und dem, was der Bewegung die Richtung gibt (dirigierendes Subjekt der Bewegung = Geist). Auch der Mensch als Mikrokosmos ist eine Dreiheit, bestehend aus dem positiven, aufbauenden, konstruktiven, elektrischen und geistigen Prinzip (These), dem negativen, zerstörenden, destruktiven, magnetischen und materiellen Prinzip (Antithese) und dem neutralen, neutralisierenden, ausgleichenden, harmonisierenden und seelischen Prinzip (Synthese). Er ist, wie jede andere Materie, eine Zweiheit (Polarität), eine Dreiheit (Trias) und eine Vierheit (Tetraktis).

Er ist, wie jede Materie, zusammengesetzt aus den vier Elementen Feuer, Luft, Erde und Wasser, wobei zu bemerken ist, dass diese vier Elemente lediglich als die vier Aggregatzustände der Materie zu bewerten sind, als die strahlende (Feuer), gasförmige (Luft), feste (Erde) und flüssige (Wasser) Materie. Wir erkennen in dieser Einteilung das Wasser als den Gegenpartner des Feuers, die Erde als den Gegenpartner der Luft, insoweit wir die Scheidung nach den Aggregatzuständen vornehmen. Lassen wir aber eine Trennung nach der Dichtigkeit, Helligkeit und Bewegung eintreten, so erhalten wir als Gegensätze Feuer und Erde sowie Luft und Wasser. Wir sehen, dass jedes Element zwei spezifische Eigenschaften hat, wovon es die erste in vorwiegendem Maße besitzt, durch die zweite aber wie durch ein Medium mit dem folgenden Element zusammenhängt. Das Feuer ist warm und trocken, die Erde trocken und kalt, das Wasser ist kalt und feucht und die Luft feucht und warm. Die Luft hat mit dem Feuer die geringe Dichtigkeit und die starke Beweglichkeit, mit der Erde aber die Dunkelheit gemein. Das Wasser hat zwei Eigenschaften mit der Erde gemein, nämlich die Dunkelheit und die Dichtigkeit, mit dem Feuer aber die starke Beweglichkeit. Das Feuer ist um das Dreifache dünner und um das Vierfache beweglicher als die

Luft. Die Luft ist um das Dreifache dünner und um das Vierfache beweglicher als das Wasser. Dieses ist um das Dreifache dünner und um das Vierfache beweglicher als die Erde. Wie sich also das Feuer zur Luft verhält, so verhält sich die Luft zum Wasser und das Wasser zur Erde. Und umgekehrt, wie sich die Erde zum Wasser verhält, so verhält sich dieses zur Luft und Letztere zum Feuer.

In der doppelten Gegensätzlichkeit des Feuers einmal zum Wasser und andererseits zur Erde sehen wir den tieferen Grund dafür, dass das Feuer durch Wasser gelöscht und durch Erde erstickt werden kann. Die zweifache Gegensätzlichkeit der Luft zum Wasser und zur Erde zeigt uns, warum wir im Wasser und in der Erde ersticken müssen, wenn wir uns nicht genügend Sauerstoff zuzuführen vermögen. Aus der doppelten Polarität zwischen Feuer und Wasser einerseits sowie Luft und Erde andererseits erkennen wir ferner, dass es zu jeder Schöpfung, und demnach auch zu jeder Zeugung, eines dynamisch-aktiv-elektrisch-männlichen und eines plastisch-passiv-magnetisch-weiblichen Partners bedarf. Beide bilden ihre natürliche Ergänzung, haben beim Zeugungsakt das Streben nach gegenseitigem Austausch und finden ihn durch die naturgemäße Herstellung des Gleichgewichts. Hierbei fungiert als aktives Prinzip die Wärme, als passives die Feuchtigkeit. Will man mithilfe dieser beiden Prinzipien eine Schöpfung, d. h. eine Zerstörung und Änderung des bisherigen Zustandes, herbeiführen, so muss man sich hierbei der beiden entgegengesetzten Prinzipien, d. h. des Prinzips der Kälte und des der Trockenheit bedienen, wobei Kälte das positive, Trockenheit das negative Element darstellt. Es sind also von diesem Standpunkt aus Warm und Kalt das positive, Trocken und Feucht als negative Pole anzusehen. Wägt man aber die einzelnen Gruppenkomponenten gegeneinander ab, so erweist Warm sich energischer als Kalt, Trocken sich mächtiger als Feucht. Und zieht man nunmehr das Endresultat, so erweist Warm sich als doppelt positiv, Feucht sich als doppelt negativ, während Kalt und Trocken je eine positive und eine negative Komponente aufweisen. Wir können diese folgendermaßen grafisch darstellen:

warm	= + +	trocken	= – +
kalt	= + –	feucht	= – –

Wie wir oben gesehen haben, ist Feuer warm-trocken, Erde kalt-trocken, Luft warm-feucht und Wasser kalt-feucht. Dies ist für die Konstitutions- und die Temperamentslehre außerordentlich wichtig. Stellen wir die Verhältnisse grafisch dar, so ergibt sich für

Feuer	+ + + –
Luft	+ +– –
Erde	+ – + +
Wasser	– + + +

Das Verhältnis ist also hinsichtlich des Feuers überwiegend positiv, hinsichtlich des Wassers überwiegend negativ, bezüglich der Luft positiv/negativ und bezüglich der Erde negativ/positiv. Übertragen wir dieses Verhältnis auf den Zodiakus, so finden wir, dass die Feuerzeichen überwiegend positiv, die Wasserzeichen überwiegend negativ, die Luft- und Erdzeichen aber ausgeglichen (positiv-negativ bzw. negativ-positiv) sind. Dies hat für die Therapie eine ganz besondere Bedeutung.

Betrachten wir nunmehr die Originaltabelle, die der bekannte französische Astrologe Morin, der bekanntlich auf astrologischem Gebiet die rechte Hand des Kardinals Richelieu gewesen ist, in seiner ASTROLOGIA GALLICA über die qualitative Zusammensetzung der planetaren Kräfte bringt, so finden wir darüber Folgendes verzeichnet:

1. **Sonne**: 5 ½ warm, 2 trocken
2. **Mond**: 5 kalt, 6 feucht,
3. **Merkur**: 1 ½ kalt, 1 trocken,
4. **Venus**: ½ warm, 4 feucht,
5. **Mars**: 2 ½ warm, 3 trocken,
6. **Jupiter**: 1 ½ warm, 1 trocken,
7. **Saturn**: 3 ½ kalt, 3 trocken

Uranus und Neptun sind in dieser Tabelle aus naheliegenden Gründen nicht aufgeführt. Stellen wir nunmehr auch diese Verhältnisse grafisch dar, so erhalten wir folgendes Resultat:

Sonne	11 +, 2 +, 2 –, also 13 Plus, 2 minus	= 11 Plus
Mond	5 +, 5 –, 12 –, also 5 Plus, 17 Minus	= 12 Plus
Merkur	1 +, 1 –, ½ +, ½ –, 1 +, 1 –, also 2 ½ Plus, 2 ½ Minus	= +/– 0
Venus	1 +, 8 –, also 1 Plus, 8 Minus	= 7 Minus
Mars	5 +, 3 +, 3 –, also 8 Plus, 3 Minus	= 5 Plus
Jupiter	3 +, 1 +, 1 –, also 4 Plus, 1 Minus	= 3 Plus
Saturn	3 +, 3 –, ½ +, ½ –, 3 –, 3 +, also 6 ½ Plus, 6 ½ Minus	= +/– 0

Auch diese Tabelle ist außerordentlich wertvoll und instruktiv für die astrologische Medizin.

Kombinieren wir nun die einzelnen Zodiakalzeichen mit ihren jeweiligen Herrschern, so ergibt sich Folgendes:

Feuerzeichen Widder (Herrscher Mars):

Zeichen 3 Plus, 1 Minus, Planet 8 Plus, 3 Minus, Resultat 11 Plus, 4 Minus = 7 Plus,

Erdzeichen Stier (Herrscherin Venus):

Zeichen 2 Plus, 2 Minus, Planet 1 Plus, 8 Minus, Resultat 3 Plus, 10 Minus = 7 Minus,

Luftzeichen Zwillinge (Planet Merkur):

Zeichen 2 Plus, 2 Minus, Planet 2 ½ Plus, 2 ½ Minus, Resultat 4 ½ Plus, 4 ½ Minus = +/− Null,

Wasserzeichen Krebs (Herrscher Mond):

Zeichen 1 Plus, 3 Minus, Planet 5 Plus, 17 Minus, Resultat 6 Plus, 20 Minus = 14 Minus,

Feuerzeichen Löwe (Herrscherin Sonne):

Zeichen 3 Plus, 1 Minus, Sonne 13 Plus, 2 Minus, Resultat 16 Plus, 3 Minus = 13 Plus,

Erdzeichen Jungfrau (Planet Merkur):

Zeichen 2 Plus, 2 Minus, Planet 2 ½ Plus, 2 ½ Minus, Resultat 4 ½ = +/− Null,

Luftzeichen Waage (Planet Venus):

Zeichen 2 Plus, 2 Minus, Planet 1 Plus, 8 Minus, Resultat 3 Plus, 10 Minus = 7 Minus,

Wasserzeichen Skorpion (Planet Mars):

Zeichen 1 Plus, 3 Minus, Planet 8 Plus, 3 Minus, Resultat 9 Plus, 6 Minus = 3 Plus,

Feuerzeichen Schütze (Planet Jupiter):

Zeichen 3 Plus, 1 Minus, Planet 4 Plus, 1 Minus, Resultat 7 Plus, 2 Minus = 5 Plus,

Erdzeichen Steinbock (Planet Saturn):

Zeichen 2 Plus, 2 Minus, Planet 6 ½ Plus, 6 ½ Minus, Resultat 8 ½ Plus, 8 ½ Minus = +/− Null,

Zeichen Wassermann (Planet Saturn):

Zeichen 2 Plus, 2 Minus, Planet 6 ½ Plus, 6 ½ Minus, Resultat 8 ½ Plus, 8 ½ Minus = +/− Null,

Wasserzeichen Fische (Planet Jupiter):

Zeichen 1 Plus, 3 Minus, Planet 4 Plus, 1 Minus, Resultat 5 Plus, 4 Minus = 1 Plus.

Stellen wir nunmehr die Durchschnittsqualität der einzelnen Zeichen fest, so ergibt sich folgendes Resultat:

Widder: Plus 7	Löwe: Plus 13	Schütze Plus 5
Stier: Minus 7	Jungfrau: +/−	Steinbock: +/−
Zwillinge: +/− 0	Waage: Minus 7	Wassermann: +/− 0
Krebs: Minus 14	Skorpion: Plus 3	Fische: Plus 1

Es überwiegt somit der Koeffizient Wärme bei den Zeichen Widder, Löwe, Skorpion, Schütze und Fische. Dagegen überwiegt der Koeffizient Feuchtigkeit bei den Zeichen Stier, Krebs und Waage. Als ausgeglichen sind anzusehen die Zeichen Zwillinge, Jungfrau, Steinbock und Wassermann.

Wir erinnern uns daran, dass, wie oben bereits festgestellt wurde, keines der Elemente ganz rein auftritt, sondern dass sie immer mehr oder weniger gemischt sind, und dass nach dieser Richtung hin zahlreiche Variationen möglich sind. Wir wissen ferner, dass aus der gegenseitigen Kombination und Transformation der Elemente die Elementarbewegungen und aus diesen wiederum die verschiedenen Körper und die verschiedenen Manifestationen hervorgehen. Wir dürfen deshalb nicht in den Irrtum verfallen anzunehmen, dass, wenn gleichzeitig drei Tierkreiszeichen derselben Dreiheit, z. B. dem Feuertrigon, angehören, die Wirkungsweise derselben immer dieselbe sei. Das ist schon deshalb nicht möglich, weil, um bei obigem Beispiel zu bleiben, jedes der Feuerzeichen einen anderen Herrscher hat. Die Ausstrahlungen von Sonne, Mars und Jupiter sind aber ganz verschieden voneinander, wie bereits aus der vorstehend zur Kenntnis gebrachten Tabelle der planetarischen Urqualitäten ersichtlich ist.

Wenden wir uns nunmehr den Urqualitäten der vier Elemente zu, so können wir diese dahin präzisieren:

1. Wärme (Feuer): warm, brennend, leicht, beweglich, sich ausdehnend, scharf,
2. Kälte (Wasser): kalt, zusammenziehend, versteifend, kristallisierend,
3. Feucht (Luft): fluidal, elastisch, leicht,
4. Trocken (Erde): kalt, ruhig, schwer, massiv, starr, im Spannungszustand.

Daraus ergeben sich folgende Effekte:

1. Warm: Erhitzung, Erweiterung, Verbreitung, Entzündung, Verbrennung,
2. Kalt: Abkühlung, Zusammenziehung, Verdichtung, Kristallisation,
3. Feucht: Verflüssigung, Erweichung, Auflockerung, Auflösung, Verflüchtigung,
4. Trocken: Spannung, Härtung, Versteifung, Zusammenballung, Entfeuchtung.

Dass diese Effekte auch auf physiologischem Gebiet starke und wichtige Wirkungen auszuüben vermögen, liegt auf der Hand. Doch muss vor der irrtümlichen Annahme gewarnt werden, als ob sie mit der physiologischen Energie, der Erzeugung und Aufspeicherung von Lehensenergie, identisch sein könnten, obwohl gerade Leben und Wärme untrennbar verbunden zu sein scheinen. Die physiologische Energie, die von den Alten als die »astrale Wärme« bezeichnet wurde, ist kein irdisch-dynamisches Prinzip, wie die Wärme, sondern sie ist ein astral-generatorisches Prinzip das lebende Organismen zu erzeugen imstande ist, indem sie aus dem im Astralen thesaurierten Bestand an vitalen Kräften die jeweils notwendige Menge entnimmt und dieser Reiz-, Erregungs-, Erhaltungs- und Regenerationsimpulse einflößt. Erst wenn die »ätherische Wärme«, die physiologische Energie, ihre Funktionen erfüllt und einen lebendigen Organismus erzeugt hat, treten die irdischen Elemente in Wirksamkeit, und zwar wirken sie hier in erster Linie auf die Blutzirkulation. Die Prinzipien aber, die sich im Blut, wie überhaupt in allen organischen Flüssigkeiten (Lymphe usw.) manifestieren, sind das warme und das feuchte Prinzip. Sie sind also die Repräsentanten des Lebens, während das kalte und trockene Prinzip die Repräsentanten des Todes sind.

Übertragen wir nunmehr die Effekte der vier Elemente auf das physiologische Gebiet, so vermögen wir folgende Feststellungen zu treffen:

1. *Warm*: Erhaltung des Lebens, Erwärmung, Blutzirkulation, Tonus, Aktivität, Lebensbetätigung, zentrifugale Bewegung, Elastizität, Muskel- und Atmungstätigkeit, Verdauung, Sekretion, männliches Prinzip,
2. *Kalt*: Zerstörung des Lebens, Erkältung, Zusammenziehung, Schrumpfung, Kristallisation, Festigung, Verhärtung, Verkalkung, Koprostase, Hinderung der Verdauung und der Sekretion, zentripetale Bewegung, Atonie, Steifigkeit, Passivität,
3. *Feucht*: Regeneration des Blutes und der sonstigen organischen Flüssigkeiten, Erweichung, Lockerung, Sekretion, Beförderung des Stoffwechsels, weibliches Prinzip,
4. *Trocken*: Spannung, Verdichtung, Reizung (und zwar entzündlicher Natur, insoweit der Mitkomponent Warm infrage kommt, nervöser Natur, soweit Trocken mit Kalt komponiert ist), Eindicken der Körperflüssigkeiten, Verhinderung des Stoffwechsels, Insuffizienz der Drüsen und Schleimhäute, Bildung von Harnsäurekristallen, von Nierengries sowie von Blasen- und Gallensteinen.

Kombinieren wir endlich die einzelnen Elemente miteinander, so kommen wir zu folgenden Resultaten:

1. *Warm – Feucht*: Warmes Blut, gesunde Blutzirkulation, Verdauung, Bewegung, normale Muskeltätigkeit, gute Vitalität, sanguinische Veranlagung,
2. *Kalt – Trocken*: Kaltes Blut, schwache Blutzirkulation, Störung des Stoffwechsels, Verkalkung, Verhärtung, geringe Muskeltätigkeit, Abneigung gegen Bewegung, schwache Vitalität, nervöse Veranlagung,
3. *Feucht – Kalt*: Kühles Blut, Tendenz zur Überproduktion wäs-

seriger und eiweißhaltiger Stoffe, lymphatische Veranlagung, mittelmäßige Lebenskraft,

4. *Warm – Trocken*: Heißes Blut, übermäßige Körperwärme, überstarke Oxydation, Überaktivität, gallige Veranlagung, starke Vitalität, die aber durch die Superoxydation des Blutes gefährdet ist,
5. *Warm – Kalt*: Gegenseitige Neutralisierung,
6. *Feucht – Trocken*: Gegenseitige Neutralisierung.

Da normale Funktionen bei einem lebenden Organismus nur dann möglich sind, wenn alle vier Prinzipien gleichzeitig in normaler Weise tätig sind und sich gegenseitig das Gleichgewicht halten, so kann man in allen Fällen, in denen eines dieser Prinzipien auf Kosten der anderen überwiegt, ein Abweichen von der Norm, also einen pathologischen Zustand konstatieren.

Betrachtet man von diesem Standpunkt aus die einzelnen Tierkreiszeichen, so ergeben:

1. die Feuerzeichen (Konstitution Warm – Trocken): die gallige Veranlagung, ausgedrückt durch übernormale Bluttemperatur, übermäßige Körperwärme, Superoxydation des Blutes, Überaktivität der Lebensvorgänge und der vitalen Energien und Neigung zu Fieber- und entzündlichen, überhaupt zu tonischen Krankheiten,
2. die Luftzeichen (Konstitution Warm – Feucht): die sanguinische Veranlagung, gekennzeichnet durch warme, normale Bluttemperatur, gesunde Blutzirkulation, gute Vitalität, normale Muskeltätigkeit, Bewegung, Verdauung, aber Neigung zu Katarrhen,
3. die Erdzeichen (Konstitution Kalt – Trocken): die nervöse Veranlagung, charakterisiert durch kaltes Blut, schwache Blutzirkulation, geringe Körperwärme, Störung des Stoffwechsels, Verkalkung, Verhärtung, geringe Muskeltätigkeit, Abneigung gegen Bewegung, schwache Vitalität und Neigung zu Skrofulöse, Rachitis, Krebs usw., zu Nervenleiden, Neurose, Neurasthenie und dergleichen.,

4. die Wasserzeichen (Konstitution Kalt – Feucht): die lymphatische Veranlagung, qualifiziert durch kühles Blut, nicht ganz normale Körperwärme, mittelmäßige Lebenskraft, Tendenz zur Überproduktion wässeriger und eiweißhaltiger Stoffe und Neigung zu Erkältungen, Rheuma, Wassersucht, Erkrankungen des Lymphsystems, Erweichungen des Drüsengewebes usw.

Hierbei darf nicht vergessen werden, was oben bereits betont worden ist, dass nicht alle Feuerzeichen, Luftzeichen usw. sich gleichmäßig auswirken, sondern dass man auch hier Unterschiede zu machen hat. Jedes Zeichen besitzt eben seine besondere Idiosynkrasie (ihm eigentümliche Säftemischung). Im Abschnitt 9 dieses Teiles werden wir ausführlich auf diesen Punkt eingehen und auch eine diesbezügliche tabellarische Übersicht bringen.

Zunächst erscheint es uns noch notwendig, die oben reproduzierte Morin'sche Tabelle über die Urqualitäten der einzelnen Planeten hinsichtlich der neuentdeckten Planeten Uranus und Neptun zu ergänzen. Wir wissen, dass Uranus die Oktave von Merkur, Neptun die Oktave von Venus ist. Die Qualität des Merkur ist in der Morin'schen Tabelle angegeben als 1 ½ kalt und 1 trocken, die der Venus als ½ warm und 4 feucht. Wir wissen ferner, dass Uranus und Neptun die Eigenschaften von Merkur und Venus in verstärkter und potenzierter Weise besitzen und diese auf einer höheren Stufe zum Ausdruck bringen. Endlich ist uns bekannt, dass Uranus die Qualitäten warm-trocken und Neptun die Qualitäten warm-feucht besitzt. Wir werden deshalb nicht fehlgehen, wenn wir die Urqualitäten des Uranus auf 2 warm und 1 trocken, die des Neptun auf ½ warm und 3 feucht bemessen. Da nun Uranus Mitherrscher des Zeichens Wassermann und Neptun Mitherrscher des Zeichens Fische ist, so bleibt uns nun noch übrig, die im Vorstehenden gefundenen Werte des Uranus und Neptun in die genannten Zeichen mit hinein zu kombinieren. Wir stellen zu diesem Zweck die einzelnen Faktoren hier nochmals zusammen:

Zeichen Wassermann (Saturn, Uranus):

Zeichen 2 Plus, 2 Minus, Saturn 6 ½ Plus, 6 ½ Minus, Uranus 5

Plus, 1 Minus, Resultat 13 ½ Plus, 9 ½ Minus, Nettobestand 4 Plus,
Zeichen Fische (Jupiter, Neptun):
Zeichen 1 Plus, 3 Minus, Jupiter 4 Plus, 1 Minus, Neptun 1 Plus, 6 Minus, Resultat 6 Plus, 10 Minus, Nettobestand 4 Minus.

Wir kommen also bei Mitberücksichtigung der Mitherrscher Uranus und Neptun zu ganz anderen und, wie uns scheint, viel richtigeren und zutreffenderen Resultaten. Ziehen wir nunmehr das Endergebnis, so erhalten wir für

1. Widder: plus 7	7. Waage. minus 7
2. Stier: minus 7	8. Skorpion: plus 3
3. Zwillinge: plus/minus 0	9. Schütze: plus 5
4. Krebs: minus 14	10. Steinbock: plus/minus 0
5. Löwe: plus 13	11. Wassermann: plus 4
6. Jungfrau. plus/minus 0	12. Fische: minus 4

Wir finden also als ausgeglichen die Zeichen Zwillinge, Jungfrau und Steinbock. Stellen wir nunmehr die Tierkreiszeichen nach ihren Plus- bzw. Minuswerten zusammen, so erhalten wir folgendes Bild:

	Plus		**Minus**
Widder	7	Stier	7
Löwe	12	Krebs	14
Skorpion	3	Jungfrau	0
Schütze	5	Waage	7
Wassermann	4	Steinbock	0
Zwillinge	0	Fische	4
zusammen	32	zusammen	32

Aus dieser Zusammenstellung ersehen wir, dass die Pluszeichen und die Minuszeichen sich die Waage halten.

Dies beweist uns, dass die für Uranus und Neptun interpolierten Werte richtig sein müssen, da als selbstverständlich anzunehmen ist, dass innerhalb des Zodiakus zwischen den einzelnen Teilen Gleichgewicht und Harmonie herrschen muss.

Wir erkennen aber ferner aus dieser Tabelle, dass wir in physiologischer und auch in psychologischer Hinsicht letzten Endes drei verschiedene Arten von Tierkreiszeichen zu unterscheiden haben, nämlich:

1. solche, bei denen der Koeffizient Wärme vorherrschend ist, die also vorwiegend und in ausgesprochener Weise das *männliche* Prinzip vertreten,
2. solche, bei denen der Koeffizient Feuchtigkeit dominiert, die also speziell das *weibliche* Prinzip vertreten, und
3. solche, die weder ausgesprochen männlich noch ausgesprochen weiblich charakterisiert sind, also als *neutral* angesprochen werden müssen.

Zur ersten Kategorie gehören die Zeichen Widder, Löwe, Skorpion, Schütze und Wassermann, zur zweiten die Zeichen Stier, Krebs, Waage und Fische, zur dritten die Zeichen Zwillinge, Jungfrau und Steinbock.

Gehen wir nun weiter auf die einzelnen Oppositionszeichen ein, so finden wir, dass

1. das Zeichen Widder (Mars) 7 Plus-, das Zeichen Waage (Venus) 7 Minusstärken hat. Widder vertritt also das männliche, Waage das weibliche Prinzip;
2. das Zeichen Stier (Venus) 7 Minus-, das Zeichen Skorpion (Mars) 3 Plusstärken hat. Ersteres vertritt also das weibliche, letzteres das männliche Prinzip;
3. das Zeichen Zwillinge als neutrales Zeichen dem Schützen als ausgesprochen männliches Zeichen gegenübersteht;
4. dass das Zeichen Krebs als ausgesprochen weibliches Zeichen dem neutralen Zeichen Steinbock gegenübersteht;
5. dass das männliche Zeichen Löwe mit 13 Pluspunkten dem männlichen Zeichen Wassermann mit 4 Pluspunkten opponiert, und endlich
6. dass das neutrale Zeichen Jungfrau als Widerpart das weibliche Zeichen Fische mit 4 Minuspunkten hat.

Diese Feststellungen sind wichtig für die Anwendung und Auslegung des Gesekes der Entsprechungen, das in der Astromedizin eine so bedeutsame Rolle spielt. Wir werden später auf dieselben zurückkommen.

Aber noch eine andere Art von Oppositionen und Polaritäten erhalten wir, wenn wir uns die gefundenen Resultate rein zahlenmäßig betrachten. Wir finden dann als stärkste Opposition und demnach weitgehendste Polarität die des Löwen (plus 13) zum Krebs (minus 14). Wir sehen also, dass das Zeichen Löwe den äußersten positiven und das Zeichen Krebs den äußersten negativen Pol des Tierkreises darstellt. Es folgen dann Widder und Waage (plus 7 und minus 7), Skorpion und Stier (plus 3 und minus 7), Wassermann und Löwe (plus 4 und plus 13), Schütze und Zwillinge (plus 5 und minus 0) und endlich Steinbock und Jungfrau (beide plus/minus 0). Im letzteren Falle handelt es sich also nicht mehr um Opposition (Polarität), sondern bereits um Konjunktion (Gleichartigkeit). Stellen wir nun noch die Tierkreiszeichen ihrem Wärme- bzw. ihrem Feuchtigkeitsgrade nach zusammen, so erhalten wir folgende Tabelle:

	Warm		**Feucht**
Löwe	13		
Widder	7	Krebs	14
Schütze	5	Stier	7
Wassermann	4	Waage	7
Skorpion	3	Fische	4
zusammen	32	zusammen	32

Es ist natürlich kein Zufall, dass eine so bedeutsame und so okkulte Zahl, wie die Zahl 32 es ist, die durch 2, 4 und 8 teilbar ist, als Ausgleichszahl im Zodiakus fungiert.

2. Die Astrologie als Grundlage der medizinischen Wissenschaft

Der Mensch ist Mikrokosmos, ein genaues Abbild, eine genaue »Entsprechung« des Makrokosmos. Man spricht deshalb auch von einem »Zodiakus des Menschen« und von einer »Lehre der anatomischen Entsprechungen«. Beide Begriffe sind uralt und gehen bis in das graueste Altertum zurück. Im alten Ägypten war die medizinische Wissenschaft ein untrennbarer und integrierender Bestandteil der Astrologie, und der Astrologe war zugleich Arzt und Priester. War doch damals auch die Esoterik so ganz und gar mit der Astronomie, Astrologie, Kosmogonie und Physiologie verbunden, dass alle diese Einzeldisziplinen nur Teile *einer* großen esoterischen Wissenschaft waren, eines Geheimwissens, das nur den Eingeweihten, den Adepten, zugänglich gemacht werden durfte. Auch die arabischen Ärzte stützten sich ganz und gar auf die Grundsätze der Astrologie, und auch die Inder, Perser und Chaldäer, die Griechen und Römer bauten ihre Heilsysteme, ihre Diagnose und Therapeutik auf dieser Basis auf. Bekannt sind auch die an das Wunderbare grenzenden medizinischen Leistungen der bedeutenderen Astrologen des Mittelalters, namentlich eines Paracelsus, Tycho de Brahe, Kepler und Bacon von Verulam. Es bestehen aber nicht nur Zusammenhänge zwischen den Gestirnkonstellationen und dem anatomischen Bau des Menschen, wie sie uns der Zodiakus des Körpers zeigt, sondern es sind auch Verbindungen vorhanden zwischen den Gestirnen einerseits und den Krankheiten sowie den Heilkräutern andererseits, und zwar nicht nur mit den Heilpflanzen im engeren Sinne, sondern auch den Giftpflanzen. Und gerade hier offenbart sich wieder das Gnadenprinzip Gottes, das in der gesamten Materie verankert ist und uns in gleicher Weise die Allmacht und die Liebe wie die Weisheit der Gottheit offenbart. Hierüber werden wir uns in den Abschnitten 19 und 23 dieses Teiles näher und eingehender äußern. Nach dem Vorstehenden können wir die medizinische Astrologie, die wir auch kurz als »Astromedizin« bezeichnen dürfen, definieren als die Kunst, unter Beachtung der makro-mikrokosmischen Zusammenhänge und der zur Zeit der Geburt gegebenen Gestirnkonstellationen Schlüsse zu ziehen auf die physiologische Beschaffenheit, auf Naturell, Temperament und Konstitution der einzelnen Menschen, auf ihre Disposition für bestimmte Krankheiten und auf die Art der anzuwendenden Therapie sowie die spezifische Eigenart der im Einzelfall anzuwendenden Heilmittel. Nach der astrologischen Doktrin sind mit dem Geburtsmoment die physiologische Beschaffenheit, das Naturell und Temperament sowie die Grundkonstitution des Körpers festgelegt, und die progressiven Aspekte der Gestirne vermögen nunmehr auf dieser Grundlage weiter zu wirken, wobei aber zu beachten ist, dass der kosmische Determinismus kein zwingendes Schicksal, sondern nur latente Dispositionen enthält, die aus ihrer Latenz erst heraustreten, wenn der Mensch selbst nichts dazu tut, um diese Dispositionen zu beseitigen, oder wenn er gar durch ein verkehrtes Leben oder sonst durch falsche Maßnahmen noch seinerseits dazu beiträgt, die ungünstigen Aspekte zur Auslösung zu bringen.

Es gibt also nach den Lehren der Astrologie keinen Determinismus und keinen Fatalismus, sondern es herrscht grundsätzlich das Prinzip der Willensfreiheit, das allerdings in gewissen Fällen durch karmische Dispositionen in gewisser Weise beschränkt ist.

Das Leben eines jeden Organismus ist aufgebaut auf Atomen, Molekülen und Zellen. Jedes Organ besitzt seine bestimmte charakteristische Zellform. Die Zellen bilden ein Zellgewebe, das Zellgewebe ergänzt sich zum Organ, die Organe supplieren sich zum Organismus. Auf diese Zellphysiologie ist z. B. auch das »biochemische Heilverfahren« von Dr. Schüßler aufgebaut, das mit einer ganz geringen Anzahl (früher 11, jetzt 15) von Zellsalzen arbeitet, die in ihrer therapeutischen Auswahl und Dosierung den Bedürfnissen des erkrankten Zellgewebes angepasst sind. Da die charakteristische Zellform der einzelnen Organe eine verschiedene ist, so reagieren die Letzteren auch verschieden auf die einzelnen Schwingungen, Vibrationen und Wellen des Äthers, die in der Form von

Wärme-, Licht-, Schall-, elektrischen oder radioaktiven Wellen usw. den Organismus treffen. Das ist auch der Grund, warum einzelne Menschen jeweils verschieden reagieren auf Wärme, Kälte, Feuchtigkeit, Trockenheit, Elektrizität, Magnetismus, Radioaktivität, Licht, Farbe, Musik usw. Diese Verschiedenheit in der Reaktionsfähigkeit hat ihre Ursache im Horoskop und letzten Endes im Karma. Wir haben im Abschnitt 1 uns bereits einen annähernden Begriff davon machen können, wie verschiedenartig die Wirkungen der Planeten in den einzelnen Tierkreiszeichen sein können. Eine Sonne im Krebs oder ein Mars im Krebs z. B. oder umgekehrt ein Mond im Löwen muten uns an wie eine Paradoxie. Dass ein Mensch mit der Sonne im Löwen auf Wärme und auf Kälte ganz anders reagiert als ein solcher mit der Sonne im Krebs, liegt auf der Hand und bedarf keiner Erwähnung.

Aber gerade hieraus ergibt sich die eminente Wichtigkeit der Astrologie und die Notwendigkeit, sie in der medizinischen Wissenschaft zu Rate zu ziehen. Deshalb sagt Culpeper mit Recht: »Die Heilkunde, die nicht an der Sternwissenschaft orientiert ist, ist eine Lampe ohne Öl.« In ähnlichem Sinne sagt Paracelsus in seinen astrologischen Schriften: »Jede Pflanze besitzt bestimmte Eigenschaften, die bestimmten Gestirneinflüssen entsprechen. Sobald wir die Sterneneinflüsse kennen, werden wir die Heilmittel wissen, die wir anzuwenden haben, um solche Einflüsse anzuziehen, welche auf den Kranken günstig wirken«.

Wer sich mit Astrologie beschäftigt, weiß, dass jeder Mondumlauf eine Wiederholung des menschlichen Kreislaufs von der Geburt bis zum Tode darstellt. Es findet ein monatlicher Auf- und Abbau, eine monatliche »Systole« und »Diastole« statt, eine fortwährende Erneuerung und Stauung des Lebensstromes (bios). Deshalb ist die Biologie die Lehre von der Erhaltung und zweckmäßigen Verstärkung und Erneuerung des Lebensstromes. Dieser 28-tägige Mondumlauf macht sich bei allen Flüssigkeiten, speziell auch beim Blut und der Lymphe, bemerkbar. Der Neumond veranlasst Stauung, Stillstand, Verfall, Tod, Vorbereitung eines neuen Kreislaufs. Er stellt die tiefste Ebbe, die Systole (Zusammenziehung, Einatmen,

Ebbe) dar. Das erste Viertel hängt mit der Wiederbelebung und dem Aufstieg der Funktionen und Flüssigkeiten, mit der Entwicklung des Organismus und mit der allmählichen Erzeugung und Entwicklung des Reifezustandes zusammen. Der Vollmond kennzeichnet den Zustand des Ausgereift-Seins, des Höchststandes der Säfte, der Höchstspannung der Kräfte, der Fruchtbarkeit und Fülle, der Diastole (Ausdehnung, Ausatmen, Flut). Das letzte Viertel stellt die Erntezeit, den Beginn der Ruhe, dar. Es nützt die Kräfte aus, welche die anderen Phasen erzeugt haben.

Auch für den Lebenslauf des Menschen gilt das Gesetz von den vier Phasen. Doch wirkt es sich nicht in der niederen Vier, sondern in der erhöhten Vier, der Sieben, aus und steht deshalb unter der Regie der sieben alten Planeten, Sonne, Mond, Merkur, Venus, Mars, Jupiter, Saturn. Und zwar herrscht von der Geburt bis zum 4. Jahre der Mond, vom 4. bis 10. Merkur, vom 10. bis 18. Venus, vom 18. bis 37. die Sonne, vom 37. bis 52. Mars, vom 52. bis 64. Jupiter und von da ab Saturn. Auch die sogenannten Siebenerperioden sind von Wichtigkeit, die jeweilig 7 Jahre umfassen und demnach auf das 7., 14., 21., 28. usw. Lebensjahr entfallen. Sie stehen in Verbindung mit dem Umlauf des Uranus, der sich auf 84 Jahre erstreckt und zu seiner Radixstellung in Halbsextil-, Sextil-, Quadratur- und Trigonalaspekt usw. tritt.

Gegenstand der Astromedizin sind nach den vorstehenden Erörterungen der Zodiakus des Makrokosmos und der des Mikrokosmos, ihre Zusammenhänge, ihre Korrespondenzen und Korrelationen, die Projektion des Zodiakus auf den menschlichen Körper, das Gesetz der anatomischen Entsprechungen, die Zusammenhänge zwischen Mensch und Universum, die Beziehungen zwischen Krankheiten und Gestirneinflüssen einerseits und zwischen Heilkräutern und astralen Kräften andererseits, die Relationen zwischen den Gestirnskonstellationen und zwischen Diagnostik, Therapeutik, Chemie, Pharmazie und Diätetik, die Astrochemie, Astropharmazie, Herbalastrologie, Farbentherapie, Reformdiätetik (Astrodiätetik) usw. usw. Die Signifikatoren für Gesundheit und Krankheit sind Sonne, Mond und Aszendent sowie die Planeten im 1. Hause oder an deren Spitze mit einem Orbis von etwa 8 Grad. Die zwölf Zeichen des Tierkreises geben, wie wir im Abschnitt 1 gesehen haben, verschiedene Grade von Lebenskraft und Gesundheit, und wir können in dieser Beziehung die Zeichen einteilen in solche mit starker, mittlerer und schwacher Lebenskraft. Auch sie ergeben sich aus Abschnitt 1, und zwar aus der am Schluss daselbst aufgestellten Tabelle. In die erste Kategorie gehören hiernach die Zeichen Löwe, Widder, Skorpion, Wassermann und Schütze, in die zweite Stier, Zwillinge, Jungfrau, Waage und Steinbock, in die dritte Fische und Krebs.

3. Die Grundelemente

Im esoterischen Sinne lehrt uns die Astrologie, die Liebe, Allmacht und Weisheit Gottes in der Schöpfung zu erkennen und diese zu begreifen als ein Spiegelbild der göttlichen Gedanken und Prinzipien, als eine Materialisation des göttlichen Zeugungswillens, die sich solcher Vollkommenheit erfreut, dass alles mit allem in tiefem innerem Zusammenhang steht laut dem Weltenplan des Schöpfers und den von ihm gegebenen Naturgesetzen, in denen das Gnadenprinzip als göttliches Gnadengeschenk verankert ist, das Gnadenprinzip, das beispielsweise auch in der Schaffung der Heilpflanzen und in dem Gesetz des Polwechsels auf dem Gebiet der Homöopathie bzw. Isopathie seinen Ausdruck findet. Diese inneren Zusammenhänge im Universum waren auch den Alten bekannt, und zwar in der Form des »Gesetzes der Entsprechungen«, nach welchem alles, was ist, auf eine mehrfache Weise existiert, nämlich einerseits im Archetypus, d. h. in der göttlichen Urwelt aller Gedanken, Formen und Erscheinungen, und andererseits in der Materie, d. h. auf der materiellen (praktischen) Ebene und gleichzeitig auch auf den 6 anderen Daseinsebenen, der astralen, mentalen, kausalen, manasischen, buddhistischen und atmischen (der Welt Gottes), die nach gewissen Gesetzen aufeinander zu reagieren vermögen, ebenso wie auch die einzelnen Daseinsformen untereinander kraft ihrer charakteristischen Schwingungsweisen in der betreffenden Schwingungsebene aktiver und passiver Reaktionen fähig sind. Dieses Gesetz der Entsprechungen ist eines der wichtigsten Gesetze im Universum. Denn die Fähigkeit der Dinge, in den einzelnen Schwingungsebenen gegenseitig aufeinander aktiv zu wirken und passiv zu reagieren, bildet die Grundlage der Bewegung und damit den Urgrund des Lebens. Sie bildet auch das Fundament der Astrologie, bei welcher Aktionen und Reaktionen zwischen der astralen und materiellen Ebene infrage kommen.

Die Astrologie gehört nun aber, wie bereits in der ASTROMAGIE (S. 35f.) ausgeführt wurde, zu den sogenannten. Grenzwissenschaften, also in das Gebiet des Metaphysischen und Transzendentalen. Und deshalb kann auch jeder Versuch zu ihrer Rechtfertigung nur vom metaphysischen bzw. transzendentalen Boden aus unternommen werden. Eine Handhabe hierzu bietet das schon oben erwähnte Gesetz der Entsprechungen, das feststellt, dass in allen Welten und auf allen Daseinsebenen, mögen sie irdischer oder himmlischer (überirdischer) Natur sein, ein und dieselben Einflüsse, Verhältnisse, Beziehungen und Gesetze herrschen, und dass alles, was ist, von der göttlichen Urkraft ausgeht, die alles in bestimmter und gesetzmäßiger Weise durchdringt und hierdurch eine erhabene, weise und unabänderliche Weltordnung schafft, durch welche die gesamte Materie beherrscht und alles Geschehen an bestimmte Kausalitätsgesetze gebunden wird. Diese weise, ewige und unabänderliche Weltordnung bedingt auch eine feste, durch alle Welten und Daseinsebenen gleichmäßig hindurchgehende Hierarchie, die unter anderem auch bedingt, dass letzten Endes nicht die Gestirne, die wir als selbstständige kosmische Individualitäten anzusprechen haben, die Ursachen der menschlichen Geschicke sind, dass vielmehr die Sonnen, Planeten und Monde nur als die Vollstrecker des Göttlichen Willens fungieren und die astrologischen Konstellationen und Aspekte lediglich als die Signifikatoren, nicht aber als die Verursacher der menschlichen Geschicke anzusehen sind.

Da die Gestirne als kosmische Individualitäten der astralen Welt angehören, und diese die der materiellen Welt zunächst liegende ist, so gehen die Göttlichen Willensäußerungen vom Archetypus auf dem Weg der Instanzen über die atmische, buddhische, manasische, kausale und mentale Ebene zunächst auf den astralen Plan, von wo sie uns durch Vermittlung der siderischen Konstellationen und Aspekte zur Kenntnis gebracht werden können, falls wir es verstehen, die Schrift des Himmels zu lesen. Das Horoskop ist also nichts anderes als die Projektion des Göttlichen Willens auf der astralen Ebene und somit letzten Endes ein Göttliches Zertifikat über den Grad unseres körperlichen, seelischen und geistigen Fortschritts, über unsere äußerliche und innerliche Reife und über die körperlichen, geistigen und seelischen Mängel, die uns noch anhaften und die in den Formen und dem Zustande unseres Körpers ihren Ausdruck finden. Denn da der Mensch eine Dreiheit, bestehend aus Geist, Seele und Körper ist, so müssen bei der Geburt Körper, Seele und Geist in einem Adaptions- und Appropriationsverhältnis zueinander stehen, und das Milieu, in welchem der Mensch geboren wird, muss diesem Verhältnis angepasst sein. Deshalb wird jeder Mensch genau in dem Augenblick, genau in dem Milieu und genau in der körperlichen, seelischen und geistigen Verfassung geboren, die seinem Karma angepasst sind. So stehen also körperliche, seelische und geistige Beschaffenheit, physiologische Natur, Polarität, Temperament, Konstitution und Naturell stets in Verbindung mit dem Karma und entsprechen dem Reifezustand der betreffenden Persönlichkeit.

Da aber auch die Krankheitsdispositionen mit der Dreieinigkeit Körper, Seele, Geist, repräsentiert durch den Aszendenten (und die im 1. Hause befindlichen Planeten), Mond und Sonne, in enger Beziehung stehen, so sind auch sie mehr oder weniger karmisch bedingt, und wir ersehen schon allein hieraus, dass unser Daseinszweck der ist, auf die Verbesserung unseres Karmas hinzuwirken und auf eine Veredelung der Dreiheit Körper-Seele-Geist Bedacht zu nehmen. Ist doch jedem ernsthaften Okkultisten bekannt, dass jede Krankheit zunächst im Mentalkörper entsteht und von da auf den Astral- und den Ätherkörper und zuletzt auf den physischen Körper übergreift. So bestimmt denn der Geburtsmoment auch ganz besonders die Art und Stärke der Krankheitsdispositionen, und wir können zwei Arten solcher Dispositionen unterscheiden, nämlich einerseits die konstitutionellen oder primären Dispositionen, die mit dem Aszendenten und nach dem Gesetz der Entsprechungen mit dem Deszendenten in Verbindung stehen, und andererseits die sekundären Dispositionen, die auf ungünstiger Aspektierung bestimmter Planeten beruhen. Beide Dispositionen vermögen sowohl akute wie chronische Leiden zu erzeugen. Und wie in der allgemeinen Astrologie die vier Trigone und die drei Kreuze eine hervorragende Rolle spielen, so auch in der Astromedizin. Die vier Trigone bestimmen die vier *Temperamente* und die vier *Grundkonstitutionen.*

Dem Feuertrigon entspricht das cholerische Temperament, dem Lufttrigon das sanguinische, dem Erdtrigon das melancholische und dem Wassertrigon das phlegmatische. Ebenso korrespondiert mit dem Feuertrigon die gallig-nervöse Konstitution, mit dem Lufttrigon die gallig-sanguinische, mit dem Erdtrigon die lymphatisch-nervöse und mit dem Wassertrigon die lymphatisch-sanguinische. Andererseits steht mit dem Ernährungsnaturell in Verbindung das sogenannte fixe Kreuz (Stier, Löwe, Skorpion und Wassermann), mit dem Bewegungsnaturell das sogenannte Kardinalkreuz (Widder, Krebs, Waage und Steinbock) und mit dem Empfindungsnaturell das sogenannte bewegliche Kreuz Zwillinge, Jungfrau, Schütze und Fische).

Und wie ferner in der allgemeinen Astrologie die *zwölf Tierkreiszeichen* eine hervorragende Rolle spielen, so auch in der Astromedizin. Denn jedem dieser zwölf Tierkreiszeichen entspricht ein bestimmter Teil oder, richtiger gesagt, eine bestimmte Region des menschlichen Körpers: dem Widder der Kopf, dem Stier Hals, Rachen und Kehlkopf, den Zwillingen Schultern, Arme und Hände, dem Krebs Brust und Magen, dem Löwen Herz und Rückenmark, der Jungfrau Bauch, Nabel und Eingeweide, der Waage Lenden, Nieren und Galle, dem Skorpion der Schambereich sowie die

Harn- und Genitalorgane, dem Schützen die Hüften und Oberschenkel, dem Steinbock die Haut, Bänder und Gelenke, die Knochen und Knorpel, dem Wassermann die Unterschenkel, die Knöchel, das Schien- und Wadenbein und den Fischen die Füße, die Lunge, das synoviale Bindegewebe und das Lymphsystem.

Auch jedem *Planeten* unterstehen bestimmte Körperregionen und bestimmte physiologische Funktionen. So ist die *Sonne* das Zentralorgan der Vitalität, die Kraftzentrale und die Erzeugerin der Lebensenergien; der *Mond* reguliert die Zirkulation der Körperflüssigkeiten; *Merkur* ist der Regulator der Gehirn- und Nerventätigkeit, der Bewegung, der Sprache und des Gehörs; der *Venus* sind das Gefühl und der Geschmack unterstellt sowie das Venensystem, auch ist sie Repräsentant der Fortpflanzung und Regulator der inneren Sekretion; *Mars* regiert die Muskulatur, die Nase, den Schlund, die Blase, das Nierenbecken, das Hämoglobin und das Fibrin des Blutes und die Blutoxydation, die Haare und Nägel. Auch der Geruch ist ihm unterstellt. *Jupiter* repräsentiert das Wachstums- und Lebensbereicherungsprinzip. Er ist der zweite Lebenserhalter neben der Sonne und regiert als zweites Lebensorgan die Leber (Leben = Leber). Ferner obliegt ihm die Regulierung des Blutkreislaufs, die Beherrschung des arteriellen Blutes und die Bildung der roten Blutkörperchen. *Saturn* ist der Planet der Erstarrung und des Todes. Er bewirkt Hemmung der Sekretion, Verhärtung, Verkalkung, Ablagerung von Mineralstoffen, Harn- und Nierengries, Gallensteine, mangelhafte Verdauung, Koprostase (Kotanschoppung) usw. Ihm unterstehen das Haut- und das Knochensystem, die Zähne und Gelenke und Bänder, die Knie und die Milz. Er erzeugt demnach Knochenschwund und Knochenerweichung, Gelenktuberkulose, Ekzeme, Hautkrankheiten usw. *Uranus* hat starken Einfluss auf das Zentralnervensystem, den Nervenäther, die Kilner'sche »innere Aura« und alles, was sich auf den sogenannten »vierten Aggregatszustand« bezieht. Er erzeugt Krämpfe, paroxysmale Tachykardien, Epilepsie, Manie, Tobsucht, Zuckungen usw. *Neptun* steht in Beziehung zu der Aura des Menschen. Ebenso unterstehen ihm alle psychischen Funktionen (Telepathie, Hellsehen usw.), ferner Hypnotismus, Spiritismus und Mediumismus. Seine Krankheiten sind hauptsächlich überphysischen Ursprungs und drücken sich physisch in verschiedener Weise aus als Schlafsucht, Lethargie, Ekstase, Betäubungszustände des Gehirns durch Narkotika usw., Süchtigkeit (Morphinismus, Kokainismus, Nikotinismus, Alkoholismus usw.), Hysterie, Kata-lepsie, Halluzinationen, Wahnideen, Somnambulie, Mediumität usw. Im Einzelnen wird hierüber im Abschnitt 9 gehandelt werden. Die Planeten wandern langsamer oder schneller durch die einzelnen Tierkreiszeichen; und durch die Veränderungen, die sie dort hervorrufen, werden entsprechende Veränderungen in der Physis des Menschen hervorgerufen, die teils günstiger, teils ungünstiger Natur sein können. Insoweit die Stellung der Planeten im Tierkreis infrage kommt, spricht man von dem »kosmischen Zustand« derselben (vgl. Sindbad und Weiß. S. 96 f.). Dagegen kommt die »lokale Determination« der Planeten infrage, wo es gilt, die Beziehungen der Planeten zum Horizont und Meridian der betreffenden Nativität oder mit anderen Worten ihre Beziehungen zu den Häusern, Örtern oder Kraftstationen des Horoskops in Betracht zu ziehen. Alle übrigen Akzidentien einer Planetenstellung fallen unter den Begriff der akzidentiellen Determination. Hierher gehören also namentlich

- die Position des Planeten im Hause,
- seine essenziellen Würden in einem Hause,
- seine Antiszien,
- seine Konjunktionen mit dem Glückspunkt oder mit den Mondknoten oder mit bestimmten Fixsternen,
- seine Aspekte,
- die in seiner Bewegung begründete Stärke oder Schwäche (Schnelligkeit bzw. Langsamkeit der Bewegung, Rückläufigkeit und Stillstand), wobei zu bemerken ist, dass als die mittlere tägliche Bewegung zu gelten hat: bei Neptun ½ Minute, bei Uranus nicht ganz 1 Minute, bei Saturn 2 Minuten, bei Jupiter 5 Minuten, bei Mars 36 Minuten, bei Sonne 59 Minuten, bei Venus 66 Minuten,

bei Merkur 1 Grad 30 Minuten und beim Monde 13 Grad 10 Minuten.

Ferner sind zu beachten die sogenannten »kritischen Grade«:

- bei den Kardinalzeichen (Widder, Krebs, Waage, Steinbock) in 1 Grad, 13 Grad und 26 Grad,
- bei den festen Zeichen (Stier, Löwe, Skorpion, Wassermann) bei 9 Grad und 21 Grad,
- bei den beweglichen Zeichen (Zwillinge, Jungfrau, Schütze, Fische) bei 4 Grad und 17 Grad.

Steht ein Planet von diesen kritischen Graden nicht weiter als drei Grad entfernt, so übt er im Guten und im Bösen einen stärkeren Einfluss aus als sonst.

4. Die kosmischen Ursachen der Seuchen

Wie jedes Einzelindividuum sein bestimmtes Horoskop hat, das auf der Grundlage seines Karmas aufgebaut ist, so gibt es auch ein Städte- und ein Völkerkarma, und jede fest umgrenzte Personengesamtheit, jede Stadt, jedes Volk und jede Nation hat ein bestimmtes Horoskop mit einer bestimmten Geburts- und Sterbestunde und einer bestimmten Summe von Schicksalen. Und dasselbe gilt für die Erde selbst, für die anderen Planeten und für das gesamte Sonnensystem. Diese Horoskope geben Auskunft über Gewitter, Wetterkatastrophen, Erdbeben, Vulkanausbrüche, Kriege, Revolutionen, Seuchen, Epidemien und dergleichen mehr. Wenn die vier Übeltäter Mars, Saturn, Uranus und Neptun durch die verschiedenen Tierkreiszeichen ihren Lauf nehmen, so machen sich ihre Wirkungen in jenen Städten oder Ländern bemerkbar, die unter dem besonderen Einflüsse der Zeichen stehen, welche sie zur Zeit durchlaufen. Man kann diese Wirkungen feststellen durch die Vierteljahrshoroskope, die für den Eintritt der Sonne in die vier Kardinalzeichen Widder, Krebs, Waage und Steinbock errichtet werden, durch die Lunationshoroskope, deren Errichtung für den genauen

Zeitpunkt eines Neu- oder Vollmondes erfolgt, und durch die Eklipsen-Horoskope, die auf die genaue Zeit des Eintrittes einer Sonnen- oder Mondfinsternis abgestellt werden. Im Übrigen haben Dr. Gottstein (Therapeutische Monatshefte 1901 Nr. 12), Wachtelborn (Die Heilkunde auf energetischer Grundlage und das Gesetz der Seuchen, Leipzig 1905, S. 150 f.) und Wilhelm Fließ (Der Ablauf des Lebens, Wien-Leipzig 1906 und Vom Leben und vom Tode, Jena 1909) bereits festgestellt, dass Seuchen und Epidemien dem Gesetz einer sich über größere oder kleinere Zeiträume erstreckenden Periodizität unterworfen sind. Auch H. P. Blavatsky hat bereits in ihrer Geheimlehre darauf hingewiesen, dass unser Sonnensystem gerade so atmet wie der Mensch und wie jedes andere lebende Geschöpf, wie auch unser Erdglobus selbst innerhalb 24 Stunden atmet, und dass alle diese kosmischen Individualitäten genau ebenso dem Gesetz der Periodizität unterworfen sind wie der Mensch. Wachtelborn erklärt hierzu Folgendes: »H. P. Blavatsky behauptet also erstens, dass die Sonne periodisch Lebenskraft durch den Weltenraum sendet, und zweitens, dass sich diese periodische Tätigkeit mit dem deckt, was unsere Wissenschaft kennt als die elfjährige Periode der Sonnenflecken. Die davon abhängigen rhythmischen Erscheinungen unseres Planetensystems oder auch z. B. auf unserer Erde wären demnach eine ähnliche Periodizitätsäußerung wie die unseres Pulses im Verhältnis zum Herzschlag, unser ganzes Sonnensystem ein Riesenorganismus mit der Sonne als Mittelpunkt.« Schon im Jahre 1896 hatte Dr. Gottstein Beobachtungen über die Gesetzmäßigkeit in der Ausbreitung gewisser Epidemien angestellt und war dabei zu dem sehr auffälligen Resultat gelangt, dass fast alle Masernepidemien auf das zweite Viertel des Jahres, also auf die Zeit vom April bis zum 30. Juni, zu entfallen pflegen. Diese Tatsache hat Wachtelborn bei seinen Forschungen bestätigt gefunden. Er unterscheidet gewisse Typen von Epidemien, nämlich positive und negative, und findet, dass diese beiden Arten jeweilig auf bestimmte Monate verteilt sind. Aufgrund seiner Forschungsergebnisse stellt er folgendes Gesetz der Seuchen auf: »Alle Epidemien treten periodisch auf. Die epidemischen Erkrankungen des positiven und des negativen Typus wechseln regelmäßig ab. Der periodische Wechsel der Seuchen wird beherrscht durch das Gesetz der Sonnentätigkeit. Sonnenfleckenmaxima erzeugen negative, Sonnenfleckenminima positive Epidemien.« Die Schwankungen der Sonnentätigkeit aber und ihre Zusammenhänge mit der Periodizität der Seuchen sind zweifellos eine Folgeerscheinung astraler Einflüsse und Schwankungen, die sich in erster Linie dort bemerkbar machen, wo bestimmte zodiakale »Entsprechungen« stattfinden.

II
Prognose und Diagnose

5. Die individuellen Grundanlagen. Polarität, Naturell, Temperament und Konstitution

Für den Astromediziner sind folgende Grundbegriffe von einschneidender Bedeutung, da sie die Diagnose und zum Teil auch die Therapie erheblich beeinflussen, nämlich die Polarität, das Naturell, das Temperament und die Konstitution. Der Mensch ist als Mikrokosmos ein genaues Abbild, eine genaue »Entsprechung« des Makrokosmos. Er ist also zunächst eine Zweiheit, eine Polarität, ein Gegensatz von Positiv und Negativ, von Aktiv und Passiv, von Tonisch und Atonisch. Wir wissen, dass in der Magie die Zahl 2 die Gegensätzlichkeit, die Polarität, repräsentiert, und dass sie die Zahl der Schöpfung, der Materie, ist. Jede Materie ist also in erster Linie Zweiheit, bestehend aus Geist und Materie, aus Feuer und Wasser, aus warm und kalt, aus feucht und trocken, aus hell und dunkel, aus männlich und weiblich, aus positiv und negativ. Es gibt auf dem materiellen Plan keinen Geist ohne Materie, keine Materie ohne Geist, kein Warm ohne Kalt, kein Feucht ohne Trocken. Wir wissen aber auch aus der Pythagoräischen Zahlenphilosophie, dass eine Welt voller Gegensätze und voller Polaritäten keine vollkommene Welt ist und dem Göttlichen Schöpfungsplane, den Absichten des Großen Weltenbaumeister, nicht entspricht und dass, wie die Eins die These, die Zwei aber die Antithese darstellt, so die Drei als Synthese zu fungieren berufen ist zum Zwecke der Überbrückung der Gegensätze, und dass sie demgemäß dem Weltengeist und der Weltmaterie die Weltenseele, dem geistigen und materiellen Universum das seelische, dem geistigen und materiellen Mikrokosmos den seelischen Mikrokosmos hinzufügt. Auf diese

Weise steht die Zahl Drei in Verbindung mit dem Naturell des Menschen. Denn der Mensch ist, wie alle Materie, eine Dreiheit, bestehend aus Körper, Seele und Geist. Und je nach dem Verhältnis, in welchem Körperliches (Materielles), Seelisches (Psychisches) und Geistiges (Intellektuelles) sich in den einzelnen Organismen mischen, und je nachdem, welche der drei vorgenannten Komponenten hierbei prävaliert, unterscheidet man drei verschiedene Naturelle, das materielle, das psychische und das intellektuelle. Carl Hüter, der bekannte Psychophysiognomiker, nennt das materielle das Ernährungs-, das psychische das Empfindungs- und das intellektuelle das Bewegungsnaturell, entsprechend den drei Keimblüten des Embryo (vgl. auch Dr. Carl Höcker, Tierkreiszeichen und Naturell, in Glahn's Astrologischem Kalender für 1928, der aber in gewisser Beziehung von der diesseitigen Auffassung abweicht). Astrologisch steht das Ernährungsnaturell in Verbindung mit dem fixen Kreuz (Stier, Löwe, Skorpion, Wassermann), das Bewegungsnaturell mit dem Kardinalkreuz (Widder, Krebs, Waage, Steinbock) und das Empfindungsnaturell mit dem beweglichen Kreuz (Zwillinge, Jungfrau, Schütze, Fische).

Das *Temperament* steht in Verbindung mit der Zahl Vier und mit den vier Trigonen der Tierkreiszeichen. Den Feuerzeichen (Widder, Löwe und Schütze) entspricht das cholerische Temperament, den Luftzeichen (Zwillinge, Waage und Wassermann) das sanguinische, den Erdzeichen (Stier, Jungfrau, Steinbock) das melancholische und den Wasserzeichen (Krebs, Skorpion, Fische) das phlegmatische. Auch die Konstitution steht zunächst in Verbindung mit der Zahl Vier. Sie hängt eng mit den vier astrologischen Menschentypen zusammen, denen man gewisse Stärken und Schwächen hinsichtlich bestimmter Organsysteme zuschreibt. Es sind dies der gallige, der nervöse, der sanguinische und der lymphatische Typ. Nach diesen vier Typen kann man also auch vier Grundanlagen des menschlichen Körpers unterscheiden. Im Englischen nennt man diese Grundanlagen »complexions«. Diese vier Typen treten indessen nie ganz rein auf; vielmehr sind in jedem der zwölf Zodiakalzeichen immer zwei der oben erwähnten Grundanlagen miteinander kombiniert, und zwar, nach den Trigonen getrennt, in folgender Weise:

- lymphatisch-sanguinische Konstitution, der die wässerigen Zeichen Krebs, Skorpion und Fische angehören,
- lymphatisch-nervöse Konstitution, der die erdigen Zeichen Stier, Jungfrau und Steinbock subsumiert sind,
- gallig-sanguinische Konstitution, mit der die luftigen Zeichen Zwillinge, Waage und Wassermann korrespondieren, und endlich
- gallig-nervöse Konstitution, zu der die feurigen Zeichen Widder, Löwe und Schütze in Beziehung stehen.

Die gallige Konstitution deutet auf hohe Körperwärme, die lymphatische auf geringe Bluttemperatur, die nervöse auf trockene, die sanguinische auf feuchte Haut. Die einzelnen Konstitutionen unterscheiden sich demnach wie folgt voneinander:

L y m p h a t i s c h e Konstitution: kühle, feuchte Haut von meist blasser Farbe. Weiche, schlaffe Muskulatur. Schwacher, langsamer Puls. Tiefliegende Adern. Phlegmatische, indifferente Veranlagung. Ungeeignet für schwere, körperliche Arbeit. Starke Passivität; daher wenig Energie und mangelnde Initiative. Die überwiegende Passivität verursacht einen Mangel an Bewegung und besonders auch eine mangelhafte Körperpflege, wodurch die Ausscheidungstätigkeit gehemmt wird. Die wichtigste Funktion des Körpers ist die Tätigkeit des Lymphsystems, der Drüsen und Ausscheidungsorgane. Es kommt also hier hauptsächlich auf den Stoffwechsel an, und die Stoffwechselkrankheiten sind demgemäß hier konstitutionell. Die Krankheiten sind dementsprechend meist chronischer Natur (Katarrhe, Hautausschläge, Gicht, Rheuma, Skrofulöse, Rachitis, Magen- und Darmleiden, Krebs usw.). Die Hygiene besteht in täglichen Spaziergängen, vielem Aufenthalt an frischer Luft, konsequenter Gymnastik, namentlich Atemgymnastik, Sport und öfteren Darmspülungen. Empfehlenswert ist vorwiegend trockene, gemischte Kost, also nicht ganz fleischlos, aber unter Beschränkung des Fleischgenusses, wobei Schweinefleisch und Hammelfleisch grundsätzlich zu meiden und Fische sowie Geflügel zu bevorzugen sind. An Getränken sind alle Selterwasser und Sauerbrunnen zu vermeiden, desgleichen alle sauren Weine, namentlich Mosel- und Saarweine, wogegen schwere Südweine in kleinen Quantitäten von Zeit zu Zeit sehr zuträglich sind. Auch Ingwer- und Wermutwein ist zu empfehlen.

S a n g u i n i s c h e Konstitution: warme, feuchte Haut von rötlicher Farbe. Gute Muskulatur. Kräftige Blutzirkulation und ziemlich rascher Puls. Bläuliche, starke Adern. Energische Bewegungen. Vorwiegend Aktivität, Energie und Initiative. Lebhafter Gang, Vorliebe für Sport und Bewegungsspiele. Lebhaftes Temperament, heitere Natur, kein Spielverderber. Die wichtigsten Funktionen des Körpers sind die Blutzirkulation, die Atmungs- und Muskeltätigkeit und die Oxydation. Die konstitutionellen Krankheitsdispositionen beziehen sich somit auf Blutleiden, Erkrankungen der Atmungsorgane, akute Krankheiten, die mit Vollblütigkeit in Verbindung stehen, Sportunfälle usw., also namentlich Blutergüsse, Blutkongestionen, Entzündungen im Herzen oder in den Blutgefäßen oder auch als Folgen von Verlegungen und dergleichen mehr. Die beste Hygiene für den Sanguiniker ist Selbstbeherrschung, Zähmung der Triebe, Beschränkung des Sportgelüstes, intensive geistige Arbeit und Enthaltsamkeit auf allen Lebensgebieten. Die Diät soll sich tunlichst der vegetarischen Kost nähern und, soweit Fleisch infrage kommt, nur aus Fischen und Geflügel bestehen. Eier sind in geringem Maße zulässig, Süßigkeiten dagegen unzulässig, ebenso schwere Weine und Liköre, während Mosel-, Saar- und Naheweine sowie Sauerbrunnen empfohlen werden können. Rauchen ist tunlichst zu unterlassen.

Die g a l l i g e Konstitution: warme, trockene Haut, gelblicher Teint, harte, straffe Muskulatur, stark vorspringende Adern, behaarter Körper. Ausgesprochene Aktivität auf allen Gebieten, oft sogar Überaktivität. Positives Naturell. Cholerisches Temperament. Leidenschaftlichkeit, Aufgeregtheit, Zornmütigkeit, Impulsivität. Reizbares, oft aggressives Wesen. Herrschsucht und Tyrannei. Oft auch Grausamkeit und Rachsucht. Die wichtigsten Funktionen sind die Leber- und Verdauungs- sowie die Gallentätigkeit. Die konstitutionellen Inklinationen betreffen somit Funktionsstörungen des Verdauungstraktes sowie der Leber und haben meist akuten Charakter, können aber in chronische Krankheiten übergehen. Leberleiden, Gelbsucht, Gallen- und Nierenleiden, ansteckende Krankheiten, Entzündungen, Fiebererkrankungen u. dgl. gehören hierher sowie alle Leiden, die mit übernormaler Bluttemperatur in Verbindung stehen. Hier ist die Bekämpfung jeder Überaktivität und jedes Übermaßes erforderlich und die unbedingte Enthaltsamkeit von Alkohol und allen stimulierenden Mitteln notwendig. Dagegen ist Rauchen zulässig und meist gut bekömmlich. Die Diät soll möglichst rein vegetarisch sein und alle Gewürze und Schärfen vermeiden. Kühle Waschungen sowie häufige kalte Bäder sind von Vorteil, desgleichen Schwimm- und Segelsport, Angelsport und ruhige Lebensweise. Erhitzungen und Aufregungen sind unbedingt zu vermeiden. Für ausreichenden Schlaf ist tunlichst Sorge zu tragen.

Die n e r v ö s e Konstitution: kühle, trockene, sehr dünne und empfindliche Haut. Niedrige Pulsfrequenz. Schwaches Herz. Sehr empfindliche Nerven. Schmächtiger, zarter Körper, feines, blasses Gesicht mit stark durchgeistigtem Ausdruck. Idealistische und spiritualistische Veranlagung. Feiner beweglicher Geist mit Neigung zu Einsamkeit und Melancholie. Empfindsame Natur mit oft künstlerischem Einschlag und meist starker Neigung für Wissenschaft und Literatur. Die wichtigste Funktion ist die des Zentralnervensystems. Aber auch die Funktionen des Gehirns, der Augen, des Gehörs und Gefühls sowie die Innervation der einzelnen Organe kommen infrage. Dementsprechend sind als konstitutionelle Krankheitsdispositionen zu nennen die Nerven-, Gemüts- und psychische Krankheiten, Gehirn-, Augen- und Ohrenleiden und alle Erkrankungen, die mit dem Sympathikus in Verbindung stehen. Die Diät besteht am besten in gemischter Kost, aber unter Bevorzugung der vegetarischen Diät. Auch ist diese Konstitution besonders geeignet für Rohkost, namentlich im Sommer. Zu bevorzugen sind Kalbfleisch, Geflügel, Fische, Kräutersuppen, frisches Obst, grünes Gemüse, Weizen, Hafer, Gerste, Reis, Gries, Eier, Mehlspeisen, ganz besonders aber Tomaten, Grapefruit, Melonen, Quitten, Ananas, Weintrauben, Pfirsiche, feinere Apfelsorten, Ingwer, Rhabarber, schwarze Johannistrauben und dergleichen, ferner aromatische Getränke, Ungarweine, Südweine und gute Frucht- oder Kräuterweine. Dagegen sind alle Liköre, alle Selterswasser, Sauerbrunnen, Mosel-, Saar- und Naheweine zu meiden, desgleichen alle hellen Biere mit Ausnahme des englischen Ale; Letzteres sowie der echte englische Porter sind für diese Konstitution, mäßig genossen, von großem Vorteil. Unbedingt zu meiden sind alle Narkotika sowie das Rauchen in jeder Form.

Über die Verbindung der Zahlen 7 und. 12 mit den Konstitutionen und über die spezielle Konstitutionslehre soll im nächsten Abschnitt eingehender gehandelt werden.

Zunächst sind aber noch einige kurze Bemerkungen über die *Polarität* nachzutragen. Wir haben oben gesehen, dass wir von positiver und von negativer Polarität und außerdem noch von einem Zustand des Ausgeglichen-Seins zu reden berechtigt sind. Wir können also einen *positiven*, einen *negativen* und einen *neutralen* Pol unterscheiden. Bei den Tierkreiszeichen wird, wie wir oben feststellen konnten, der *neutrale* Pol durch die Zeichen Zwillinge, Jungfrau und Steinbock dargestellt.

Wir müssen aber auch bei den Planeten positive und negative, männliche und weibliche, elektrische und magnetische, tonische und atonische Planeten unterscheiden. Und zwar gelten als positiv, männlich, elektrisch und tonisch: die Sonne, Mars, Jupiter und Uranus, als weiblich, negativ, magnetisch und atonisch aber der Mond, Venus, Saturn und Neptun. Für Saturn trifft Letzteres, wie wir oben gesehen haben, nicht zu, da er neutral ist (vgl. Abschnitt 1). Als neutral ist ferner Merkur anzusehen, und die meisten Astrologen stehen auf dem Standpunkt, dass er als positiv einzuschätzen sei, wenn er in einem positiven, und als negativ, wenn er in einem negativen Zeichen stehe. Inwieweit dies richtig und zutreffend ist, wird später noch erörtert werden. Auffallend ist jedenfalls, dass Merkur gerade zwei Zeichen beherrscht, die neutralen Charakter haben, nämlich die Zwillinge und die Jungfrau. Diese Feststellung spricht an und für sich nicht für die Richtigkeit der oben erwähnten Anschauung. Kämen bloß ein positiver und ein negativer Pol infrage, so könnte man diese Anschauung gelten lassen und Merkur die Rolle eines Ausgleichsfaktors zuerkennen. Da aber drei Pole infrage kommen, und zwar als dritter der neutrale, so muss Merkur unter allen Umständen seine neutrale Charakteristik beibehalten. Auch dass der neutrale Saturn in dem neutralen Zeichen Steinbock Herrscher ist, spricht gegen die obige Auffassung. Wir werden später sehen, inwieweit diese ganze Frage von Bedeutung ist, und welche Wichtigkeit diesem Problem zukommt. Für jetzt halten wir an der Tatsache fest, dass Merkur grundsätzlich neutralen Charakter trägt. Je nach der Stellung der Planeten in tonischen oder atonischen Zeichen, wobei alle in Betracht kommenden Umstände auf das Sorgfältigste zu prüfen und abzuwägen sind, wird letzten Endes zu erwägen sein, ob sie im speziellen Falle als definitiv tonisch oder atonisch anzusehen sind. Hierbei sei bemerkt, dass alle *ungeraden* Zeichen als männlich, tonisch, elektrisch und positiv anzusehen sind, alle *geraden* Zeichen dagegen als weiblich, atonisch, magnetisch und negativ, jedoch mit dem Vorbehalt, dass der Skorpion als männlich, die Waage als weiblich und Zwillinge, Jungfrau und Steinbock als neutral erachtet werden müssen. Steht ein tonischer Planet in einem tonischen Zeichen, so ist die Tonizität ohne Weiteres festgestellt, und dasselbe gilt von der Atonie, wenn ein atonischer Planet in einem atonischen Zeichen steht. Steht aber ein männlicher Planet in einem weiblichen Zeichen oder ein weiblicher in einem männlichen oder der neutrale Merkur in einem männlichen oder weiblichen Zeichen, so ist zunächst zu prüfen, ob die Kraft des Zeichens oder die des Planeten stärker ist. Das Letztere ist der Fall, wenn der Planet in seinem eigenen Hause oder im Hause seiner Erhöhung steht, z. B. Saturn im Zeichen Wassermann, wo er Mitherrscher ist, Jupiter im Krebs, wo er seine Erhöhung hat, Mars im Steinbock. Dagegen überwiegt die Kraft des Zeichens überall da, wo der Planet weder im eigenen Hause steht noch seine Erhöhung findet, und ganz besonders da, wo er in der

Vernichtung oder im Fall ist. Dies trifft z. B. zu, wenn die Venus im Widder oder in Jungfrau steht, Krebs im Stier oder im Krebs, Jupiter in Jungfrau oder im Steinbock, Saturn im Löwen und im Widder, Merkur im Schützen oder in den Fischen, der Mond im Steinbock oder im Skorpion, die Sonne im Wassermann und in der Waage. Noch stärker tritt die Disharmonie hervor, wenn die Planeten genau in dem kritischen Grade ihres Falles stehen. Als solche kritischen Grade kommen infrage (d. h. die einzelnen Gestirne befinden sich im Fall): a) die Sonne in 19 Grad Waage, g) Saturn in 20 Grad Widder.

a. Sonne in 19 Grad Waage
b. der Mond in 3 Grad Skorpion,
c. Merkur in 15 Grad Fische,
d. Venus in 27 Grad Jungfrau,
e. Mars in 28 Grad Krebs,
f. Jupiter in 15 Grad Steinbock
g. Saturn in 20 Grad Widder
h. Uranus im Zeichen Stier (Grade unbestimmt)
i. der Drachenkopf im Schützen und
j. der Drachenschwanz im Zwilling.

Erhöht sind

a) die Sonne in 19 Grad Widder
b) der Mond in 3 Grad Stier
c) Merkur in 15 Grad Jungfrau
d) Venus in 27 Grad Fische
e) Mars in 28 Grad Steinbock
f) Jupiter in 15 Grad Krebs
g) Saturn in 20 Grad Waage
h) Uranus im Skorpion
i) Drachenkopf im Zwilling
j) Drachenschwanz im Schützen

In Vernichtung befinden sich:

a) die Sonne im Wassermann,

b) der Mond im Steinbock,
c) Merkur im Schützen und in den Fischen,
d) Venus im Widder und Skorpion,
e) Mars im Stier und in der Waage,
f) Jupiter im Zwilling und in der Jungfrau,
g) Saturn im Krebs und Löwen,
h) Uranus im Löwen.

Dagegen sei besonders darauf hingewiesen, dass unbedingte Tonizität vorliegt, wenn z. B. die Sonne im Skorpion steht, weil der Skorpion als tonisch anzusehen ist, dass ferner unbedingte Atonie anzunehmen ist, wenn Mond oder Neptun in der Waage stehen, da die Letztere ein atonisches Zeichen ist. Ebenso ist unbedingte Neutralität anzunehmen, wenn Saturn oder Merkur in einem der Zeichen Zwillinge, Jungfrau oder Steinbock steht.

6. Die astromedizinische Konstitutionslehre

Im Abschnitt 5 haben wir ausgeführt, dass die Polarität mit der Zahl 2, das Naturell mit der Zahl 3, Temperament und Konstitution aber mit der Zahl 4 in Verbindung stehen. Diese Zahl 4 wird von den Pythagoräern die »ewige Quelle der Natur« genannt und hat auch Zusammenhänge mit den vier Elementen Feuer, Wasser, Luft und Erde, mit den vier Haupteigenschaften warm, kalt, trocken und feucht sowie mit den vier Säftemischungen, der galligen, sanguinischen, nervösen und lymphatischen. Die Konstitution erhält aber durch ihre Verbindung mit der Zahl 4 auch Beziehungen zu den Zahlen 7 und 12. Denn die 7 ist die erhöhte 4, und die 12 ist die erhöhte 7. Denn gleich wie 3 plus 4 sieben ausmachen, so entsteht aus 3 mal 4 zwölf. Diese Zahlen aber, die nach Vorstehendem von derselben Wurzel ausgehen, sind die spezifischen Zahlen der Planeten bzw. der Tierkreiszeichen, und auf sie stützt sich sonach die Herrschaft der himmlischen Zeichen und Planetengeister. Und zwar nehmen sie nach magischen Gesehen durch die Zahl 3 an den himmlischen und durch die Zahl 4 an den irdischen Dingen teil. Es sei nun zunächst ein geschichtlicher Überblick über die Konstitutionslehre gegeben. Bei Hippokrates umfasst der Konstitutionsbegriff die Konstitutionen des Individuums, des Volkes, des Landes, der Kontinente und der Atmosphäre. Er unterscheidet die gute und die schlechte, die starke und die schwache, endlich auch die schlaffe, fette, feuchte und rötliche gegenüber der straffen, gedrungenen, dunkelfarbigen und trockenen Konstitution. Ihm folgten mehr oder weniger die griechischen und römischen Mediziner. Doch galt als zweifellos feststehend der Satz: »Astra inclinant, non necessitant«. (Die Gestirnskonstellationen enthalten nur Dispositionen, kein absolut zwingendes Schicksal.) Auch Paracelsus, Kepler und Tycho de Brahe waren Anhänger des Konstitutionsbegriffes und fußten, wie Hippokrates, auf der Humoralpathologie, d. h. der Erklärung der Krankheiten durch verdorbene Körpersäfte.

Doch geriet dieser Begriff während des 16. und 17. Jahrhunderts mehr und mehr in Vergessenheit. Erst Hahnemann, der Vorkämpfer der Homöopathie, und sein Zeitgenosse Dr. Rademacher nahmen den Konstitutionsbegriff wieder auf und erkannten drei verschiedene Konstitutionen an, nämlich die psorische, die syphilitische und die sykotische, und bezeichneten damit jene Arten der angeborenen (konstitutionellen) Blutentmischung, welche in ihren Uranfängen durch die Zurücktreibung der akuten Krätze und ähnlicher Hautkrankheiten, der akuten (primären und sekundären) Syphilis und des akuten Trippers durch allopathische Gifte, Schmieren und Salben von dem ursprünglichen örtlichen Stz in die allgemeinen Blut- und Säftebahnen entstehen.

Unter den Schülern und Nachfolgern Hahnemanns hat namentlich Dr. von Grauvogl die Lehre von der Konstitution weiter ausgebaut, der in Dr. Schüßler seine Ergänzung fand, jedoch mit der Maßgabe, dass dieser hinsichtlich der stofflichen Zusammensetzung der Säfte mehr die mineralischen Bestandteile betonte, zu deren Ausgleich er die *Funktionsmittel* aufstellte, die in Form und Gabe sowie namentlich in der Potenzierung der Homöopathie ähnelnd lediglich molekular verfeinerte Kompensationen für die im Organismus fehlenden Mineralstoffe darstellen. Auch Grauvogl unterschied drei Konstitutionen, und zwar die karbonitrogene, die der psorischen Hahnemanns entspricht und durch eine Übersättigung des Blutes mit Kohlensäure (Kohlenstoff und Stickstoff) gekennzeichnet ist, ferner die oxygenoide, die mit der syphilitischen Hahnemanns parallel läuft und sich durch einen beschleunigten Stoffwechsel, also durch eine beschleunigte Verbrennung der Gewebe und infolgedessen durch einen gesteigerten Sauerstoffgehalt des Blutes charakterisiert, und endlich die hydrogenoide, die der sykotischen Hahnemanns konform ist und sich durch einen anormalen Wasserüberschuss in den Säften und Geweben auszeichnet.

Graf Mattei, der Begründer der Elektro-Komplex-Homöopathie, und Dr. Theodor Krauß, ihr derzeitiger Hauptvertreter, unterscheiden bereits vier Konstitutionen, nämlich die *lymphatische*, die *angioitische* oder *sanguinische*, die *gemischte* und die *nervöse* Konstitution. Die lymphatische entspricht der sykotischen Hahnemanns und der hydrogenoiden Grauvogls; die angiotische der syphilitischen Hahnemanns und der oxygenoiden Grauvogls und die gemischte der psorischen Hahnemanns und der karbonitrogenen Grauvogls. Die nervöse erstreckt sich sowohl auf das lymphatische wie auch auf das angiolitische Gebiet und äußert sich durch die Neigung entweder zu erhöhter oder zu verminderter Reizbarkeit und Reizempfänglichkeit (Exaltation bzw. Depression) des Nervensystems, welche sich sowohl auf dem Gebiet der vegetativen (unwillkürlich tätigen, d. h. vom menschlichen Willen unabhängigen) Nerventätigkeit wie auch auf dem Gebiete der motorischen (Bewegungs-) und der sensitiven (Empfindungs-) Nerven zu manifestieren (bekunden) vermag. Auf dieser Konstitution fußen alle die nervösen Magen-, Darm-, Herz- u.ä. Leiden, die ihrem Wesen nach lediglich auf einer Störung der Innervation (Kraftzuleitung, Versorgung des Nervensystems mit neuen Kräften) des betreffenden Organs, nicht auf einer Erkrankung des Letzteren beruhen. Dieser Vierteilung in der Konstitutionslehre haben sich nun auch die Vertreter der astromedizinischen Wissenschaft, insbesondere Dr. Friedrich Feerhov, Dr. E. E. Sutcliffe, Dr. R. Aliendy, Dr. Duz, Dr. Siegmund, Wachtelborn, Däath, G. W. Surya, Raphael u. a. angeschlossen, und man unterscheidet in der astrologischen Medizin nunmehr eine *lymphatische, sanguinische, gallige* und *nervöse* Anlage, die aber kaum jemals ganz rein und unvermischt vorhanden sind, sondern sich in der Regel kombiniert vorfinden, sodass man von einer gallig-nervösen, gallig-sanguinischen, lymphatisch-nervösen und lymphatisch- sanguinischen Konstitution zu sprechen pflegt. Und zwar fallen unter die gallig-nervöse Konstitution die feurigen Zeichen Widder, Löwe, Schütze, unter die gallig-sanguinische die luftigen Zeichen Zwillinge, Waage und Wassermann, unter die lymphatisch-nervöse die Erdzeichen Stier, Jungfrau und Steinbock und unter die lymphatisch-sanguinische die Wasserzeichen Krebs, Skorpion und Fische.

Wir haben nun oben gesehen, dass in der Zahlenmagie die Vier ihre Erhöhung in der Sieben und diese ihre Erhöhung in der Zwölf findet (4 + 3 = 7 ; 4 X 3 = 12). Wenn also eine Einteilung der Konstitutionen nach der Vierzahl gegeben ist, so muss auch eine solche nach der Sieben- und nach der Zwölfzahl gegeben sein. Bevor wir diesem Problem nähertreten, wollen wir zunächst einmal den Begriff der Konstitution feststellen. Professor Dr. Friedrich Martius, Direktor der medizinischen Klinik in Rostock, sagt in seinem Werk: *Konstitution und Vererbung in ihren Beziehungen zur Pathologie*", Berlin 1914, Seite 50: »Wenn von ererbter oder erworbener Konstitution die Rede ist, so meint man offenbar ganz etwas anderes als die Frage, ob und wo krankhafte Störungen lokalisiert sind. Es handelt sich vielmehr ganz allgemein um die Frage, welche Eigenschaften der Körper besitzt, die ihn befähigen, unter bestimmten Bedingungen zu erkranken oder gesund zu bleiben ... Die verschiedene Mischung der konstituierenden, d. h. der den Körper zusammensetzenden vier Humores bedingten in der hippokratisch-galenischen Medizin nicht nur die Temperamente, sondern auch die Krankheitsanlagen. Beide waren durch das Band der Konstitution unauflöslich miteinander verknüpft.« Graf Mattei und Dr. Theod. Krauß bezeichnen die Konstitution als »den Boden, auf welchem sich Krankheiten einer bestimmten Gruppe oder Klasse am leichtesten entwickeln«. Krauß betont hierbei in seinen *Grundgesetzen der Komplex-Homöopathie* (Regensburg 1925), dass die Konstitution nicht die Krankheit selbst ist, sondern der Boden, auf dem sie sich in geeigneter Weise entwickeln kann, aber nicht entwickeln muss. Wir möchten die Konstitution auffassen als die durch Karma und Entwicklung bedingte idiosynkrasische Neigung des menschlichen Organismus, auf bestimmte Krankheiten und Krankheitsgruppen in besonders starkem Maße zu reagieren. Wie bereits oben erwähnt, kann die Konstitution aus dem richtig berechneten und gehörig korrigierten Horoskop festgestellt werden. Die vier astromedizinischen Hauptkonstitutionen haben wir im Vorstehenden bereits angegeben; sie stehen mit den vier Haupteigenschaften warm, kalt, trocken und feucht sowie mit den vier Säftemischungen, der galligen, sanguinischen, nervösen und lymphatischen, im engsten Zusammenhang. Wir haben ferner darauf hingewiesen, dass die 7 als die Erhöhung der Vier und die 12 als die Erhöhung der Sieben anzusehen ist, und dass demzufolge die Einteilung der Konstitutionen auch nach der Sieben und nach der Zwölfzahl möglich sein muss.

Wenn wir uns zunächst der Siebenteilung zuwenden, so erinnern wir uns, dass die Siebenzahl die spezifische Zahl der Hauptplaneten unseres Systems ist, in welchem Uranus und Neptun den Übergang zu dem nächsthöheren System bilden und daher nur insoweit in unserem Sonnensystem organisch tätig sind, als sie die Oktaven von Merkur und Venus darstellen und als solche Mitherrscher der Zeichen Wassermann und Fische sind. Es erwächst uns nunmehr zunächst die Aufgabe, die vier bisherigen Konstitutionen durch Hinzufügung von drei weiteren Arten auf die Siebenzahl zu bringen, und hieran muss sich sodann die Lösung des Problems anschließen, die so gefundenen sieben Konstitutionen richtig unter die sieben Hauptgestirne zu verteilen. Wir rufen uns nunmehr, um zum ersten Teil unserer Aufgabe überzugehen, zunächst in das Gedächtnis die physiologischen Qualitäten dieser sieben Hauptgestirne zurück und stellen hierbei Folgendes fest:

Sonne: Warm und trocken, Vertreterin des männlichen, elektrischen, positiven, tonischen Prinzips, Repräsentantin des Geistigen und der Vitalität, lebenspendende Wärme, Gestirn des Lebens

Mond: Kalt und feucht, Vertreter des weiblichen, magnetischen, negativen und atonischen Prinzips, Repräsentant der Körperflüssigkeiten, der Verdauungssäfte und Fermente (Gärungserreger), der Hormone (Reizstoffe), des Speichels, des Schleims, der Milch, der serösen Flüssigkeiten, der Lymphe usw. usw. Repräsentant des Seelischen, Reflektor des Sonnenlichts und der Sonnenkräfte, befruchtender Faktor

Merkur: Kalt und trocken, Vertreter des irdischen Intellekts (Oberbewusstsein), des Nervensystems, der Gehirntätigkeit, der Bewegung, des Atems, der Sprache und des Gehörs, Repräsentant des neutralen Prinzips, Transformator der astralen Influenzen

Venus: Warm und feucht, Vertreterin des weiblichen und atonischen Prinzips, des Gefühls, des Geschmacks und der Libido, Repräsentantin der Fortpflanzung und gebärender Faktor, Regulator der inneren Sekretion und Beherrscherin des Venensystem

Mars: Heiß und trocken, Vertreter des männlichen, tonischen Prinzips, der übernormalen Körpertemperatur und der Superoxydation des Blutes, der sinnlichen Leidenschaften, der Muskeltätigkeit und des Geruches, Repräsentant der Zeugung, der männlichen Geschlechtsorgane, der Nase und der Blase

Jupiter: Mäßig warm und feucht, Vertreter des männlichen, tonischen Prinzips, des Wachstums- und des Lebensbereicherungsprinzips, zweiter Lebenserhalter neben der Sonne, Regulator des Blutkreislaufs, Erzeuger des Säftereichtums und Repräsentant der gesunden Säfte, Beherrscher des arteriellen Blutes und der Leber, Dirigent der Erzeugung des Glykogens

Saturn: Kalt und trocken, Repräsentant der Kälte, Erstarrung, Vernichtung und des Todes, Vertreter der Kristallisation, der Ablagerung von Stoffen, der Bildung von Nierengries und von Gallen- und Blasensteinen, Verdickung und Deformierung einzelner Körperteile (Buckel), Erzeugung von Rheumatismus, Gicht, Haut-, Knochen- und Knorpelleiden, Vertreter des neutralen Prinzips.

Wenn wir uns diese Eigenschaften vergegenwärtigen, so leuchtet uns sehr bald ein, dass der Sonne die sanguinische, dem Mond die lymphatische, dem Merkur die nervöse und dem Mars die gallige Konstitution zuzuordnen sind. Damit wäre der erste Teil unserer Aufgabe gelöst, und wir können uns nunmehr dem zweiten Teil zuwenden.

Es sind noch übrig geblieben die Planeten Venus, Jupiter und Saturn. Sehen wir nun zunächst einmal, wie sich die vier astromedizinischen Grundkonstitutionen zu den vier Konstitutionen des Grafen Mattei und des Dr. Krauß verhalten.

Wenden wir uns zuerst der lymphatischen Anlage zu. Nach Dr. Feerhov (Medizinische Astrologie, 2. A. S. 26) ist hier die Haut kühl, die Muskulatur weich und schlaff, und es besteht somit hier die Hauptfunktion des Körpers in der Tätigkeit des Lymphsystems, der Drüsen, Ausscheidungsapparate, der Fett- und Bindegewebesubstanz, und die konstitutionellen Krankheiten sind solche des Stoffwechsels sowie der Ausscheidungstätigkeit der Haut, der Drüsen, des Bindegewebes usw., und zwar vorwiegend chronische Leiden (Katarrhe, Skrofulöse, Skorbut, Magen- und Darmleiden, Hautausschläge usw.). Die lymphatische Konstitution nach Dr. Krauß bezieht sich auf Inklinationen zur Erkrankung des Lymphsystems, der Schleimhäute und Drüsen, der Haut und der Hautdrüsen (Neigung zu Katarrhen, Hautausschlägen, Drüsen-Anschwellungen und -eiterungen, chronischen Verdauungsstörungen, skrofulösen Krankheiten). Hier ist also die Zuständigkeit des *Mondes* begründet, und ihm ist diese Konstitution oben mit Recht zuerteilt worden.

Gehen wir nun zur sanguinischen Konstitution über, so finden wir, dass nach Dr. Feerhov (a. a. S. 27) die Haut hier warm ist, die Muskulatur gut, die Blutzirkulation kräftig. Die besondere Funktion des Körpers besteht hier in der Brustatmung, der Blutzirkulation und der Tätigkeit des Herzens. Die Krankheiten sind fast durchweg akuter Natur und stellen sich dar als Blutkongestionen, Blutwallungen, Kopfschmerzen, Schwindel, Herzklopfen, Schlaflosigkeit und Entzündungsprozesse im Herzen und in den

Blutgefäßen. Nach Dr. Krauß begreift die sanguinische Konstitution in sich die Anlage zu Erkrankungen des Blutes bzw. der roten Blutscheiben und der Blutumlaufsorgane, insbesondere des Herzens, der Schlagadern und Blutadern sowie der arteriellen und venösen Kapillargefäße (Disposition für Blutstauungen, Blutüberfüllung des Gehirns, Wallungen, Kopfschmerz, Schwindel, Nasenbluten, Krampfadern, akute Entzündungen des Herzens usw.). dass diese Konstitution der *Sonne* zu überweisen ist, leuchtet ohne Weiteres ein.

Die n e r v ö s e Konstitution charakterisiert sich nach Dr. Feerhov durch kühle, trockene Haut, schmächtige, zarte Formen, feine, blasse Züge, niedrige Pulsfrequenz und schwachen Herzschlag. Am stärksten entwickelt ist der Gehirnschädel, am empfindlichsten das Nervensystem. Die wichtigsten Organe sind das Knochengerüst, die Mineralbestandteile und das Zentralnervensystem. Die Schwäche des Körpers besteht in dem Mangel an roten Blutkörperchen, und seine Hauptleiden sind Auszehrung, Schlaflosigkeit, Neurosen, Kopfschmerzen hysterischen Ursprungs, Nervenleiden aller Art, Hysterie und Hypochondrie, Appetitlosigkeit, Hämorrhoiden usw. Nach Dr. Krauß entwickelt sich die nervöse Konstitution vielfach in der Form der »Neurasthenie« auf dem Boden der Stoffwechselstörung und der Unterernährung der Nerven (mangelhafte Innervation) und äußert sich durch die Neigung entweder zu erhöhter oder zu verminderter Reizbarkeit und Reizempfänglichkeit (Exaltation und Depression) des Nervensystems auf dem Gebiet der vegetativen Nerventätigkeit sowohl wie auf dem der motorischen und sensitiven Nerven, der zentripetalen und der zentrifugalen Nervenstränge. Auf ihr fußen alle die sog. »nervösen« Magen-, Darm-, Herz- usw. Erkrankungen, die Neurosen, Neurasthenien, Neuralgien usw. – hier ist also zweifellos *Merkur* der Planet, dem diese Konstitution zu subsumieren ist.

Die g a l l i g e Konstitution qualifiziert sich nach Dr. Feerhov durch warme und trockene Haut, gelblich-grauen Teint, hagere Gestalt, straffe, kraftvolle Muskulatur, wenig Fett, vorspringende Adern und stark behaarten Körper. Die Hauptfunktionen des

Körpers sind die Leber- und Verdauungstätigkeit sowie eine starke Blutoxydation. Das sympathische Nervensystem (= Ganglien- oder vegetatives Nervensystem, d. i. die Gesamtheit aller Nerven, die die unwillkürlich tätigen Organe innervieren) hat hier eine vorwiegende Bedeutung. Das Wesen ist besonders rasch, reizbar, heftig und leidenschaftlich, und es besteht große Neigung zu überstarken Getränken. Die Krankheiten dieses Typs gehen zum Teil aus Funktionsstörungen der Galle hervor und sind vorwiegend akute Erkrankungen, die aber mit der Zeit in chronische ausarten können (Leber- und Gallenleiden, Gelbsucht, Wechselfieber, Cholera und Cholerine, ansteckende Krankheiten usw.). Unter den Mattei-Krauß'schen Konstitutionen findet sich ein Gegenstück zu dieser Konstitution nicht vor. Es dürfte aber keinem Zweifel unterliegen, dass die Letztere dem *Mars* zu überweisen ist.

Wie steht es nun aber mit der **gemischten** Konstitution des Grafen Mattei und des Dr. Krauß? Sie entspricht der psorischen Hahnemanns und der karbonitrogenen Dr. Grauvogls und bezieht sich vorwiegend auf schleichende, chronische Krankheiten der Haut, des Magens, des Darms, der Blase, der Milz und der Nieren sowie überhaupt auf krankhafte Säfteentmischung, auf bösartige Wucherungen, Entartungen u. dgl. m. (Krebs, Sarkome, Zystenbildung usw). Da die Bezeichnung »gemischte Konstitution« uns nicht glücklich gewählt zu sein scheint, mag sie hier unter ihrer ursprünglichen Bezeichnung *psorische Konstitution* weitergeführt werden in dem Sinne, dass sie durch zu geringe Ausscheidung und durch nicht genügende Zerstörung der Abfallstoffe im menschlichen Organismus Schlackenbildung, Harnsäureablagerungen, Koprostase (Kotstauung), Gries- und Steinbildungen hervorruft und so mit der Zeit eine Selbstvergiftung erzeugt. Es unterliegt für den Astrologen keinem Zweifel, dass diese Konstitution dem *Saturn* zuzuschreiben ist.

Es bleiben jetzt nur noch Venus und Jupiter übrig. Vergegenwärtigen wir uns deren physiologische Tätigkeit und Aufgabe, so finden wir für:

Venus: innere Sekretion und ferner Filtration des Harns durch die Nieren, indem das Brauchbare in der Blutflüssigkeit vom Unbrauchbaren gesondert wird. Ist dieser Filtrationsprozess irgendwie gestört, so resultieren daraus verschiedene Harn- und Nierenleiden. Und ebenso entstehen pathologische Zustände, wenn die innere Sekretion gestört, d. h. die Absonderung von Hormonen (die Zellentätigkeit anregende Reizstoffe) gehindert wird. Wir können hier also von einer *Filtrations-Konstitution* sprechen.

Jupiter: Speisung der Gewebszellen, Förderung des Zellenwachstums und Vermehrung des Säftereichtums. Im Krankheitsfalle verkehrt sich das Zellenwachstum in Verfettung, Wucherung (meist gutartige) und Bildung von Myomen, Lipomen, Tumoren u. dgl., und der Säftereichtum wird zur Blutentmischung, Vollblütigkeit (Plethora), Zuckerharnruhr (Diabetes mellitus) usw. Wir können daher diese Konstitution die *Plethora-Konstitution* nennen.

Damit wäre zunächst die Erhöhung der 4 zur 7 erfolgt. Aus den ursprünglichen vier Konstitutionen sind nunmehr sieben Konstitutionen geworden, von denen jede einem der in unserem Sonnensystem aktiven Gestirn unterstellt ist, und zwar stehen:

- unter der Sonne die sanguinische,
- unter dem Mond die lymphatische,
- unter Merkur die nervöse,
- unter Venus die Filtrations-Konstitution,
- unter Mars die gallige,
- unter Jupiter die Plethora- und
- unter Saturn die psorische Konstitution.

Es hat nun noch die Erhöhung der 7 zur 12 stattzufinden. Wir haben oben gesehen, dass die Zahl 12 mit den Tierkreiszeichen in Verbindung steht. Es erwächst uns also nunmehr die Aufgabe, für jedes der zwölf Tierkreiszeichen die seiner Art und Qualität möglichst genau angepasste Konstitution herauszufinden. Wir wollen vorausschicken, dass

1. die cholerische oder gallige Konstitution durch das Feuertrigon und die Planeten Sonne und Mars dargestellt wird,
2. die sanguinische Konstitution durch die Luftzeichen und den Planeten Jupiter,
3. die nervöse Konstitution durch die Erdzeichen und die Planeten Merkur, Uranus und Saturn und
4. die lymphatische Konstitution durch die Wasserzeichen und die Planeten Mond, Venus und Neptun.

Ferner wollen wir resümieren, dass die Zeichen Widder, Löwe, Skorpion, Schütze und Wassermann als positive und männliche, die Zeichen Stier, Krebs, Waage und Fische als negative und weibliche und endlich die Zeichen Zwillinge, Jungfrau und Steinbock als neutrale anzusehen sind.

Wir können die Hauptsignaturen der einzelnen Zeichen und ihre physiologischen Aufgaben wie folgt angeben:

Feuerzeichen Widder. Herrscher Mars. Region: Kopf, Großhirn, Hirnnerven, Zirbeldrüse, Augen, Haare, Mund, Zunge. Dispositionen: Kopf-, Nerven-, Gehirn-, Augen- und Haarkrankheiten, Kongestionen, Neuralgien, Schwindel, Epilepsie, Schlagfluss, Hirnhautentzündung, Scharlach, Masern, Ausschläge, übernormale Bluttemperatur, übermäßige Blutoxydation. Daher: *Superoxydations-Konstitution.*

Erdzeichen Stier. Herrscherin Venus. Region: Kleinhirn, Hals, Rachen, Ohren, Schlundkopf, Kehlkopf, Zäpfchen, Mandeln, eustachische Röhre, Gaumen, Ohrspeicheldrüsen, Schilddrüse, Stimmbänder. Dispositionen: Drüsenschwellungen des Rachens und Schlundkopfs, Hals- und Kehlkopfleiden, Nasen- und Rachenpolypen, Diphtherie, Krupp, Halsdrüsenskrofulose, Erkrankungen der Schilddrüse, Kropf, Basedow'sche Krankheit usw. Mangelhafte Drüsentätigkeit. Neigung zu torpider Skrofulose und zur Stauung der Lymphsäfte. Daher *Lymphatisch-skrofulöse Konstitution.*

Luftzeichen Zwillinge. Regent Mars. Region: Schultern, Arme, Hände; Atmungsapparat (Luftröhre, Lungenspitzen, Bronchien, Nerven der Atmungsinnervation); sensible Nerven, Brustganglien des Sympathicus. Inklination für nervöse Affektionen, Asthma, Lungenleiden, Lungentuberkulose, Lungenentzündung, Rippenfellentzündung, Keuchhusten. Zeichen der Beweglichkeit, Eleganz, Grazie, aber auch der hochgesteigerten Sensibilität. Daher: *Sensible Konstitution.*

Wasserzeichen Krebs. Herrscher Mond. Region: Untere Lungenflügel, Brustfell, Zwerchfell, Brustkasten, Speiseröhre, Magen, Magenmund, Thymusdrüse (diese existiert nur bei Kindern und ist nach vollendetem 15. Lebensjahr verschwunden), Lymphleiter usw. Dispositionen: Brustleiden, Magenleiden, Skrofulöse, Wassersucht, Keuchhusten, Brust- und Magenkrebs, Bleichsucht, Hysterie, Hypochondrie, Trunksucht. Unternormale Bluttemperatur. Ungenügende Chymifikation (Bereitung des Speisebreies, Verdauung) und unzureichende Peristaltik (wurmförmige Bewegung des Magens, die der Verdauung dient). Ungenügende Tätigkeit des Lymphsystems. Daher: *Gastrolymphatische Konstitution.*

Feuerzeichen Löwe. Herrscherin Sonne. Region: Herz, Herzbeutel, Rücken, Rückenmark, Spinalnerven, Aorta, obere und untere Hohlvenen, Kranzvenen des Herzens. Inklination: für Synkopen (Ohnmacht oder Tod durch Herzschlag), Herzleiden, Rückenmarksleiden, Lähmung der Gehmuskulatur (Ataxie), krankhafte Arterienerweiterung, ungenügende Blutzirkulation, Entzündungen und nervöse Herzleiden, Neigung zu Hypertonie (übermäßigem Blutdruck). Daher: *Kardiale und kardiasthenische Konstitution.*

Erdzeichen Jungfrau. Herrscher Merkur. Region: Leber, Milz, Pfortader, Bauchgegend, Nabel, Bauchsauggefäße, Bauchspeicheldrüse (Pankreas), Dünndarm, Zwölffingerdarm, Grimmdarm, Querdarm, Bauchfell, sympathisches Nervengeflecht. Konstitutionelle Anlage: für Erkrankungen der vorgenannten Organe, namentlich Verdauungsschwäche, Diarrhoe, Gelbsucht, Bauchfellentzündung, Blinddarmentzündung, nervöse Störungen im Unterleib, Anomalien im Sonnengeflecht u. dgl. m. Ungenügender Chyllus (Bereitung des Speisesaftes) sowie mangelhafte Absorption und Assimilation (Aufsaugung und Verarbeitung der Nährstoffe). Daher: *Intestinal-dyskrasische Konstitution.*

Luftzeichen Waage. Herrscherin Venus. Region: Lenden, Nieren, Nebennieren, Nierenleiter, Gallenblase und Haut. Bei schwangeren Frauen auch die Gebärmutter. Inklination: für Lendenrheuma (Lumbago), Harn-, Nieren- und Gallenleiden, Ekzeme und andere Hautleiden, Urämie u. dgl. – Die Waage hat namentlich die Aufgabe der inneren Sekretion sowie der Filtration des Harns durch die Nieren. Daher: *Nephrosekretorische Konstitution.*

Wasserzeichen Skorpion. Herrscher Mars. Region: Die regio pudica und iliaca, die Harnblase, der Harnleiter und die Harnröhre, das Nierenbecken, die Genitalorgane, insbesondere Prostata, Hoden, Samenleiter, Cowper'sche Drüsen, Nebenhoden usw., ferner Eierstock, Eileiter, Vagina und Vulva. Endlich der Dickdarm, Blinddarm, Wurmfortsatz, Mastdarm und After. Konstitutionelle Disposition: für Blasen- und Geschlechtsleiden, für Wurmkrankheiten, für Erkrankungen des Nierenbeckens, Harngries, Blasensteine, venerische Erkrankungen, Priapismus (Rutenkrampf), Orchitis und Epididymitis (Hoden- und Nebenhodenentzündung), Spermatorrhoe, sexuelle Neurasthenie, Leukorrhoe (Weißfluss), ferner für Hernien (Eingeweidebrüche), Hautausschläge, Karbunkel, Furunkel, Rose (Erysipelas), Gürtelrose (Herpes zoster), Kupferrose, Fressflechte (Lupus) u. dgl. Besonders starke Empfänglichkeit für Infektionskrankheiten, namentlich für sexuelle Infektion. *Daher: Venerisch-miasmatisch-contagiöse Konstitution.*

Feuerzeichen Schütze. Herrscher Jupiter. Körperregion: Hüften, Kreuz, Gesäß und Oberschenkel, Arteriensystem. Neigung: für Hüftleiden, Rheuma, Gicht, Ischias, Neuralgien, Verlegungen und Verrenkungen des Hüftgelenks, Schenkelbrüche, Verwundungen durch Waffen und Verlegungen durch Feuer, Sportunfälle u. dgl. m. Daher: *Rheumatisch-neuralgische Konstitution.*

Erdzeichen: Steinbock. Herrscher Saturn. Körperregion:

Haut, Knochengerüst, Zähne, Gelenke und Bänder, Kniescheibe. Anlage: für Hautleiden, insbesondere Ekzeme, Milchborke (Crusta lactea), Kopfgrind (Tinea capitis), Flechten (Lichenes), Balggeschwülste und Grützbeutel (Atherome), Hautjucken (Pruritus cutaneus), Krätze (Scabies), Erbgrind (Favus), scherende Flechte (Porrigo tonsurans), Schuppenflechte (Psoriasis), Bartflechte, Erfrierungen (Congelationes) u. dgl., ferner für Gelenkrheumatismus, chronische Gelenksentzündungen, Knochen- und Gelenkstuberkulose, Kniescheibenbruch, Versteifungen oder Verrenkungen im Kniegelenk, Knotige Gelenkgicht (Arthritis nodosa), chronische Knochenhautentzündung (Periostitis chronica), endlich Scrofuloderma (Hauttuberkulose) usw. usw. Das Zeichen hat die doppelte Funktion, dass es einerseits eine ausreichende Assimilation durch die Anlagerung von Mineralsubstanzen verhindert, andererseits die Peristaltik (Verdaungstätigkeit) des Darmes durch Antiperistaltik (rückläufige Bewegung) hemmt. Infolgedessen wird hier die normale Verdaungstätigkeit in sehr ungünstiger Weise beeinflusst und zum Teil illusorisch gemacht. Die Folgen sind Verkalkung und Verhärtung der Gewebe, Verstopfung, Koprostase (Kotanschoppung im Darm), Bildung von Harnsäurekristallen, Harngries, Nieren-, Blasen- und Gallensteinen, Arteriosklerose usw. usw. Es findet also hier eine langsame, aber sichere Selbstvergiftung statt. Also: *Psorisch-carbonitrogene Autointoxications-Konstitution.*

Luftzeichen Wassermann. Herrscher Saturn und Uranus. Körperregion: Unterschenkel, Schienbein, Wadenbein, Knöchel, Achillessehne. Ferner Augen und motorische Nerven sowie sympathisches Nervensystem. Eine spezielle Funktion dieses Zeichens ist die Beseitigung der Kohlensäure aus dem Organismus. Krankheitsdispositionen sind: Verlegungen oder Verstauchungen des Schien- oder Wadenbeins, Knöchelbruch, Wadengeschwülste, Wadenkrämpfe, Venenentzündung (Phlebitis), ferner ungenügend oxydiertes Blut, Blutarmut (Anämie), Bleichsucht (Chlorose), Leukämie, Caissonkrankheit, klonische und tonische Krämpfe, Fallsucht (Epilepsie), Chorea minor und maior, Schüttellähmung (Paralysis agitans), Starrkrampf (Tetanus) u. dgl. Daher: *Neurotisch-spasmophile Konstitution.*

Wasserzeichen Fische. Herrscher Jupiter und Neptun. Körperregion: Füße, synoviales Bindegewebe, Lymphe und Lunge. Inklination für: Erkältungen, Verkühlungen, schleimige und wässerige Katarrhe, Erbrechen, Diarrhoe, Seekrankheit, Neigung zum Trunk, Vorliebe für Parfüme, Drogen, Narkotika u. dgl., für Mediumismus und Spiritismus, namentlich in der passiven Form; Disposition für Erweichung des Drüsengewebes, Tumoren u. dgl., für Wassersucht, torpide Skrofulöse, syphilitische Infektion, Beulen und Geschwüre, Lungenleiden, namentlich Tuberkulose und für Erkrankungen des Lymphsystems, ferner für Fußschweiß, Missgestaltung und Verkrüppelung der Füße und Zehen. Der Fischtyp ist außerordentlich passiv, kalt, indolent, torpid, phlegmatisch, medial, willensschwach und psychisch indifferent, wenn nicht einige günstige Aspekte eine anderweitige Beurteilung zulassen, und neigt namentlich auch für psychische Anomalien. Daher: *Lymphatisch-torpid-psychoneurotische Konstitution.*

Damit ist unsere Aufgabe, bestehend in der Zuweisung je einer Konstitution an die 12 Tierkreiszeichen in der Weise, dass die physiologische Beschaffenheit jedes einzelnen Zeichens mit größtmöglicher Präzision charakterisiert wird, erfüllt. Wenn wir die »Konstitution« definieren als die auf bestimmten physiologischen Eigenschaften und Idiosynkrasien beruhende Prädisposition für bestimmte Krankheiten oder Krankheitsgruppen, so geben wir damit zugleich kund, dass für jede besondere Konstitution eine besondere therapeutische Behandlung notwendig wird. Denn es leuchtet ohne Weiteres ein, dass eine Konstitution, die als »heiß-trocken« bezeichnet werden muss, wie z. B. die des Zeichens Löwe, dessen physiologische Zahl = plus 13 beträgt, therapeutisch nicht ebenso behandelt werden kann wie die des Zeichens Krebs, dessen physiologische Zahl = minus 14 ist. Und ebenso verhält es sich mit den Zeichen Widder, Skorpion, Schütze und Wassermann in der »Plusreihe« gegenüber den Zeichen Stier, Waage und Fische in der »Minusreihe«. Eine Ausnahme machen nur die drei neutralen Zeichen Zwillinge, Jungfrau und Steinbock, deren Herrscher, Merkur und Saturn, gleichfalls neutrale, und zwar die einzigen neutralen Planeten sind. Die Zeichen Löwe und Krebs sind Polaritäten, und zwar die ausgesprochensten Polaritäten, die es im Zodiakus gibt. Sie verkörpern in der weitgehendsten und ausgeprägtesten Form die beiden Prinzipien »männlich und weiblich«, »aktiv und passiv«, »elektrisch und magnetisch«, »tonisch und atonisch«. Auch die übrigen vorgenannten Zeichen der »Plus- und Minusreihe« stellen solche Polaritäten dar, aber nicht in so prägnanter Weise wie die Zeichen Krebs und Löwe. Ziehen wir den Durchschnitt zwischen den von ihnen repräsentierten Zahlen plus 13 und minus 14 (also 27 : 2), so kommen wir auf die Zahl 13 ½ und ziehen wir diese von der Pluszahl 13 des Zeichens Löwe ab, so kommen wir auf minus ½. Diese Zahl minus ½ stellt also den neutralen Pol zwischen den Zeichen Löwe und Krebs dar. Machen wir es mit den anderen Polaritäten ebenso, so erhalten wir folgendes Resultat:

- Widder (plus 7) und Waage (minus 7): Differenz 14; 14 : 2 = 7; 7 – 7 = 0;
- Skorpion (plus 3) und Stier (minus 7), Differenz = minus 2;
- Wassermann (plus 4) und Fische (minus 4), Differenz = 0;
- Schütze (plus 5). Ein entsprechendes Minuszeichen fehlt, da nur noch die drei neutralen Zeichen Zwillinge, Jungfrau und Steinbock übrig sind. In Vergleich mit dem Schützen, so ergibt sich: Differenz 5, halbiert 2 ½, 5 – 2 ½ = 2 ½.

Wir erhalten also als neutrale Punkte: zu a) = 0, zu b) = minus 2, zu c) = 0 und zu d) = plus $2^{x}/_{2}$. Die neutrale Zone im Tierkreis bewegt sich also zwischen plus $2^{2}/_{2}$ und minus 2, und die »neutralen« Tierkreiszeichen Zwillinge, Jungfrau und Steinbock haben, ebenso wie die sie beherrschenden Planeten Merkur bzw. Saturn, die »physiologische Zahl« 0. Die Null stellt also physiologisch den Punkt der Ausgeglichenheit, der Harmonie, des Kräftegleichgewichts, des a priori *gesundheitlichen Normalpunktes* dar. Je mehr die »physiologische Zahl« siech vom Nullpunkt entfernt, sei es nach oben in die Plusregion oder nach unten in die Minusregion, umso empfindlicher ist das Gleichgewicht gestört.

Wir haben also, indem wir die sieben *Planeten-Konstitutionen* und die 12 *Tierkreis-Konstitutionen* aufstellten, zugleich den Begriff der »physiologischen Zahl« und den des »physiologischen Nullpunktes« gefunden, welch Letzterer den Punkt einer möglichst weitgehenden physiologischen und konstitutionellen Ausgeglichenheit bedeutet, wo das Spiel der positiven und negativen Kräfte sich das Gleichgewicht hält. Wo dieser »physiologische Nullpunkt« bereits in der Konstitution gegeben ist, also bei den Zeichen Zwillinge, Jungfrau und Steinbock, ist die Wahrscheinlichkeit für eine normale Gesundheit am größten. Wo aber die »physiologische Zahl« sich vom Nullpunkt, sei es nach oben oder nach unten, entfernt, steigt die Wahrscheinlichkeit für ein »Disponiert-Sein zu Krankheite«, und zwar handelt es sich hierbei um *akute* Erkrankungen, wenn die physiologische Zahl in die Plusregion steigt, dagegen um *chronische* Erkrankungen, wenn die physiologische Zahl in die Minusregion fällt. Dieser Satz darf aber nicht etwa dahin missverstanden werden, als seien die Zwillings-, Jungfrau- und Steinbockgeborenen eo ipso als in jedem Falle gesund und die übrigen Typen als in jedem Falle mit Krankheiten behaftet anzusehen. Diese Auffassung würde schon aus dem Grunde falsch sein, weil für den Gesundheitszustand einer Nativität nicht nur der Aszendent maßgebend ist, sondern auch Sonne und Mond sowie die Planeten, die etwa im 1. Hause des Horoskops oder in unmittelbarer Nähe des Aszendenten (etwa im 12. Hause) ihren Stand haben.

Aus den vorstehenden Ausführungen können wir den wichtigen Satz ableiten: *Krankheit ist Störung des Gleichgewichts der Kräfte*, also Polarität, und steht mithin magisch unter der Herrschaft der Zahl 2. Heilung ist Wiederherstellung des Gleichgewichts und mithin Auflösung der Polarität, also Verwandlung der Zwei in die Drei.

7. Verschiedene Krankheiten und Krankheitsgruppen mit Verteilung auf die einzelnen Konstitutionen

Im Abschnitt 6 haben wir 7 Planeten- und 12 Zodiakal-Konstitutionen festgestellt:

Planeten-Konstitutionen:

1. für die Sonne die sanguinische,
2. für den Mond die lymphatische,
3. für Merkur die nervöse,
4. für Venus die Filtrations-,
5. für Mars die gallige,
6. für Jupiter die Plethora- und
7. für Saturn die psorische Konstitution.

Zodiakal-Konstitutionen:

1. für Widder: die Superoxydations-Konstitution,
2. für Stier: die lymphatisch-skrofulöse Konstitution,
3. für Zwillinge: die sensible Konstitution,
4. für Krebs: die gastrolymphatische,
5. für Löwe: die kardiale und kardiasthenische,
6. für Jungfrau: die intestinal-dykrasische,
7. für Waage: die nephro-sekretorische,
8. für Skorpion: die venerisch-miasmatisch-kontagiöse,
9. für Schütze: die rheumatisch-neuralgische,
10. für Steinbock: psorisch-karbonitrogene Autointoxikations-Konstitution,
11. für Wassermann: die neurotisch-spasmophile und
12. für Fische: lymphatisch-torpid-psychoneurotische Konstitution.

Wir bringen nunmehr die einzelnen Krankheiten und Krankheitsgruppen nach den körperlichen Organen geordnet und geben jeweilig bei der Überschrift an, welche Planeten bzw. Zodiakalzeichen konstitutionell infrage kommen:

I. *Krankheiten des Gehirns* (Mars, Widder): 1. Kopfschmerz, 2. Schwindel, 3. Hyperämie des Gehirns und Kopfkongestionen, 4. Gehirnhautentzündung, 5. hitzige Gehirnhöhlenwassersucht, 6. Wasserkopf, 7. Gehirnerschütterung.

II. *Krankheiten des Rückenmarks* (Sonne, Löwe): 1. Hyperämie des Rückenmarks, 2. Entzündung der Rückenmarkshäute, 3. Entzündung des Rückenmarks, 4. Rückenmarksschwindsucht (Tabes dorsalis).

III. *Krankheiten der peripheren Nerven* (Merkur, Zwillinge, zu 2, Mars, Widder zu 1): 1. Kopf- und Gesichtsschmerzen (Neuralgien), 2. Neuralgien in anderen Körperteilen.

IV. *Neurosen* (Uranus, Wassermann): 1. Veitstanz, 2. Starrkrampf (Trismus, Tetanus), 3. Fallsucht (Epilepsie), 4. Krämpfe (Spasmi), 5. Gesichtskrampf, Schreibkrampf, Wadenkrampf, Lähmungen.

V. *Krankheiten der Mund- und Rachenhöhle* (Venus, Stier): 1. Mund- und Rachenhöhlenkatarrh, 2. Mandelentzündung, 3. Mundschwämmchen, Aphthen, 4. Mundfäule, 5. Wasserkrebs (Noma), 6. Schwämmchen, Soor, Stomatomykosis, 7. Zungenentzündung (Glossitis), 8. Ohrspeicheldrüsenentzündung, Mumps.

VI. *Krankheiten des Magens* (Mond, Krebs): 1. Akuter Magenkatarrh, 2. chronischer Magenkatarrh, 3. Magengeschwür (Ulcus ventriculi), 4. Magenkrampf, 5. Magenblutung (Haematemesis).

VII. *Krankheiten des Darmkanals* (Merkur, Jungfrau), Leberleiden (Merkur, Jungfrau), Gallenleiden (Venus, Waage): 1. Akuter Darmkatarrh, 2. Hämorrhoiden, 3. Darmkolik, 4. Chronische Stuhlverstopfung, 5. Bauchfellentzündung, 6. *Bauchwassersucht*, 7. Leberentzündung (Hepatitis), 8. Gelbsucht (Ikterus), 9. Gallensteinkolik (Cholelithiasis).

VIII. *Krankheiten der Harnorgane* (Venus, Waage): 1. Nierenentzündung, 2. Brigth'sche Nierenkrankheit, 3. Nierengries- und Nierensteinbildung, 4. Blasenkatarrh, 5. Nächtliches Bettnässen (Enuresis), 6. Blasenlähmung.

IX. *Krankheiten der Zirkulationsorgane* (Sonne, Löwe): 1. Herzbeutelentzündung, 2. Herzklopfen, 3. Herzklappenfehler, 4. Akute Herzentzündung (Endocarditis), 5. Herzvergrößerung und

Herzerweiterung, 6. Fettherz und fettige Herzentartung, 7. Herzschwäche, 8. Arterienverkalkung, 9. Herzneurose.

X. *Krankheiten der Atmungsorgane* (zu 10 Mars, Widder, zu 1–7 und zu 11 Venus, Stier, zu 8 und 9 sowie zu 12–17 und zu 19 Merkur, Zwillinge, zu 18 und 20 Mond, Krebs): 1. Nasenbluten, 2. Schnupfen, 3. Nasenpolypen, 4. Kehlkopfkatarrh und Kehlkopfödem, 5. Stimmbandlähmung, 6. Stimmritzenkrampf, 7. häutige Bräune, 8. Luftröhren- und Bronchialkatarrh, 9. Keuchhusten, 10. Heufieber, 11. Kropf (Struma), 12. Asthma, 13. Lungenemphysem, 14. Lungenentzündung, 15. Lungenödem, 16. Lungen- und Kehlkopfschwindsucht, 17. Brustfell- und Rippenfellentzündung, 18. Brustwassersucht, 19. Bronchialkatarrh, 20. Bluthusten (Hämoptysis).

XI. *Krankheiten der Haut und des Unterhautzellgewebes* (zu 3, 6, 13, 15, 16, 19, 20, 23, 25, 26, 29 und 31 Mars, Skorpion, zu 14 Jupiter, Schütze, zu 1, 2, 4, 5, 7–12, 17, 18, 21, 22, 27, 28 und 30 Saturn, Steinbock, zu 24 Uranus, Wassermann): 1. Flechte, Ekzem, 2. Schuppenflechte, 3. Gürtelrose, 4. Blasenausschlag, 5. Hautjucken, 6. Rose (Erysipelas), 7. Nesselsucht, Nesselfriesel, 8. Nesselausschlag, 9. Milchborke (Crusta lactea), 10. Kopfgrind, 11. Schweißdrüsenstörungen, 12. Grützbeutel, 13. Geschwüre (Ulcera), 14. Fettgeschwülste, Lipome, 15. Kupferrose, Kupferfinne, 16. Fressflechte (Lupus), 17. Bartflechte, Bartfinne, 18. Kopfschinn, Haarschuppen, 19. Furunkel, Karbunkel und Phlegmone, 20. Verbrennungen (Combustiones), 21. Erfrierungen (Congelationes), 22. Krätze (Scabies), 23. Panaritium (Fingergeschwür), 24. Krampfadern, 25. Wunden, 26. Durchliegen (Decubitus), 27. Granulationen, 28. Kopfgeschwulst (Kephalämatom), 29. Nagelkrankheiten, 30. Warzen, 31. Insektenstiche.

XII. *Krankheiten der Geschlechtsorgane* (Mars, Skorpion): 1. Tripper, 2. Schanker, 3. Syphilis, 4. Weißfluss (Leukorrhoe), 5. Störungen der Menstruation, 6. Neuralgie der Gebärmutter und der Scheide, 7. Entzündung der Brustdrüse, 8. Wasserbruch (Hydrocele), 9. Krampfaderbruch (Variocele), 10. Phimose, 11. Erkrankungen der Vorsteherdrüse.

XIII. *Krankheiten der Gelenke, Muskeln und Knochen* (Saturn, Steinbock): 1. Akuter und chronischer Gelenkrheumatismus, 2. Muskelrheumatismus, 3. Knotige Gelenkgicht, 4. Entzündungen des Hüftgelenks und des Kniegelenks, 5. Entzündungen der Knochenhaut und des Knochens, 6. Sehnenscheidenentzündung, 7. Überbein, 8. Kniegelenkwassersucht, 9. Verrenkungen und Verstauchungen.

XIV. *Allgemeine Ernährungsstörungen* (zu 1, 2 und 8 Mond, Krebs, zu 3, 6, 7 und 13 Saturn, Steinbock, zu 4 und 12 Jupiter, Schütze, zu 5 und 11 Mars, Skorpion, zu 9 und 10 Uranus, Wassermann): 1. Bleichsucht (Chlorose), 2. Skorbut, 3. Werlhoff'sche Blutfleckenkrankheit, 4. Zuckerharnruhr (Diabetes mellitus), 5. Harnruhr, 6. Rachitis, 7. Skrofulöse, 8. Barlow'sche Krankheit, 9. Blutarmut, 10. Leukämie, 11. Bluterkrankheit, 12. Fettleibigkeit, Fettsucht, 13. Knochenerweichung.

XV. *Miasmatische Krankheiten* (Mars, Skorpion): Wechselfieber, larviertes, perniziöses und remittierendes Wechselfieber.

XVI. *Miasmatisch-kontagiöse Krankheiten* (Mars, Skorpion): 1. Diphtherie, 2. Ruhr, Dysenterie, 3. Cholerine, 4. Cholera, 5. Typhus, 6. Aussatz.

XVII. *Kontagiöse Krankheiten* (Mars, Widder): 1. Masern, 2. Scharlach, 3. Blattern, Pocken, 4. Röteln, Friesel, 5. Influenza, Grippe.

XVIII. *Augenkrankheiten* (Mars, Widder – Wassermann, Uranus).

XIX. *Ohrenleiden* (Saturn – Merkur, Steinbock – Zwillinge).

XX. *Gemütskrankheiten* (Merkur – Zwillinge, Fische – Jupiter).

XXI. *Psychische Krankheiten* (Merkur – Zwillinge, Uranus – Wassermann, Neptun – Fische).

8. Die anatomischen Beziehungen der Tierkreiszeichen. Das Gesetz der Entsprechungen

Unser Planetensystem bewegt sich in retrograder Richtung durch die durch Zeichen des Tierkreises, die als ein Riesenkreis unseren Kosmos nebst zahlreichen anderen Sonnensystemen sozusagen mit einem Ring umgeben. Alle diese Sonnensysteme drehen sich gemeinsam um eine zentrale Übersonne, die vermutet wird im Sternbild der Plejaden (Alcyone). Unser Sonnensystem braucht rund 26.000 Jahre, um den Umlauf von 360 Grad durch die zwölf Zeichen des Zodiaks zu vollenden. Man nennt diese Zeitspanne ein Platonisches oder Kosmisches Jahr. Zu dieser Bewegung der Sonne kommt aber noch eine andere scheinbare Bewegung der Zodiakalzeichen, und zwar ist diese durch die Achsendrehung der Erde in 24 Stunden veranlasst. Infolge dieser Achsendrehung läuft das ganze Himmelsgewölbe in 24 Stunden an jedem Punkte der Erdoberfläche vorbei, und es muss also durchschnittlich alle zwei Stunden ein anderes Zeichen des Zodiaks über dem östlichen Horizont sich erheben. Die einzelnen Zeichen des Zodiaks sind, vom Frühlingspunkt ausgehend: Widder, Stier, Zwillinge, Krebs, Löwe, Jungfrau, Waage, Skorpion, Schütze, Steinbock, Wassermann, Fische. Zwischen dem 19. und 23. März jeden Jahres tritt die Sonne in das Zeichen des Widders, und jeweilig zwischen dem 19. und 23. jedes folgenden Monats gelangt sie in die übrigen Zeichen des Tierkreises. Jedem dieser zwölf Tierkreiszeichen entspricht nun ein bestimmter Teil oder, richtiger gesagt, eine bestimmte Region des menschlichen Körpers. Die Einteilung und Zuweisung des menschlichen Organismus an die einzelnen Zeichen des Tierkreises, die als elektromagnetisch bzw. radioaktiv geladene Kraftfelder anzusehen sind, erfolgte aufgrund einer chaldäischen Überlieferung, deren Entstehung sich im Dunkel des Altertums verliert. Nach ihr stehen:

1. unter dem *Zeichen Widder*: der Kopf mit dem Großhirn, dem Gesicht und den Augen und Haaren, dem Stirnbein, Scheitel-

bein, Keilbein, Schläfenbein, Jochbein, Nasenbein, Ober- und Unterkiefer und der Nasenscheidewand, dem Stimmmuskel, Schläfenmuskel, Kopfnicker, Kapuzenmuskel, Hinterhauptmuskel, der Kaufaszie und den Schließmuskeln der Augen und des Mundes, der Stirnhöhle, der Highmorshöhle und der Brücke, den Schläfenschlagadern (Temporales), den inneren Carotiden und den Kopfvenen, endlich den Hirnnerven, Tränendrüsen, Tränenkanälen, Tränensack, Tränennasenkanal;

2. unter dem *Zeichen Stier*: Hals und Nacken, Rachen, Schlundkopf, Kehlkopf, Zäpfchen, Mandeln, eustachische Röhre, Gaumen, Schilddrüse, Stimmbänder, Nase, Ohr, Ohrspeicheldrüsen, Halswirbel, Halsfaszie, Hals- und Nackenmuskeln, Ohrmuskel, Kleinhirn, Varolsbrücke, verlängertes Mark, Zunge, Kehlkopfmuskulatur, äußere Carotiden, wahre und falsche Stimmbänder, Occipitales, Jugulares, Drosselvenen und Schilddrüsenvenen;
3. unter dem *Zeichen Zwillinge*: Luftröhre, Bronchien und Lunge, Nerven der Atmungsinnervation, Luftröhrenringe, Verzweigung der Luftröhre und Blutgefäße in der Lunge, Lungenarterien und Lungenvenen; Schultern, Arme und Hände, Oberarmknochen, Speiche, Ellenbogenbein, Handknochen, Schlüsselbein, Schulterblatt, Fingerknochen, Schlüsselbeinmuskel, Deltamuskel, Oberarmmuskel, Vorderarmmuskel, gemeinsames Handwurzelband, Muskel zum Heranziehen des Daumens an den Zeigefinger, Hand- und Fingermuskulatur, Schultermuskel, dreiköpfiger Muskel, Vorderarmmuskeln (Strecker), Schlüsselbeinarterien und Schlüsselbeinvenen, Achselschlagadern, Armschlagadern, Ellbogenschlagadern, Speichenschlagadern, Hohlhandbogen; sensible Nerven;
4. unter dem *Zeichen Krebs*: Schlund, Speiseröhre und Magen; Zwerchfell; Brustkasten, Brustfell, die 12 Brustwirbel, der große und kleine Brustmuskel, der große, sägeförmige Muskel, der Milchbrustgang; die Zwerchfellarterie, die Mediastinalis, die Zwerchfellvene, die Gastriepiploica, die Mammaria, der Plexus cardiacus und der nervus splanchnicus; die Thymusdrüse (nur bei Kindern);

5. unter dem *Zeichen Löwe*: Herz, Herzbeutel, Rücken und Rückenmark; Aorta, obere und untere Hohlvene; die 12 Rippen; Rückenmuskel und Rückenmark; Kranzarterien und Kranzvenen; Herztrabekel und Herzmuskel; unbenannte Arterie und Vene; Spinalnervensystem;
6. unter dem *Zeichen Jungfrau*: Bauch, Nabel, Leber und Milz, Pfortader, Bauchspeicheldrüse (Pancreas), Bauchfell, Dünndarm, Zwölffingerdarm, Grimmdarm und Querdarm; Baucharterie und Bauchvene, Leberarterie und Lebervene, Milzarterie und Milzvene, Unterleibsaorta, Gekrösearterie, Gekrösevene, Bauchsauggefäße; äußerer schiefer Bauchmuskel, grader Bauchmuskel, querer Bauchmuskel; sympathisches Nervengeflecht;
7. unter dem *Zeichen Waage*: Lenden, Nieren, Nebennieren, Gallenblase und Haut. Die 5 Lendenwirbel, die Lendenmuskulatur, die Nierenarterie und Nierenvene, der Gallengang, die Pyramiden und die Harnkanälchen sowie der Harnleiter; das vasomotorische Nervensystem;
8. unter dem *Zeichen Skorpion*: die regio pudica und iliaca (Leisten- und Schamgegend), die Harn- und Genitalorgane, insbesondere Nierenbecken, Blase, Harnleiter, Harnröhre, Nierenleiter, aufsteigender, querer und absteigender Dickdarm, s-förmige Krümmung des Dickdarms, Blinddarm, Wurmfortsatz, Mastdarm und After; ferner die Cowper'schen Drüsen (hinter der Harnröhrenzwiebel), Samenleiter, Prostata, Hoden, Gebärmutter, Ovarien, Clitoris, die Hodensackmuskulatur, der erector penis sive clitoris, die Iliacae internae, die Spermaticae, der Plexus und Nervus pudendus usw. usw.;
9. unter dem *Zeichen Schütze*: die Hüften, das Gesäß und die Oberschenkel; Hüftbein, Oberschenkelkopf, Oberschenkelknochen, Kreuzbein, Darmbein und Steißbein, Oberschenkelmuskeln, Strecker des Unterschenkels, Gesäßmuskeln; Hüftschlagadern und Hüftvenen, Beckenschlagadern und Schenkelschlagadern; der nervus ischiadiacus und das ganglion coccygeum; der nervus glutaei et cluneum;
10. unter dem *Zeichen Steinbock*: das Knochengerüst, die Haut, die

Bänder und Gelenke, die Knie, die Sehne der Kniescheibe, die Muskeln zum Einwärtsdrehen des Unterschenkels;

11. unter dem *Zeichen Wassermann*: Unterschenkel, Schienbein, Wadenbein und Knöchel; der Schienbeinmuskel, der Unterschenkelmuskel, der große Wadenmuskel und der zweiköpfige Wadenmuskel, die Achillessehne; die Tibialis anterior, posterior und peronaea und die Saphenae parva et magna;
12. unter dem *Zeichen Fische*: die Lunge, das synoviale Bindegewebe, das Lymphsystem und die Füße; die Fußknochen, die Zehenknochen und das Fersenbein, der Beuger des Fußes, die Plantares lateralis et medialis, die Tarsales und Metatarsales, die Sohlen-, Zehen- und Fußrückennerven.

Im Vorstehenden handelt es sich um die primären Beeinflussungen. Es gibt aber auch noch sekundäre Beeinflussungen. Diese beruhen auf dem *Gesetz der makro-mikrokosmischen Entsprechungen.* Letzteres findet seine Parallele in dem Gesetz der anatomischen Entsprechungen, welches besagt, dass die physischen Organe nicht ein jedes isoliert und selbständig zu arbeiten pflegen, sondern dass ein gewisser fester Zusammenhang zwischen bestimmten Organen besteht. Im Zodiak sind diese Homologieen dadurch zum Ausdruck gebracht, dass die Oppositionszeichen gegenseitige Entsprechungen bilden, und zwar anatomisch sowohl wie pathologisch. Es stehen also »in Entsprechung« die Zeichen Widder und Waage, Stier und Skorpion, Zwillinge und Schütze, Krebs und Steinbock, Löwe und Wassermann, Jungfrau und Fische, und zwar derart, dass bei schlechten Konstellationen primär die Krankheiten des Zeichens, sekundär aber die Krankheiten des Oppositionszeichens infrage kommen. Ist also z. B. ein Planet im Zeichen Löwe ungünstig aspektiert, so besteht bei der betreffenden Nativität eine Disposition nicht nur für die Krankheiten des Zeichens Löwe, sondern auch für die des Zeichens Wassermann. Auf Erstere würde primär, auf Letztere sekundär zu diagnostizieren sein. Aber es bestehen, wie bereits erwähnt, auch anatomische »Entsprechungen«, d. h. Wechselbeziehungen zwischen den Körperregionen des Zeichens und des Oppositionszeichens. So stehen z. B. erfahrungsgemäß in

Verbindung: das männliche Sexualsystem mit der männlichen Nase (Skorpion-Stier), die Gebärmutter und die Prostata in Verbindung mit den Rachenmandeln (Skorpion-Stier), der weibliche Mund in Beziehung zur Vagina (Stier-Skorpion), die Geschlechtsdrüse in Verbindung mit der Ohrspeicheldrüse (Skorpion-Stier), die Hypophysis (Hirnanhang) in Verbindung mit der Nebenniere (Widder-Waage), die Schilddrüse (Stier) in Verbindung mit den Hoden (Stier-Skorpion) usw. usw. Weist die Diagnose auf die Erkrankung eines Organs, so muss demgemäß der Arzt auch dem Entsprechungsorgan seine Aufmerksamkeit zuwenden, um einer etwaigen Miterkrankung dieses Organs rechtzeitig vorzubeugen. Das Gesetz der Entsprechungen wird gerade in der medizinischen Astrologie leicht übersehen, ein Umstand, der oft zu verkehrten Diagnosen Veranlassung geben kann.

9. Die Planetenkräfte und ihre Beziehungen zum menschlichen Organismus sowie zu chemischen Elementen, den biochemischen Nährsalzen und den Arzneimitteln

Während wir die Häuser oder Felder des Horoskops als elektrisch oder radioaktiv geladene Kraftstationen anzusehen haben, sind die darin befindlichen Planeten die Auslöser des Stromes, und erst ihre Gegenwart bewirkt die Einschaltung und das Fließen des elektrodynamischen Stromes, und zwar entsprechend der individuellen Natur des Auslösers und seiner Färbung durch das Zeichen, in welchem er seinen Platz hat, letzten Endes aber auch entsprechend der Aspekte, die er von anderen Planeten erhält. Betrachten wir nunmehr die physiologische Natur der einzelnen Gestirne, ihre Aufgaben und ihre Wirkungen, so erhalten wir folgendes Bild:

Wie die Sonne das Zentrum des Planetensystems ist, so ist sie im menschlichen und tierischen Organismus das Zentralorgan der Vitalität, der Lebensspender und Lebenserhalter, die Kraftzentrale und Erzeugerin der Lebensenergien, die Seele und der Mittelpunkt alles physischen, physiologischen, psychischen und mentalen Seins, der Lebenssitz, die Blutzirkulation und das Herz, das organisierende Prinzip des Körpers, die Spenderin sämtlicher Kraftenergien. Genau wie das Sonnenspektrum die Farben aller im Planetensystem aktiven Gestirne in sich vereint, so ist die Sonne die Quelle und zugleich der Sammelpunkt aller Eigenschaften, Kräfte und Energien dieser Gestirne, auf der Erde aber und im menschlichen Organismus der Urgrund allen Seins, Werdens und Vergehens, aller Kräfteentfaltung, Kräfteveränderung und Kräftebindung, der Ursprung allen Lebens und die Nährmutter alles Lebendigen. Ihrer Natur nach ist die Sonne, wie wir gesehen haben, warm und trocken. Ihre »physiologische Zahl« ist plus 11; sie gilt als männliches Tagesgestirn und regiert in erster Linie die vitalen Kräfte, die durch die Milz verarbeitet und dem Sonnengeflecht zugeführt werden, das sie in die übrigen Körperorgane weiterleitet.

In zweiter Linie beherrscht sie das Herz, den Blutkreislauf, das Rückenmark und das Spinalnerven-System sowie die Pons Varolii, die Varolsbrücke, die auch der »Lebensbaum« genannt wird und im Gehirn ihren Sitz hat. Das Blut ist der höchste Ausdruck des Lebensleibes, der unmittelbare Träger des Ego, der Sitz der Seele und daher der Übermittler der Empfindungen und Gefühle. Der Sonne zugehörig sind die Zahlen 1 und 4 sowie das Quadrat der Zahl 6. Ihre Farbe ist die goldgelbe, goldbraune und orange und von den Edelsteinen sind es der Diamant, der orangerote Rubicell, der Hyazinth (orientalische), Chrysolith (Goldtopas), der Marcellin, der orientalische Pepugranat, der indische Karfunkel, der Herzkrankheiten heilt, und der arabische Zirkon. Von den Tieren gehören der Sonne an der Löwe und alle majestätischen Tiere, der Adler, Geier, Falke und Hahn, von den Pflanzen Angelika, Apfelbaum, Augentrost,

Blutwurz, Diptam, Fächerpalme, Flockenblume, Goldblume, Granatapfel, Hartheu, Himmelschlüssel, Kamille, Lorbeerbaum, Mandelbaum, Natterkopf, Ölbaum, Palme, Ringelblume, Safran, Sonnenblume, Sonnenröschen, Sternblume, Walnussbaum und Weinstock. Von den Metallen bzw. Metalloiden sind der Sonne unterstellt Gold and Iridium, Phosphor und Strontium, von biochemischen Nährsalzen das Kalium sulfuricum. Im Übrigen unterstehen ihr beim Menschen das rechte Auge des Mannes und das linke Auge der Frau, ferner der würzige, angenehme und scharfe Geschmack (Wacholder, Wein, Lorbeer) sowie alle sonnigen Felder und Flure, Äcker und Täler, Ebenen und Gebirge. Sie verleiht ein langes und gesundes Leben, gute Geistesgaben und gute seelische Eigenschaften, Aufrichtigkeit und Ehrlichkeit. Ihre therapeutischen Wirkungen sind: schweißtreibend, herzanregend, antikachektisch und erhitzend.

Der Mond

Der Mond gilt als weibliches, magnetisches Nachtgestirn und ist kalter und feuchter Natur. Er ist Regulator und Destillator der Körperflüssigkeiten, namentlich der Lymphe, der Drüsensekrete, des Magensaftes usw. Er wirkt also chemisch umbildend, ausscheidend, verändernd und assimilierend, steht mit der Chylusbereitung und der Chymifikation sowie mit der weiblichen Periode in Verbindung und hat demgemäß enge Beziehungen zum Magen, zu den weiblichen Brüsten und zur Gebärmutter. Er beherrscht dementsprechend Schlund, Speiseröhre und Magen, das Lymphsystem, die Gewebeflüssigkeiten, das Milchsystem, den Tränenapparat, die Hirnsubstanz, den Säftewechsel, die Perioden des weiblichen Sexualsystems und den periodischen Ablauf der Krankheitsbilder, ferner beim Manne das linke und beim Weibe das rechte Auge.

Seine »physiologische Zahl« ist minus 12; seine Grundzahlen sind 2 und 7, auch beherrscht er das Quadrat der Zahl 9. Er wirkt am günstigsten in der Zeit vom Vollmond bis zum Neumond sowie während der Nachtzeit, d. h. von Sonnenuntergang bis Sonnenaufgang. Er ist dem weiblichen Geschlecht sowie allen Pflanzen besonders günstig. Es sind ihm zugeeignet die weiße, weißgelbe, silbergraue und silberne Farbe, von den Edelsteinen und Halbedelsteinen sind es der Smaragd, Opal, Aquamarin, Mondstein, Galakthit, Topazolith, Uwarowit, weiße Onyx und die weiße Edelkoralle. Von den Tieren unterstehen ihm die Hasen und Kaninchen, die Nachtigallen, Fledermäuse, Nachtschmetterlinge, Frösche, Krebse und Schalentiere sowie die kleineren Wassertiere; von den Pflanzen die Agave, Alant, Anemone, Arrakatscha, Bruchweide, Brugmansie, Fetthenne, Gänsekraut, Goldlack, Gurke, Hundszunge, Judasbaum, Knöterich, Kürbis, Lilie, Linse, Mäuseöhrchen, Melone, Moose, Ohrpilz, Rüben, Salat, Schwertlilie, Veilchen, Weide und Ysop, von den Metallen bzw. Metalloiden das Silber und das Palladium, ferner Sudium, Gadolinit, Yttrium, Cerium, Lauthan, Didym und Erbium, von den biochemischen Nährsalzen Jodum und Silicea. Ihm unterstehen der salzige und saure Geschmack, die Gewässer, die wasserreichen Gegenden und die Gärten. Er vertritt einerseits Samen, Wachstum und Reife, andererseits Fäulnis und Verwesung. Im Horoskop bedeutet er die psychischen und moralischen Kräfte. Sein Einfluss bringt Neigung zu Somnambulismus und Mediumschaft und ein starkes Traumleben. Seine therapeutischen Wirkungen sind: erweichend, schleimlösend, säftemildemd, ausscheidend, Brechreiz und Durchfall erregend.

Merkur

Merkur, der Götterbote, ist Vermittler, Reflektor und Transformator der astralen Kraftenergien, vor allem aber der Regulator der geistigen Zirkulation. Deshalb beherrscht er beim Menschen die Gehirntätigkeit und das Nervensystem, Atem, Sprache, Bewegung und Gehör. Während das Gehirn als Substanz dem Mond untersteht, ist die Gehirnfunktion dem Merkur unterstellt. Geistesstörungen, die auf Substanzveränderungen des Gehirns beruhen, werden also durch den Mond verursacht, während funktionelle Störungen im zentralen und peripheren Nervensystem auf Merkur zurückzuführen sind. Da ihm die Sprache untersteht, so beherrscht er einerseits das sogenannte Broca'sche Zentrum, d. h. die dritte linke Hirnwindung, den Sitz des motorischen Sprachzentrums, und andererseits auch die Muskeln der Stimmbänder. Seine Hauptfunktionen sind: die Innervation (Nervenkraftzuleitung), die Chylifikation (Dünndarmverdauung), die Versorgung der Magen- und Bauchnerven (Plexus solaris), die Lungeninnervation und die Versorgung des Plexus brachialis und der Armnerven.

Seine »physiologische Zahl« ist plus minus 0. Seine Grundzahl ist 5, und er beherrscht das Quadrat der Zahl 8. Seine Natur ist kalt und trocken, seine Polarität neutral. Er regiert den mildwürzigen Geschmack, die hellgelbe und hellgraue Farbe sowie die sumpfigen Gegenden und die bewässerten Täler. Ihm unterstehen von den Tieren die Affen, Hunde, Füchse und ungiftigen Kriechtiere (Eidechsen usw.), die Insekten mit Ausnahme der Käfer und Schmetterlinge, die Raben, Eulen, Papageien sowie alle sprechenden Vögel, von den Pflanzen Algen, Andorn, Apostelkraut, Bärenklaue, Baldrian, Balsamapfel, Bauhinie, Bohnenkraut, Kardamome, Catalpabaum, Colombowurzel, Dill, Drüsenstrauch, Ehrenpreis, Endivie, Feldkümmel, Fünffingerwurz, Gänsefuß, Granatbaum, Haarblume, Huflattich, Kalmus, Kino, Kraftwurz, Lavendel, Löcherpilz, Maiglöckchen, Majoran, Mastix, Maulbeerbaum, Monarde, Ninfing, Ölrettich, Pandane, Petersilie, Pfefferminz, Pistazie, Quendel, Ravensarabaum, gelbe Rübe, Santelbau, Saturei, Skabiose, Sellerie, Spigelie, Tamarinde, Vanille, Wermut und Wurmfarn, von den Edelsteinen der Bevyll, Topas, Heliotrop, Achat, Carneol, Blutstein und Lepidolith, von den Metallen bzw. Metalloiden das Quecksilber sowie Osmium, Wismuth, Zink, Titan und Magnesium. Von den biochemischen Nährsalzen unterstehen ihm das Calium phos. und das Magnesium phosphoriucum

Seine therapeutischen Wirkungen sind: nervenberuhigend, schmerzstillend, antispasmodisch (krämpfestillend), ausgleichend und desinfizierend. Merkur erzeugt Leute mit hohen Stirnen, schlanken Händen, mittelschlankem Wuchs und klugen Augen. Er macht begabt, lernbegierig, schlau, diplomatisch, beweglich und unruhig und steht mit allem in Verbindung, was durch Beweglichkeit, Schnelligkeit, Geschicklichkeit, Überredung, List, Sophismus, mit Wissenschaften, Literatur, Schriftstellerei und Poesie, Erfindungen, Astronomie und Astrologie sowie mit Handel und Wandel in Beziehung steht. Er beeinflusst alle Gedankenarbeit, alle Urkunden, Verträge und Reisen und gibt ein gutes Gedächtnis sowie die Gabe der Weissagung. Er steht in Verbindung mit Nervenleiden, Schreibkrampf, Sprachfehlern, Verlust des Gedächtnisses, Geistesgestörtheit, Wahnsinn, Täuschung, Betrug, Diebstahl, Raub, Ehrgeiz, Erfindungen, übler Nachrede, Fälschung, Beleidigung, Geschäftsabschlüssen, Geschäftserfolgen und geschäftlichen Zusammenbrüchen, Bankrott, Übervorteilung, Prozessen usw.

Venus

Venus mit der Urqualität: feucht und warm, ist das ausgesprochen weibliche Prinzip im Kosmos und daher der Planet der Zeugung und Fortpflanzung sowie im psychischen Sinne der des Ausgleichs bzw. der Milderung aller kosmischen Härten. Sie ist fruchtbar, Liebe heischend und Liebe spendend, schlaff, verweichlichend, einschmeichelnd, süßlich, verwöhnend, passiv und negativ. Die innere Sekretion, das gesamte Drüsensystem, das venöse Blut, das Gewebswasser, die Nieren und die Kehle, das Ovarium und die weiblichen Keimzellen sowie die weiblichen Geschlechtsorgane und die weiblichen Brustdrüsen, endlich auch die Haut (zusammen mit Saturn) sind ihr unterstellt. Außer der inneren Sekretion obliegt ihr auch die Filtration des Harns durch die Nieren, desgleichen die negative, weibliche Phase der Blutzirkulation (durch die Beherrschung des Venensystems). Sie beherrscht ferner das Gefühl und den Geschmack.

Ihre »physiologische Zahl« ist minus 7. Ihre Grundzahl ist 6, und das ihr unterstehende Zahlenquadrat ist das der Zahl 7. Ihre Polarität ist negativ. Sie regiert den mild-süßen und den süßsäuerlichen Geschmack, die Farben rosa, lachsrot, reseda, hellgrün, hellblau und hellviolett sowie die blühenden Gärten, die lieblichen

Haine und die Matten auf Bergeshöhen. Ihr unterstehen auch alle glänzenden Gegenstände, wie Glas, Spiegel usw. Sie ist der menschlichen Natur sehr günstig, bringt namentlich Glück bei Nachtgeburten und wirkt besonders vorteilhaft in der Nähe der Sonne oder des Mondes. Im Osten nützt sie mehr den Männern, im Westen mehr den Frauen. Es unterstehen ihr von den Tieren namentlich die Haustiere, insbesondere Kuh, Ziege, Schaf, Hühner, Tauben, Fasane, ferner die Rebhühner, Birkhühner, Enten, Singvögel, Libellen, Schmetterlinge, Hirsche und Rehe, von den Pflanzen der Aalbeerstrauch, Ackerley, Akelei, Artischocke, Bärlapp, Birne, Carrageenmoos, Clitorie, Dattelbaum, Eibisch, Erdbeere, Erle, Fieberkraut, Flieder, Frauenhaar, Frauenmantel, Gundelrebe, Haardolde, Hartriegel, Himbeere, Honigklee, rote und weiße Johannisbeere, Kartoffel, Klebkraut, Kornblume, Kreuzkraut, Kropfschwamm, Leberblümchen, Liguster, Linde, Löwenmaul, Männertreu, Malve, Mutterkraut, Nabelkraut, Ochsenzunge, Pantöffelchen, Pfirsich, Pistazie, Polei, Preiselbeere, Prunelle, Quendel, Rainweide, Roggen, Rose, Sanikel, Sauerampfer, Schafgarbe, Schiefblatt, Siegelblume, Spark, Spiere, Taubnessel, Tulpe, Veilchen, Vogelkraut, Waldmeister, Weizen, Wolfblatt, Wollblume und Zwetschge, von den Edelsteinen der helle Saphir, Balas, die rosa und die weiße Edelkoralle, von den Metallen bzw. Metalloiden das Kupfer, Skandium, Phallium, Rotmessing und Brom. Von den biologischen Nährsalzen unterstehen ihr das Kalium chloratum und das Natrium phosphoricum. Ihre therapeutischen Wirkungen sind: lindernd, antinephritisch, die Ausscheidung anregend, harntreibend, schweißerzeugend und regenerierend (gewebeneubildend). Die Venus macht schöne Menschen mit großen, glänzenden Augen und hübschen Zügen, üppigem Haar- und Bartwuchs und fröhlichem, heiterem Gemüt, die aber bei ungünstiger Bestrahlung der Venus einen ausschweifenden Lebenswandel führen.

Mars, der heiße und trockene Urqualität besitzt, ist der Repräsentant des männlichen und zugleich des warmen Prinzips, der Vertreter animalischer Kraft sowie körperlicher und geistiger Energie und Aktivität. Deshalb erweisen sich Häuser und Zeichen, die von Mars besetzt sind, immer als Zentren hoher Vitalität und Kraftentfaltung. Seine Wirkungsweise ist zentrifugal, also ein gewaltsames Nach-außen-Streben. Ihm untersteht die Produktion der Körperwärme durch Oxydation des Blutes und namentlich durch Muskeltätigkeit; deshalb ist auch die Letztere ihm unterstellt, und deshalb manifestiert sich seine Überaktivität auf physiologischem Gebiet als eine forcierte Ausscheidung von Stoffwechselprodukten und Fremdkörpern durch Fieber, Entzündung und Eiterung. Unter seinem Einfluss stehen die männlichen Zeugungsorgane und die männliche Libido, insbesondere die Ejakulation des Samens, ferner das Wachstum der Haare und Nägel, die Nase und der rote Blutfarbstoff, das Hämoglobin, die Blase und das Nierenbecken. Ferner untersteht ihm der Geruch, da er auch das Riechorgan, die Nase, beherrscht.

Seine »physiologische Zahl« ist plus 5. Seine Grundzahl ist 9, und das ihm unterstehende Zahlenquadrat ist das der Zahl 5. Seine Polarität ist positiv. Er regiert den scharfen, brennenden Geschmack, die Farben ziegelrot, blutrot, braunrot, gelbrot und rotlila, im Übrigen aber alle Tropenländer, alle Wüsten, alle industriellen Gegenden und alle Fabriken, Kasernen, Schlachthäuser und Maschinenanlagen sowie alle Eisenbahnnetze. Die unter dem Mars geborenen Männer haben meist rötlichen oder rötlichblonden Haar- und Bartwuchs, kleine Augen mit heißem, stechendem Blick und starke Muskulatur. Sie sind auf die Dauer den Frauen und auch den Kindern schädlich. Die unter dem Mars geborenen Frauen dagegen, die gleichfalls oft durch roten Haarwuchs kenntlich sind, pflegen in der Regel ihren Geschlechtsgenossinnen nur wenig geneigt zu sein. Es unterstehen dem Mars von den Tieren: der Tiger, Leopard, Jaguar, Wolf, die Hyäne, der Eber, die Katze, alle giftigen Schlangen und Kriechtiere, der Skorpion, die Bienen, Wespen und Hornissen, die Ameise, Spinne und alle stechenden Insekten, der Habicht und alle Raubvögel, von den Pflanzen das Abbisskraut, die Akazie, der Adlerbaum, der Affenbrotbaum, Allermannsharnisch, Aloe, Antschar, Aron, Aster, Bärentraube, Bambusrohr, Basilie, Bergminze, Berberitze, Blutholz, Bockshornklee, Brennessel, Buchsbaum, Chinabaum, Costwurz, Distel, Durchwachs, Eisenkraut, Erdkiefer, Estragon, Färberröte, Fasel, Fettkraut, Flachs, Froschlöffel, Ganiterbaum, Garzinie, Germer, Ginster, Gliedkraut, Goldrute, Hagedorn, Hahnenfuß, Hauhechel, Hornstrauch, Ipecacuanha, Kaffeebaum, Kampferölbaum, Kapernstrauch, Kiefer, Kirschlorbeer, Kopfbeere, Krätzheil, Laichkraut, Lackmuskraut, Laserkraut, Lebensbaum, Maba, Mäusedorn, Meerkohl, Meerrettich, Nessel, Nießwurz, Osterblume, Otternkraut, Purgiernuss, Quassiaholz, Raute, Reithgras, Rettich, Rittersporn, Säulenblume, Schlangenwurzel, Schneerose, Segge, Senegawurzel, Strohblume, Sumpfwurz, Tabak, Tanne, Vogelbeere, Waldrebe, Wasserfenchel, Wegedorn, Weißdorn, Wunderbaum, Zaunrübe und Zwiebel; von den Edelsteinen der Karfunkel, Diamant, Spinell, Turmalin, Granat, Magnetstein und Jaspis; von den Metallen bzw. Metalloiden Eisen, Baryum, Mangan, Nickel, Kobalt, Schwefel, Molybdän, Niobium, Osmium, Selenium, Tellurium, Tantal, Uran, Vanadin und Natrium. Von den biologischen Nährsalzen unterstehen dem Mars das Ferrum phosphoricum und das Natrium muriaticum. Seine therapeutischen Wirkungen sind: stimulierend (anregend), durchblutend, kaustisch (ätzend), blasenziehend, aphrodisisch (den Geschlechtstrieb anregend), blutbildend, krampflösend, erhitzend, entzündlich, antiseptisch und Eiterungen reifend. Er verursacht: Operationen, Verwundungen, Vergiftungen, Schlangenbisse, Verlust von Gliedern, Verstümmelungen, gewaltsamen Tod, ein schmerzliches oder blutiges Ende, Fehlgeburten, Unglücksfälle, Verbrennungen, Brandwunden, bösartige Geschwüre und dergleichen mehr.

Jupiter, der große Glücksstern, in der Konstitution warm und feucht, stellt, im Verein mit der Sonne, das Lebens- und das Lebensbereicherungsprinzip dar. Seine Wirkungen sind ähnliche wie die der Venus, aber stärker, nachdrücklicher und mehr vom männlichen Standpunkt aus betont. Er hat daher nichts mit Fortpflanzung zu tun, aber umso mehr mit Wachstum. Er vertritt das Lebensbereicherungsprinzip und ist der zweite Lebenserhalter neben der Sonne. Zum Zeichen dessen regiert er als zweites Lebensorgan die Leber. Auch untersteht ihm das arterielle Blutsystem. Aus dem Lebensbereicherungsprinzip ergibt sich die Tendenz zur Fülle, aus dem Wachstumsprinzip die Speisung der Gewebezellen. Ist Jupiter im Horoskop schlecht aspektiert, so verkehren sich Zellenwachstum und Säftereichtum in Hypertrophie, fettige Entartung des Zellengewebes, Blutentmischung, Vollblütigkeit (Plethora), Zuckerharnruhr und Sarkome. Fett regt die Leber zu vermehrter Sekretion an. Auch die Bildung der Abbauprodukte, des Harnstoffs und der Harnsäure, findet in der Leber statt. Die wichtigste Tätigkeit und ihre Hauptfunktion aber bildet die Glykogenbereitung. Glykogen ist die Leber- oder Muskelzuckersubstanz. Dem Jupiter unterstehen auch die Muskel- und Bindegewebesubstanz des Herzens und der Blutgefäße, der Lungen, der Magen- und Darmwand und der Blasenwand.

Seine »physiologische Zahl« ist plus 3. Seine Grundzahl ist 3, und das ihm unterstehende Zahlenquadrat ist das der Zahl 4. Seine Polarität ist positiv; er gehört, wie Mars und Sonne, zu den tonischen Planeten. Er regiert den kräftig-süßen Geschmack, die Farben bordeauxrot, burgunderrot, purpur, dunkelviolett und dunkelblau, im Übrigen aber alle schönen blühenden Gefilde und alle gesegneten fruchtbaren Landstriche sowie alle Mittelgebirge. Er macht Menschen von schöner, anmutiger Gestalt, mit großen, glänzenden, freundlichen Augen, schlichtem Haar und würdevollem, sicherem Gang, religiös, okkult und intuitiv veranlagte Leute, die klug, gerecht und vorsichtig handeln, stets nach Höherem streben und stets menschenfreundlich und hilfsbereit sind. Es unterstehen dem Jupiter von den Tieren die Pferde, Hunde, Elefanten und größeren Säugetiere mit Ausnahme der Raubtiere, die Falken, Krähen, Elstern, Pfauen und größeren Vogel mit Ausnahme der Raubvögel; von den Pflanzen die Abute, Ackerminze, Ahorn, Aprikose, Banane, Betonie, Boretsch, Zichorie, Dattelpalme, Eiche, Erdrauch, Feigenbaum, Frauenminze, Gerste, Hauswurz, Heidelbeere, Heublumen, Himbeere, Jasmin, Jovisblume, Kälberkropf, Kastanie, Kerbel, Kokospalme, Lapiapalme, Leberkraut, Lebermoos, Leichtholz, Löffelkraut, Lungenkraut, Mangold, Mannastrauch, Melonenbaum, Myrrhe, Nelke, Odermennig, Ölpalme, Olivenbaum, Pisang, Quecke, Rainfarn, Rainkohl, Rosskastanie, Sago, Sandelholz, Schwalbenkraut, Spargel, Steinklee, Sterndistel, Storax, Tragant, Weißrübe und Zinnkraut; von den Edelsteinen der dunkle Saphir, Amethyst, Türkis und Ghyastolith; von den Metallen bzw. Metalloiden Zinn, Gallium, Kadmium, Messing, Uran und Thorium. Von den biologischen Nährsalzen unterstehen dem Jupiter das Natrium sulfuricum und das Calcium sulfuricum. Seine therapeutischen Wirkungen sind: als Gegengift wirkend, antispasmodisch (krampfstillend), analeptisch (die Herztätigkeit belebend), tonisch, balsamisch, erweichend, auflockernd, assimilatorisch, Glykogen bereitend, wurmwidrig, Zucker und Eiweiß abscheidend und Harnsäure erzeugend. Die von ihm hauptsächlich beeinflussten Schicksale sind Gesundheit, Ehren, Erfolge, Freuden, Reichtum bzw. Wohlhabenheit, gute Ernten, glückliche Prozesse, Erbschaften und Vermächtnisse, Spielgewinne, Börsengewinne, Lotteriegewinne, aber auch Krankheiten durch Unmäßigkeit, Sportunfälle, Verlust von Prozessen und Erbschaften, Spiel- und Börsenverluste.

Saturn

Saturn, der große Unglücksstern, in der Konstitution kalt und trocken, ist der Planet der Finsternis, der Kälte, der Erstarrung und des Todes. Während Mars das zentrifugale, nach Außen strebende, also ausdehnende Prinzip vertritt, stellt Saturn das zentripetale, nach innen strebende, sich zusammenziehende, kristallisierende Prinzip dar. Er bewirkt also Hemmung der Sekretion, Festigung, Verhärtung, Verkalkung, Ablagerung von Mineralstoffen, von Gallensteinen, Harn- und Nierengrieß sowie Gicht und Rheumatismus, Krebsleiden und sonstige maligne Geschwüre. Da ihm das. Skelett als das massive und in höchster Potenz materielle Baugerüst des Körpers sowie die Zähne, Muskeln, Gelenke und knorpeligen Körperteile unterstehen, so verursacht er, wenn er verletzt ist, Knochenschwund und Knochenerweichung, Karies der Zähne, Muskelrheumatismus, Gelenkstuberkulose, Kachexie u. dgl. m. Da er ferner auch die Haut beherrscht, so erzeugt er Ekzeme, Psoriasis (Schuppenflechte), Pruritus (Hautjucken), Urticaria (Nesselfieber) u. dgl. m. Infolge seines Ringsystems repräsentiert er symbolisch die Zeit und beherrscht demgemäß auch das Organ des Zeitsinnes, das Ohr; aus demselben Grunde unterstehen ihm auch alle langwierigen, chronischen Krankheiten, desgleichen auch das Grauwerden und das Ausfallen der Haare und endlich zuletzt das Durchschneiden des Lebensfadens, zuweilen in Verbindung mit Mars oder Uranus, wenn es sich um plötzliche Todesarten, d. h. um eine nicht natürliche Todesart handelt. Speziell unterstehen ihm die Knie, sodass auch Gonagra, Entzündung des Kniegelenks, Knieversteifung und Kniescheibenbruch auf sein Konto zu schreiben sind.

Seine »physiologische Zahl« ist plus minus 0. Seine Grundzahl ist 8, und das ihm unterstehende Zahlenquadrat ist das der Zahl 3. Seine Polarität ist neutral. Er gehört, wie Merkur, weder zu den tonischen noch zu den atonischen Planeten und ist auch auf diesem Gebiet indifferent. Er regiert den scharf bitteren Geschmack, die Farben dunkelgrau, dunkelgrün, dunkelbraun und schwarz, im Übrigen aber alle dürftigen und unfruchtbaren Gegenden, alle ärmlichen Stätten, die Landwirtschaft, den Bergbau, Hüttenbau und das Salinenwesen. Es gehören ihm ferner an die Gefangenenanstalten, Zuchthäuser, Besserungsanstalten, Irrenhäuser, Friedhöfe, Richtstätt en usw. sowie das Innere der Berge und alle Höhlen, unterirdischen Räume und Schluchten, ferner alle Hochgebirge, namentlich alle schneebedeckten Berge, Kämme und Höhenzüge. Es unterstehen ihm von den Tieren: alle unreinen Tiere, wie z. B. das Schwein, ferner das Nilpferd, das Krokodil, der Bär, der Esel, das Kamel, die Mäuse und Ratten, der Storch, der Strauß, der Kranich und alle langbeinigen Vögel, alle in der Erde lebenden Tiere wie der Maulwurf, der Hamster, die Würmer, alle langsam sich fortbewegenden Schalen- und Wassertiere wie z.B. die Schildkröte, alle Käfer und alles Ungeziefer (Läuse, Wanzen usw.); von den Pflanzen Alpenrose, Alraun, Amber, Averrhoa, Bitterklee, Bittersüß, Bleiwurz, Bocksbart, Braunwurz, Cactus, Caesalpinie, Canavalie, Catappenbaum, Cortuse, Curcume, Dornschlehe, Drüsenklee, Einbeere, Efeu, Erve, Eukalyptus, Faulbaum, Fingerhut, Flaschenbaum, Franziscea, Geißfuß, Gujavenbaum, Habichtskraut, Herzsame, Hirtentäschel, Hyanzinthe, Jalappenwurzel, Indigo, Judenkirsche, Klapperkraut, Klettenkerbel, Knäuel, Knöterich, Kugelfrucht, Lilak, Manglebaum, Mandragora, Milzkraut, Mispel, Nachtschatten, Nießwurz, Pappel, Plümiere, Quitte, Ratanhiawurzel, Raygras, Riedgras, Rohrkolben, Rote Rüben, Sammetblume, Szepterkraut, Schachtelhalm, Schafthalm, Schierling, Schlangenwurz, Schlehdorn, Schmeerwurz, Schneebeere, Schotenklee, Schraubenbaum, Schwarzmund, Schwarzwurzel, Sennebiere, Sevenbaum, Simsen, Sinngrün, Skrofelkraut, Spindelbaum, Stechpalme, Stiefmütterchen, Tamariske, Trompetenblume, Tüpfelfarn, Vogelmiere, Wallwurz, Wollriet und Zypresse; von den Metallen bzw. Metalloiden Blei, Antimon, Cerium, Chrom, Germanicum, Wolfram, Calcium und Kohle. Von den biologischen Nährsalzen sind ihm zu unterstellen das Calcium fluoricum und das Calcium phosphoricum. Von den Edelsteinen sind ihm zugeeignet der Pappelstein, Melanit, die sibirischen Granate, der Obsidian, Nephrit, Laubachat, Onyx, Sardonyx, Hornstein, Nicolausstein, der Chalzedon, die dunklen Perlen und die schwarzen Korallen. Seine therapeutischen Wirkungen sind zusammenziehend, blutstillend, hautreinigend, abkühlend, niederschlagend, verstopfend, stringierend, Hitze nehmend, fieberstillend und entzündungswidrig.

Uranus, der Exzentriker unter den Planeten, in der Konstitution warm und feucht, hat starken Einfluss auf das Zentralnervensystem, den Nervenäther, die sog. Kilner'sche Aura und alles, was sich auf den sog. vierten Aggregatzustand, d. h. die »strahlende Materie«, bezieht. Ihm unterstehen die Neurosen, Krämpfe, paroxysmalen Tachykardien, Epilepsie, Manie, Tobsucht, Zuckungen, elektrischen Schläge, Starrkrampf und dergleichen sowie die Rupturen und Strikturen. Ferner sind ihm unterstellt das Waden- und das Schienbein sowie die Unterschenkel. Auch auf die Augen erstreckt sich teilweise seine Zuständigkeit sowie auf die Blutzusammensetzung.

Seine »physiologische Zahl« ist plus 4. Seine Grundzahl ist 10; das ihm unterstehende Zahlenquadrat ist das der Zahl 10. Seine Polarität ist positiv. Er gehört, wie Sonne, Mars und Jupiter, zu den tonischen Planeten. Er regiert den bittersüßen Geschmack, die Farben blaulila und himmelblau sowie alle vulkanischen Gegenden und die Winde. Es gehören ihm ferner alle Elektrizitätswerke sowie alle elektrischen Straßen- und Fernbahnen, die »Raketenautos« und die Flugzeuge an. Es unterstehen ihm; von den Tieren die Gemsen und Antilopen, das Känguru, der Aal, der Kuckuck und die meisten exotischen Vögel, von den Pflanzen der Absinth (Alsem), die Alpenrose, die Anemone, Anserine, Ballote, Bertramswurzel, Buccostrauch, Colombowurzel, Faulbaum, Geißraute, Handblume, Heilkraut, Kampfer, Kielkrone, Kokkel, Krebsdistel, Kreisblume, Lolch, Schirmpalme, Stechapfel und Wegetritt; von den Edelsteinen der Rauchtopas und himmelblaue Saphir; von den Metallen und Metalloiden Aluminium, Rubidium, Lithium, Beryllium, Kalium und Caesium. Seine therapeutischen Wirkungen sind: krampferzeugend, stimulierend, elektrisch vibrierend, fotochemisch und fotochromatisch. Er vertritt den Blitz, die Elektrizität und die Elektrotechnik.

Neptun steht in Beziehung zu der Aura des Menschen. Ebenso unterstehen ihm alle psychischen Funktionen, namentlich Telepathie, Hellsehen usw., ferner Hypnotismus, Mediumismus und Spiritismus. Seine Krankheiten sind meist überphysischen Ursprungs und drücken sich physisch in verschiedener Weise aus als Schlafsucht, Lethargie, Koma, Betäubungszustände des Gehirns durch Narkotika und dergleichen, Sucht, Morphinismus, Kokainismus, Nikotinismus, durch Benommenheit, Stupor, Trance, Halluzinationen, Somnambulie und dergleichen mehr. Speziell unterstellt sind ihm die Füße, also der negative Pol des Menschen.

Seine »physiologische Zahl« ist minus 5. Seine Grundzahl ist 12, auch regiert er deren Quadrat. Seine Polarität ist negativ. Er gehört, wie Mond und Venus, zu den atonischen Planeten. Er beherrscht den sauersüßen Geschmack, die Farben blaugrau und blauweiß sowie alle unterirdischen Gewässer, alle Meere und alle Inseln. Es sind ihm unterstellt: von den Tieren Polyp, Walfisch, Haifisch, Seehund, Seelöwe und alle größeren Wassertiere, Albatros, Möve, fliegende Fische. Chamäleon und einige exotische Vögel; von den Pflanzen Bilsenkraut, Bittersüß, Gerberbaum, Hanf, Huanto, Huachuma, Ololihuqui, Peyotl, Rauschbeere, Tollkirsche und Yahé; von den Edelsteinen der Bernstein, der weiße Chrysolith und alle irisierenden Edelsteine; von den Metallen und Metalloiden das Platin, Rhodium und Ruthenium. Seine therapeutischen Wirkungen sind: anästhetisch, analgetisch (schmerzstillend), suggestiv, schlafbringend und betäubend. Er beeinflusst zu Trunkenheit, Sucht, Sybaritismus (Wollust), Mediumismus und dergleichen.

10. Die krankmachenden Wirkungen der Planeten

Wir haben bisher die qualitativen Wirkungen der kosmischen Individualitäten (Planeten) betrachtet und wollen uns nunmehr ihren quantitativen Wirkungen oder, richtiger gesagt, den quantitativen

Voraussetzungen ihrer Wirksamkeit zuwenden, um sodann im Einzelnen ihre krankmachenden Wirkungen kennenzulernen. Wenn man die günstige oder ungünstige Wirkung eines Gestirns kennen lernen will, so muss man zunächst die »Stärke« desselben feststellen.

Diese kann eine positive, also günstige, oder eine negative, also ungünstige, sein. Die Einflüsse, welche der kosmische Zustand der Planeten sowie ihre lokale und akzidentelle Determination, ihre Aspekte und ihre Konjunktionen mit Fixsternen hervorrufen, haben bereits die Astrologen des Altertums und mehr noch die des Mittelalters aufgrund empirischer Beobachtungen systematisch in quantitativer Weise, und zwar in Zahlenwerten, auszudrücken gewusst, und diese Methode ist in der neueren Zeit noch weiter ausgebaut worden. Es werden hierbei auf der einen Seite die günstigen und auf der anderen Seite die ungünstigen Einflüsse, Aspekte usw. zahlenmäßig untereinander gebucht, sodann addiert, und die beiderseitigen Ergebnisse miteinander verglichen, wobei sich als Resultat entweder ein Pluswert oder ein Minuswert ergibt. Im ersteren Falle ist der Planet günstig, im letzteren Falle ungünstig gestellt. Im Allgemeinen pflegt man über die »Stärke« bzw. die »Schwäche« der Planeten (zu diesen rechnen im astrologischen Sinne bekanntlich auch Sonne und Mond) folgende Tabelle aufzustellen:

Stärke

Im Herzen der Sonne, d. h. weniger als 16 Grade von der Sonne entfernt	= 5
Nicht von der Sonne verbrannt (als verbrannt gelten Mond, Jupiter und Saturn, wenn sie 6 Grad, Merkur und Venus, wenn sie 7 Grad, Neptun und Uranus, wenn sie 5 Grad entfernt sind, Mars, wenn er 10 Grad entfernt ist)	= 5
Rechtläufigkeit der Planeten	= 4
Der Mond zunehmend	= 2
Der Planet im eigenen Hause	= 5

Zwei Planeten in Rezeption, d. h. wenn ein Planet im Hause oder in der Exaltation des anderen steht, also ein Tausch der Plätze stattfindet	= 5
Ein oberer Planet östlich steht	= 2
Ein unterer Planet westlich steht	= 2
Wenn der Planet eine schnellere als seine mittlere Geschwindigkeit hat (vgl. oben Abschnitt 3)	= 2
Wenn sich ein Planet in seiner Exaltation (Erhöhung) befindet	= 4
Wenn sich ein männlicher Planet im männlichen Zeichen, ein weiblicher im weiblichen und ein neutraler im neutralen Zeichen befindet	= 3
Wenn sich ein Planet in Triplizität befindet	= 3
Wenn sich ein Planet im Hayz, d. h. bei einer Taggeburt über und bei einer Nachtgeburt unter dem Horizont steht	= 2
Für jeden Anblick, den der Planet hat	= 1
Bei der Stellung des Planeten im 1. oder 10. Haus	= 5
Bei der Stellung im 4., 7. oder 11. Haus	= 5
Bei der Stellung im 2. oder 5. Haus	= 3
Bei der Stellung im 9. Haus	= 2
Bei der Stellung im 3. Haus	= 1
In Konjunktion mit Sonne, Jupiter oder Venus	= 5
Im Trigonaspekt mit Sonne, Venus oder Jupiter	= 4
Im Sextilaspekt mit Sonne, Jupiter oder Venus	= 3
In Konjunktion mit Regulus	= 6
In Konjunktion mit Spica	= 5
In Konjunktion mit dem Drachenkopf oder mit Mirach bzw. Alamak	=3

Von der Sonne verbrannt	= 5
Sub radis, d. h. von 5–15 Grad von der Sonne entfernt	= 4
Bei Rückläufigkeit	= 5
Der Mond abnehmend	= 2
In Opposition mit dem eigenen Haus	= 5
Bei langsamerer als mittlerer Geschwindigkeit	= 4
In Opposition mit der eigenen Exaltation	= 4
Wenn der Planet »peregrin« (fremd) ist, d. h. weder im eigenen Hause noch in Exaltation noch in Rezeption noch in Triplizität sich befindet	= 5
Wenn der Planet im 12. Hause steht	= 5
Wenn er im 6. oder 8. Hause steht	= 5
Wenn er in Konjunktion mit Saturn, Mars oder Uranus ist	= 5
Wenn er in Opposition zu Saturn, Mars oder Uranus steht	= 5
Wenn er in Quadratur mit Saturn, Mars oder Uranus steht	= 3
Wenn er in Konjunktion mit dem Fixstern Algol steht	= 4
Wenn er in Konjunktion mit dem Drachenschwanz oder den Fixsternen Sheritan, El Nath, Plejaden, Nördl. Esel, Praesepe, Antares oder Etanin steht	= 3
Wenn ein oberer Planet im Westen oder ein unterer im Osten steht	= 2
Wenn ein Planet »feralis« ist, d. h. gar keinen Aspekt zu einem anderen Planeten hat	= 3
Wenn ein Planet »cursu vacuus« ist, d. h. auf seiner weiteren Bahn innerhalb 180 Grad keinen anderen langsameren Planeten trifft	= 2
Wenn ein Planet in »Applikation« ist, d. h. wenn ein schnellerer Planet einen langsameren innerhalb eines Zeichens einholt	= 2
Wenn ein männlicher Planet im weiblichen Zeichen oder ein weiblicher Planet in einem männlichen Zeichen steht	= 3

Gelangt man beim Vergleich der Stärken und Schwächen eines Planeten zu einem positiven Resultat, so nennt man diesen Planeten »anabolisch«, d. h. die Lebenskraft verstärkend. Ist dagegen das Resultat ein negatives, so ist der betreffende Planet »kara- bolisch«, d. h. die Lebenskraft vermindernd oder gar zerstörend. Es soll nun zu den krankmachenden Wirkungen der Planeten im Einzelnen übergegangen werden.

Die Sonne

Im *Widder* verletzt, gibt Disposition für Blutleere im Gehirn, Gedächtnisverluste, Kongestionen, Kopfschmerzen, Ohnmacht, Bluterguss ins Gehirn, Schlaganfall, Gehirnmeningitis, entzündliche Form des Grünen Stars, Hornhautentzündung, Entzündung der Regenbogenhaut, Netzhautentzündung und Weißen Star

Im *Stier*: für Halsentzündungen, Halsbräune, Diphtherie sowie Nasen- und Rachenpolypen, Nasenbluten

Im *Zwilling*: für Bronchitis, Lungen-, Brustfell- oder Rippenfellentzündung, Asthma, Bluthusten u. dgl., nervöse Störungen

Im *Krebs*: Verdauungsschwäche, akuter Magenkatarrh, Magengeschwür, Magenblutung, Entzündung der Brustdrüsen, Brustfellentzündung (Pleuritis)

Im *Löwen*: Pericarditis (Entzündung des Herzbeutels), Herzklopfen (Palpitatio cordis), Endokarditis (Entzündung der Herzinnenhaut), Herzklappenfehler, Herzschwäche, Herzneurosen, Hyperämie des Rückenmarks und seiner Häute, Entzündung der Rückenmarkshäute (Meningitis spinalis), Entzündung des Rückenmarks (Myelitis), Wirbelverlegung

In der *Jungfrau*: Darmkatarrh, Stuhlverstopfung, Durchfall, Bauchfellentzündung (Peritonitis), Leberzirrhose, akute Leberentzündung, Gelbsucht, Unterleibstyphus (Typhus abdominalis), Cholera, Ruhr (Dysenterie), Wechselfieber (Malaria)

In der *Waage*: Nierenentzündung (Nephritis), Blasenentzündung (Cystitis catarrhalis), Blutharnen, Gürtelrose (Herpes zoster), Harnröhrenkatarrh, Hautleiden

Im *Skorpion*: Hämorrhoiden, Nierenbeckenentzündung, Blinddarmentzündung (Typhlitis, Appendicitis), Bandwurm, Spulwürmer (Askariden), Spring- und Madenwürmer (Oxyuren), Furunkel, Karbunkel, Phlegmone, Geschlechtskrankheiten, namentlich Tripper (Gonorrhoe), Schanker (Ulcus molle), Syphilis, Weißfluss (Fluor albus), Menstruationsstörungen (Amenorrhoe, Dymenorrhoe, Gebärmutterblutungen, Neuralgie der Gebärmutter und der Scheide), Eierstockentzündung,

Im *Schützen*: Ischias, Entzündung des Hüftgelenks (Coxitis), Hexenschuss (Lumbago), Lungenemphysem (Emphysema pulmonum), Hyperämie der Lunge, Hyperästhesie und Hyperalgesie,

Im *Steinbock*: akuter Gelenkrheumatismus, Entzündung des Kniegelenks (Tumor albus genu), akute Knochenhautentzündung (Periostitis acuta), Gicht (Arthritis urica), Schleimbeutelentzündung (Bursitis), Knochenentzündung (Ostitis), Flechte (Ekzem), Blasenausschlag (Pemphygus vulgaris), Nesselsucht (Urticaria), Kupferfinne, Decubitus (Durchliegen)

Im *Wassermann*: Bluterkrankheit (Hämophilie), Lupus, (Freßflechte), Caisson-Krankheit, Blutvergiftung (Septikämie), Wundstarrkrampf (Tetanus), Krampfadern, Unterschenkelgeschwüre, Regenbogenhaut- und Netzhautentzündung

In den *Fischen*: Erkrankungen der Lungen und des Lymphsystems, Fußverletzungen, Fußgeschwüre, Schweißfüße, Neigung zum Trunk.

Mond

Der Mond, im *Widder* verletzt, gibt Inklination für Gehirnhöhlenwassersucht (Hydrocephalus acutus), Gehirnerweichung (Enze- phalomalacia), chronischen Wasserkopf (Hydrocephaloid), Augenschwäche (Asthenopie), Hornhautflecken, Bläschen auf der Hornhaut, Bindehautkatarrh, Kurzsichtigkeit, Übersichtigkeit, Weitsichtigkeit, Trachom (ägyptische Augenentzündung), Milchborke (Crusta lactea), Mundschwämmchen (Aphthen), Mundfäule

(Stomacace), Wasserkrebs (Noma), Soor, Stirnhöhlenkatarrh, Migräne

Im *Stier*: Husten und Heiserkeit, Katarrh der Mund- und Rachenhöhle (Stomatitis und Pharyngitis catarrhalis), Mandelentzündung (Tonsillitis), Schnupfen (Coryza), Nasen- und Rachenpolypen, Katarrh der Kehlkopfschleimhaut (Laryngitis catarrhosa), Kropf (Struma), Keuchhusten (Tussis convulsiva), Kehlkopfödem, Schilddrüsenerkrankungen, Speichelfluss

Im *Zwilling*: Asthma, Lungenkatarrh, Bronchialkatarrh, Keuchhusten (Tussis convulsiva), Lungenschwindsucht (Phtisis pulmonum), Lungenödem

Im *Krebs*: Magenkatarrh, Magenerweiterung, Magengeschwür, Brustwassersucht (Hydrothorax), Brust- und Magenkrebs, Bleichsucht (Chlorosis), Skrofulöse, Seekrankheit, Hysterie und Hypochondrie, Skorbut, Appetitlosigkeit (Anorexia)

Im *Löwen*: schlechte Blutzirkulation, Ohnmächte, Herzschwäche, Herzklopfen (Palpitatio cordis), Rückenschmerzen

In der *Jungfrau*: Schlaffheit des Darms, habituelle Obstipation, Kolik, Dysperistaltik, Dyschezie und Dyspepsie, Influenza, Bauchwassersucht, Leberatrophie, Wanderleber, Schnürleber, Milzaffektionen, Darmtuberkulose (Phtisis meseraica), Nabelentzündung (Omphalitis), Darmkrebs, Leberkrebs, Darmkatarrh (Enteritis catarrhalis)

In der *Waage*: Bright'sche Nierenkrankheit, Wanderniere,

Im *Skorpion*: Bandwurm (Taenia), Spulwurm (Ascaris lumbricoides), Madenwurm (Oxyuris verm.), Harnröhrenkatarrh, Blasenkatarrh (Cystitis), Blasentuberkulöse, Eicheltripper (Balanitis), Scheidenentzündung (Vulvitis)

Im *Schützen*: Gicht, Ischias, Hüftgelenkentzündung, Oberschenkelbruch, Neuralgien, Muskelrheumatismus,

Im *Steinbock*: chronischer Gelenkrheumatismus, knotige Gelenkgicht (Arthritis nodosa), chronische Knochenhautentzündung (Periostitis chronica), englische Krankheit (Rachitis), Knochenerweichung (Osteomalacie), Skrofulöse, fortschreitender Muskelschwund (progressive Muskelatrophie), Kniegelenkwassersucht, Schuppenflechte (Psoriasis vulgaris), Fischschuppenkrankheit

Im *Wassermann*: Beingeschwüre (Ulcus cruris), Krampfadern und Krampfadergeschwüre, Skorbut, Barlow'sche Krankheit, Blutarmut, Leukämie, Pseudoleukämie (Hodgkin'sche Krankheit), Hypochondrie, Hysterie,

I n den *Fischen*: Delirium tremens, Harnröhrenkatarrh, Lymphgefässentzündung (Lymphangioitis), Lymphdrüsenentzündung (Lymphadenitis).

Merkur

Merkur, im *Widder* verletzt, gibt Neigung für Lidkrampf (Blepharospasmus), schwarzen Star, krampfhaftes Schielen, Kopf- und Gesichtsneuralgie, Nervenschwäche (Neurasthenie), Bulbärparalyse (Erkrankung des verlängerten Marks)

Im *Stier*: Schwerhörigkeit, Ohrgeräusche (Tinnitus), Stimmbandlähmung, Kehlkopfkrampf, Stottern, Schlingbeschwerden, Basedow'sche Krankheit

In den *Zwillingen*: Asthma bronchiale und nervosum, Keuchhusten (Pertussis), Stimmritzenkrampf (Laryngospasmus), Schreibkrampf (Graphospasmus)

Im *Krebs*: nervöse Magenbeschwerden (Neurasthenia gastrica), Magenkrampf (Cardialgia), Speiseröhrenkrampf, Erbrechen, rundes Magengeschwür, Magenkatarrh der Erwachsenen und der Kinder, Seekrankheit (Nausea), Brustdrüsenneuralgie

Im *Löwen*: Herzneurose, nervöses Herzklopfen, Asthma cardiale (Herzasthma), Meningitis cerebrospinalis epidemica (Genickstarre), Spinalapoplexie (Rückenmarksschlagfluss), Spinalirritation (Rückenmarksreizung), Spinalparalyse (Rückenmarkslähmung), spinale Kinderlähmung (Poliomyelitis acuta), Bulbärparalyse (Paralysis glosso – labio – pharyngea, chronische Erkrankung des verlängerten Markes), Schüttellähmung (Paralysis agitans)

In der *Jungfrau*: Darmneurosen, Darmkolik, Darmkatarrh der Erwachsenen und Kinder, Wanderleber, Sympathikusaffektionen

In der *Waage*: Nierenneuralgie, Nierenkolik, Blasenlähmung (Ischurie), Blasenkrampf (Spasmus vesicae), nächtliches Bettnässen (Enuresis), Wanderniere, Gallensteinkolik, Lumbago (Hexenschuss)

Im *Skorpion*: Blasenlähmung (Ischurie) Blasenkrampf (Spasmus vesicae), Blasenneurosen, sexuelle Neurasthenie, Pollutionen (Prostatorrhoea), Priapismus (Rutenkrampf, schmerzliche Steifheit des männlichen Gliedes), Scheidenkrampf (Vaginismus), Hämorrhoiden, Band-, Spul-, Spring- und Madenwürmer

Im *Schützen*: Ischias, Hüftgelenskgicht (Malum coxae), Entzündung des Hüftgelenks (Coxitis), Neuralgien

Im *Steinbock*: Gonagra (Kniegicht), Verstauchung des Kniegelenks, nervöses Hautjucken, Seekrankheit

Im *Wassermann*: Krampfadern, Unterschenkelgeschwüre, Wadenkrampf (Crampus), Fallsucht (Epilepsie), Veitstanz (Chorea), Starrkrampf (Texanus), Lähmungen (Akinesie), Basedow'sche Krankheit, Hypochondrie und Hysterie, Blutarmut, Leukämie, Blutvergiftung, Caissonkrankheit, Skorbut, Barlow'sche Krankheit, Werlhoffsche Blutfleckenkrankheit, Pyämie, Septikämie

In den *Fischen*: Podagra (Fußgicht), Podalgie (Fußschmerz), Neuritis (Erkältungsnervenentzündung), Lymphangioitis (Lymphgefäßentzündung)

Venus

Venus, im *Widder* verletzt, gibt Anlage zu folgenden Krankheiten: Kopfgrippe, Stirnhöhlenkatarrh, Migräne, Gehirnhöhlenwassersucht (Hydroephalus), Gerstenkorn und Hagelkorn, Gehirnerweichung (Eucephalomalacie)

Im *Stier*: Meniere'sche Krankheit (Ohrenschwindel), Otitis externa diffusa, Kropf (Struma), Basedow'sche Krankheit, Ranula (Froschgeschwulst), Nasen- und Rachenpolypen, Katarrh der Mund- und Rachenhöhle (Stomatitis und Pharyngitis), Mandelentzündung (Angina tonsillaris), Ohrspeicheldrüsenentzündung (Mumps, Ziegenpeter, Parotitis)

Im *Zwilling*: Papillom (Zottenkrebs), Fingergeschwür (Panaritium), Warzen (Verucae) an den Fingern, Bronchialkatarrh (Bronchitis),

Keuchhusten (Tussis convulsiva), Lungenemphysem, Lungentuberkulose (Phtisis), Bronchialdrüsentuberkulose, Bronchienerweiterung (Bronchiektasia), Bronchoblennorrhoe (eitrige Luftröhrenentzündung), Bronchialasthma, Lungenspigenkatarrh

Im *Krebs*: Magenerschlaffung (Gastrasthenia), Magenerweiterung (Gastrectasia), Magenkatarrh (Gastritis), Brechreiz, Cystadenome in der Brust

Im *Löwen*: Herzschwäche, Herzerweiterung, Rückenmarksschwindsucht (Tabes dorsalis), Rückgratsverkrümmungen (Kyphose = Buckel und Skoliose = hohe Schulter)

In der *Jungfrau*: Dysperistaltik (mangelhafte Darmbewegung), Dyspepsie (Verdauungsschwäche), Durchfall, Wurmleiden,

In der *Waage*: Nächtliches Bettnässen (Enuresis), Bright'sche Nierenkrankheit, Eklampsie, Wanderniere

Im *Skorpion*: Dysurie (Harnzwang), Blasenkatarrh (Cystitis catarrhalis), Blasenlähmung (Ischurie), Frauentripper, Weißfluss (Leukorrhoe), Menstruationsstörungen (Amenorrhoe, Dysmenorrhoe und Menorrhagie), Prolapsus uteri (Gebärmuttervorfall), Vulvitis (Entzündung der Vulva = äußeren Schamlippe), Vaginitis (Scheidenentzündung, Scheidenkatarrh), Endometritis (Entzündung der Gebärmutter), Salpingitis (Erkrankung der Eileiter), Dysfunktion (Schwellung) des Eierstocks, Oophoritis (Eierstocksentzündung),

Im *Schützen*: Gicht des Hüftgelenks (Malum coxae), Oberschenkelgeschwüre, Muskelrheumatismus

Im *Steinbock*: Gelenkrheumatismus, knotige Gelenkgicht, weiße Kniegeschwulst (Tumor albus genu), chronische Knochenhautentzündung (Periostitis chronica), Schleimbeutelentzündung (Bursitis), Gonagra (Kniegicht), Flechte (Ekzem), Schweißdrüsenstörungen, Mitesser, Hautfinne (Akne), Warzen

Im *Wassermann*: Krampfadern, Wadengeschwülste, Fußknöchelödem, Bindehautkatarrh (Conjunktivitis), ägyptische Augenentzündung (Trachom), Augen- und Sehschwäche (Asthenopie)

In den *Fischen*: Frostschäden (Congelatio), Hühneraugen (Clavus), Lymphadenitis (Lymphdrüsenentzündung), Lymphgefäßentzündung, Lymphadenom (eine von den Lymph-drüsen ausgehende

Geschwulst), Lymphangiom (aus kapillären Lymphgefäßen entstandene diffuse Geschwülste), Lymphomyom (gefäßreiche Neubildung des Gebärmutterparenchyms).

Mars

Im *Widder*: Bindehautentzündung (Konjunktivitis), Hornhautentzündung (Keratitis), ägyptische Augenentzündung (Trachom), Regenbogenhautentzündung (Iritis), Netzhautentzündung, Augenlidentzündung (Blepharitis ciliaris), Blepharoblennorrhoe (Augenlidtripper), Blepharophtalmie (Augen- und Liderentzündung), Gehirnentzündung (Enzephalitis), Meningitis acuta (Hirnhautentzündung), Meningitis cerebrospinalis epidemica (epidemische Genickstarre), Meningitis syphilitica (syphilitische Hirnhautentzündung), Meningitis tuberculosa (tuberkulöse Hirnhautentzündung), Hyperämie des Gehirns (Hyperaemia cerebri), hitzige Gehirnhöhlenwassersucht (Hydrocephalus acutus), Gehirnerschütterung (Commotio cerebri), Delirien, Hirnschlagfluss (Schlaganfall, Apoplexie), Säuferwahnsinn delirium tremens), Scharlach (Scarlatina), Masern (Morbilli), Pocken (Variola), Windpocken (Varicellen), Grippe (Influenza)

Im *Stier*: Meningitis cerebrospinalis epidemica (epidemische Genickstarre), Mittelohrentzündung (Otitis media), Diphtherie, Nasenbluten, Heufieber, Mundfäule (Stomacace), Zungenentzündung (Glossitis), Ohrspeicheldrüsenentzündung (Mumps, Ziegenpeter, Parotitis), Krupp (häutige Bräune), Mandelentzündung (Angina), Kehlkopfentzündung, Drüseneiterungen

Im *Zwilling*: Bronchialkatarrh, Keuchhusten (Pertussis), Bronchoblennorrhoe (eitrige Luftröhrenentzündung), Bluthusten (Hämoptysis), Lungenentzündung (Pneumonia), Rippenfellentzündung (Pleuritis), Sehnenscheidenentzündung des Vorderarms, Nervenentzündung (Neuritis), Verbrennungen (Combustiones) an Händen und Armen

Im *Krebs*: Brustfellentzündung (Pleuritis), Magengeschwür (Ulcus ventriculi), akuter Magenkatarrh, Magenkrampf (Cardialgia), Magenblutung (Haematemesis), Speiseröhrenentzündung, Magenentzündung, Seekrankheit (Nausea), Dipsomanie (Trunksucht, Quartalsaufen)

Im *Löwen*: Herzklopfen (Palpitatio cordis), akute Herzentzündung (Endocardium), Entzündung des Herzbeutels (Pericardium), Hyperämie des Rückenmarks, Entzündung der Rückenmarkshäute (Meningitis spinalis), Entzündung des Rückenmarks (Myelitis)

In der *Jungfrau*: Nabelentzündung (Omphalitis), Darmblutung (Enterorrhagia), Enteritis ulcerosa (Darmgeschwür), akuter Darmkatarrh (Catarrhus intestinalis acutus), Darmkolik (Colica), Bauchfellentzündung (Peritonitis), Leberentzündung (Hepatitis), Blinddarmentzündung (Typhlitis bzw. Appendicitis), Unterleibstyphus (Typhus abdominalis), Cholera nostras und asiatica, Ruhr (Dysenterie)

In der *Waage*: Eklampsie, Cholangitis (Entzündung der Gallengänge), Cholangitis suppurativa infectiosa (eitrige Entzündung der Gallenwege), Cholecystitis (Entzündung der Gallenblase), Choleli- thiasis (Gallensteinkolik), Diabetes insipidus (Harnruhr), Nierenentzündung (Nephritis), Wechselfieber (Malaria)

Im *Skorpion*: Nierenbeckenentzündung (Pyelitis), Blasenentzündung (Cystitis catarrhalis), Hämorrhoiden, Blinddarmentzündung (Appendicitis bzw. Typhlitis), Bauchfellentzündung (Peritonitis), Nieren- und Blasensteinkrankheit, Blasenkatarrh, Harnröhrenkatarrh, venerische Erkrankungen (Lues, Ulcus, Gonorrhoe), Feigwarzen (Condylome), Papillome (warzenartige Wucherungen an Vorhaut und Hodensack bzw. an den Schamlippen und in der Scheide), Orchitis und Epididymitis (Hoden- und Nebenhodenentzündung), Entzündung der Vorsteherdrüse (Prostata), Oophoritis (Entzündung des Eierstocks), Entzündung der Eileiter (Salpingitis), Entzündung der Gebärmutter (Endometritis), Prolapsus uteri (Gebärmuttervorfall), Vaginitis (Scheidenentzündung), Vulvitis (Entzündung der Vulva), Vulvovaginitis (gleichzeitige Entzündung der Vulva und Vagina), Pruritus ani, Pruritus vulvae

Im *Schützen*: Geschwüre an den Hüften und Oberschenkeln, Ischias, Hüftgelenkentzündung (Coxitis), Muskelrheumatismus in den Oberschenkeln, Oberschenkelbruch

Im *Steinbock*: Schleimbeutelentzündung (Bursitis), Knochenhautentzündung (Periostitis), Knochenentzündung (Ostitis), Knochenmarkentzündung (Osteomyelitis), Knochenbrüche (Frakturen), Schuppenflechte (Psoriasis vulgaris), Rose (Erysipelas), Gürtelrose (Herpes zoster), Lichen ruber (Flechte), Sykosis simplex (Bartflechte), Blasenausschlag (Pemphygus vugaris), Nesselsucht (Urticaria), Furunkel, Karbunkel und Phlegmone, Milzbrand, Insektenstiche,

Im *Wassermann*: Beingeschwür (Ulcus cruris), Krampfadern, Frakturen des Schien- oder Wadenbeins, Bluterkrankheit (Blutsucht, Hämophilie), Barlow'sche Krankheit, Werlhoff'sche Blutfleckenkrankheit, Blutvergiftung (Septikämie), Wundstarrkrampf (Tetanus), Wechselfieber (Malaria), übernormale Bluttemperatur, fressende Flechte (Lupus), Lyssa (Tollwut, Hundswut), Grüner Star (Glaukom),

In den *Fischen*: Lymphadenitis (Lymphdrüsenentzündung), Lymphadenom (Lymphdrüsengeschwulst), Lymphangitis (Lymphgefäßentzündung), Delirium tremens (Säuferwahn), Schweißfüße, Fußgeschwüre (Ulcera), Lungenentzündung (Pneumonie), Lungenblutsturz.

Jupiter

Im *Widder*: Schwindel, Hyperämie des Gehirns, Kopfschmerz (Cephalagia), Hirnschlagfluss (Apoplexie), Delirium tremens (Säuferwahn), Bleichsucht, Blutarmut, Leukämie, Blutgefäßverstopfung, Schlaflosigkeit

Im *Stier*: Schnupfen, Nasen- und Rachenpolypen, Nasenbluten (Epistaxis), Kropf (Struma), Basedow'sche Krankheit, Kehlkopfödem, Ludwig'sche Halszellgewebsentzündung, Mandelvergrößerung

Im *Zwilling*: Bronchiektasie (Luftröhrenerweiterung), Lungenemphysem, Lungenödem

Im *Krebs*: Speiseröhrenerweiterung, Magenerweiterung, Magenkatarrh, Stauungsleber, Fettleber, Fettleibigkeit und Fettsucht

Im *Löwen*: Herzvergrößerung und Herzerweiterung, Fettherz und fettige Herzentartung, Arterienverkalkung, Hyperämie des Rückenmarks, Spinalapoplexie (Rückenmarkschlagfluss), Medullitis (Rückenmarksentzündung)

In der *Jungfrau*: Stauungsleber, Leberabszess, Fettleber, Gelbsucht, Leberentzündung (Hepatitis), Milzaffektionen, Fettleibigkeit und Fettsucht

In der *Waage*: Bright'sche Nierenkrankheit, Cholecystitis (Gallenblasenentzündung), Cholangitis (Entzündung der Gallengänge), Cholecystektasie (Gallenblasenerweiterung), Cholurie (Gallenharnen), Zuckerharnruhr (Diabetes mellitus)

Im *Skorpion*: Blutharnen, Wechselfieber (Malaria), Skorbut, Condylome und Papillome, Vergrößerung der Vorsteherdrüse (Prostata),

Im *Schützen*: Rheuma, Ischias, Hüftgelenkentzündung (Coxitis), Neuralgien

Im *Steinbock*: Fettgeschwülste (Lipome), Grützbeutel, Granulationen, Gonagra

Im *Wassermann*: Lupus, Krampfadern, Venenentzündung, Bleichsucht, Blutarmut, Leukämie, Skorbut, Werlhoff'sche Blutfleckenkrankheit, Malaria

In den *Fischen*: Lymphosarkom (Lymphdrüsengeschwulst), Lymphomyom (Neubildung des Gebärmutterparenchyms), Lungenemphysem, Lungenödem, Schweißfüße.

Saturn

Im *Widder*: Schielen, grauer Star (Katarakta), Augen- oder Sehschwäche (Astenopie), Gerstenkorn (Hordeolum), Hagelkorn (Chalazium), Bartfinne (Sykosis simplex), Konjunktivitis skrofulosa (skrofulöse Bindehautentzündung), Gehirnerweichung (Enzephalo malacia), Meningitis tuberculosa (tuberkulöse Hirnhautentzündung), Comedones (Mitesser), Migräne, Kopfschinn, Haarschinn, Ausfallen der Haare, frühzeitiges Ergrauen der Haare, Milchborke (Crusta lactea), Kopfgrind (Tinea capitis), Flechten (Lichenes), Balggeschwülste, Krätze (Scabies), Erbgrind (Favus), scherende Flechte (Porrigo tonsurans), Caries der Zähne, Taubheit

Im *Stier*: Kehlkopftuberkulose (Tuberculosus laryngis), Mundfäule, Aphten und Soor (Schwämmchen), Speiseröhrenverengung, chronischer Rachenkatarrh, Angina tonsillaris, Kropf

In den *Zwillingen*: Bronchialdrüsentuberkulose, Bronchitis, Lungentuberkulose (Phtisis pulmonum), Lungenbrand (Gangraena Pulmonum), Krätze (Scabies), Warzen an den Händen,

Im *Krebs*: Brustwassersucht, Brustkrebs, Magenkrebs, Hyperchlorhydria (übermäßiger Salzsäuregehalt im Magensaft), Speiseröhrenverengerung, Stuhlverstopfung, Rachitis (englische Krankheit), Blutarmut, Skrofulöse

Im *Löwen*: Herzschwäche, Herzatrophie, Arteriosklerose, Rückenmarkschwindsucht (Tabes dorsalis), fortschreitender Muskelschwund (progressive Muskelatrophie), Myelomalcie (Rückenmarkserweichung), Bulbärparalyse

In der *Jungfrau*: Darmtuberkulose (Phtisis meseraica), Darmkrebs, Leberkrebs, Stuhlverstopfung (Obstructio alvi chronica), Bauchwassersucht (Ascites), Wurmkrankheiten, Leberschrumpfung, Leberatrophie

In der *Waage*: Gallensteine, Nierengries- und Nierensteinbildung, Nierenschrumpfung, Hauttuberkulose

Im *Skorpion*: Wurmkrankheiten, Harnröhrenkatarrh, Harnstrenge, Harnverhaltung (Retentio urinae), Darmfisteln, Koprostase (Kotstauung), bei Frauen Unfruchtbarkeit, bei Männern Impotenz, Phimose (Verengerung der Vorhaut), Weißfluss (Leukorrhoe)

Im *Schützen*: Gicht, Rheuma, knotige Gicht des Hüftgelenks (Malum coxae)

Im *Steinbock*: chronischer Gelenkrheumatismus, knotige Gelenkgicht (Arthritis nodosa), weiße Kniegeschwulst (Tumor albus genu), chronische Knochenhautentzündung (Periostitis chronica), Knochenfraß, Hypochondrie, Hysterie, fortschreitender Muskelschwund (Muskelatrophie), Hauttuberkulose, Ekzem, Blasenausschlag, Bartflechte, Blutschwamm (Angiom)

Im *Wassermann*: Fressflechte (Lupus), Arteriosklerose, Leukämie, Unterschenkelbrüche, Knochenentzündung (Ostitis), Knochenmarkentzündung (Osteomyelitis), Rückgratverkrümmung

In den *Fischen*: Hühneraugen, Frostbeulen, Podagra, Klumpfüße, Skrofulöse, Lungentuberkulose.

Uranus

Im *Widder*: Grüner Star (Glaukom), Gehirnkrämpfe, Nervenlähmung, Nervenentzündung (Neuritis), Hyperaemia cerebri (Gehirnhyperämie), Gehirnhautentzündung (Meningitis simplex), hitzige Gehirnhöhlenwassersucht (Hydrocephalus acutus), Gehirnerschütterung (Commotio cerebri), Gehirnentzündung (Encephalitis), Hirnschlagfluss (Apoplexie), klonische und tonische Krämpfe, Fallsucht (Epilepsie), Veitstanz (Chorea), Schüttellähmung (Paralysis agitans), Lähmung (Paresis bzw. Paralysis), Platzangst (Agoraphobie), Hypochondrie und Hysterie, Kopf- und Gesichtsneuralgie, Wundstarrkrampf (Tetanus), Kinnbackenkrampf (Trismus), Delirium tremens (Säuferwahn), Verbrennungen durch Elektrizität, Quecksilbervergiftung), Hydrophthalmus (Augenwassersucht), Irisdochorioiditis (Regenbogen- und Aderhautentzündung), Iridocyclitis (Entzündung der Regenbogenhaut und des Ciliarkörpers), Iridophlegie (Lähmung der Irismuskulatur), Jackson'sche Epilepsie (auf gewisse Muskelgruppen beschränkte Krämpfe), Katalepsie (Starrsucht), Kataplexie (Schrecklähmung), Lidkrampf (Blepharospasmus)

Im *Stier*: Basedowsche Krankheit, Bulbärparalyse, epidemische Genickstarre (Meningitis cerebrospinalis epidemica), Mittelohrentzündung (Otitis media), Stimmritzenkrampf (Laryngismus stridulus), Kehlkopfkrampf (Laryngospasmus)

Im *Zwilling*: Keuchhusten (Tussis convulsiva), Brustkrampf (Asthma nervosum), akutes Lungenödem, Luftröhrenkrampf (Bronchiospasmus), Nervenentzündung (Neuritis)

Im *Krebs*: Magenkrampf (Cardialgia), Speiseröhrenentzündung und Speiseröhrenkrampf, Hypochondrie und Hysterie

Im *Löwen*: Schüttellähmung (Paralysis agitans), spinale Kinderlähmung (Poliomyelitis acuta), Rückenmarkslähmung (Myelitis), Rückenmarkshautentzündung (Meningitis spinalis) Synkope (Herzlähmung), Medullitis (Rückenmarksentzündung), Spinalirritation (Rückenmarksreizung), Spinalparalyse (Rückenmarkslähmung), Spinalapoplexie (Rückenmarksschlagfluss), Interkostalneuralgie (Zwischenrippenschmerzen)

In der *Jungfrau*: Darmgeschwür (Enteritis ulcerosa), Nabelentzündung (Omphalitis), Malaria, Ruhr, Typhus, Cholera

In der *Waage*: Addison'sche Bronzekrankheit (Erkrankung der Nebennieren mit mulattenfarbiger Pigmentierung des Körpers), Cholangitis (Entzündung der Gallengänge), Cholangitis suppurativa infectiosa (eitrige Entzündung der Gallenwege), Cholecystitis (Entzündung der Gallenblase), Eklampsie (Krämpfe bei gebärenden Frauen und Säuglingen)

Im *Skorpion*: Blasenlähmung (Ischurie, Incontinentia urinae), Blasenkrampf (Spasmus vesicae), Blasenneurosen, Pruritus vulvae, Vulvitis (Scheidenentzündung), Masochismus (krankhafte Geschlechtsempfindung), Priapismus (Rutenkrampf), Vaginismus (Neuralgie der Scheide), Vulvismus (Scheidenkrampf),

Im *Schützen*: Ischias, ischämische Lähmung (Muskellähmung infolge zu geringer Blutzufuhr)

Im *Steinbock*: Myospasmus (Muskelkrampf), Jackson'sche Epilepsie (auf gewisse Muskelgruppen beschränkte Krämpfe), Ichtyosis (Fischschuppenkrankheit), Lupus (Freßflechte), Dermatitis (Hautentzündung), Pustula maligna (Milzbrand), Purpura rheumatica (rheumatische Blutfleckenkrankheit)

Im *Wassermann*: Beingeschwür (Ulcus cruris), Hydrämie (wässerige Beschaffenheit des Blutes), Hypalbuminose (Verminderung des Eiweißgehalts des Blutes), Hyperalbuminose (vermehrter Eiweißgehalt des Blutes), Hyperämie (Blutüberfüllung), Hyperglobulie (starke Vermehrung der roten Blutkörperchen), Hyperleukocytose (starke Vermehrung der weißen Blutkörperchen), Hyperglykämie (übermäßiger Zuckergehalt des Blutes), Hypertonie (übermäßige Spannung), Cholämie (Vergiftung des Blutes durch Galle),

Chlorose (Bleichsucht), marantische Thrombose (Blutgerinnsel in den Venen)

In den *Fischen*: Lungengangrän (Nekrose des Lungengewebes), Lymphadenitis (Lymphdrüsenentzündung), Lymphgefäßentzündung, Delirium tremens (Säuferwahn), Fußkrämpfe.

Neptun

Im *Widder*: Torpor (Gefühllosigkeit, Reaktionslosigkeit, Betäubung), Totalaphasie (vollkommene motorische und sensorische Aphasie), Lykanthropie (die Wahnvorstellung, in einen Werwolf verwandelt zu sein), andere Wahnideen, z. B. Theomanie (religiöser Wahnsinn), Thanatophobie (krankhafte Todesfurcht), Thalassophobie (krankhafte Furcht vor dem Meer), Hydrophobie (krankhafte Furcht vor dem Wasser), Taurophobie (Angst vor Ochsen); ferner Koma (Bewusstlosigkeit, Schlafsucht), Katatonie (Schlafsucht), Synkephalug (Doppelmissgeburt mit verwachsenen Köpfen), Symblepharon (Verwachsung der Lider mit dem Augapfel), Synophrys (Verwachsung der Augenbrauen), Hydromanie (unbezwinglicher Trieb zum Selbstmord durch Ertränken), sodann Teichopsie (flimmernde Gesichtsverdunkelung), Hypaesthesie (Sensibilitätsverminderung), Hypalgie (herabgesetzte Schmerzempfindlichkeit), Hyperalgesie (gesteigerte Schmerzempfindlichkeit), Hyperakusis (krankhafte Feinhörigkeit), Hyperaesthesie (Überempfindlichkeit), hypnagogische Halluzinationen (die kurz vor dem Einschlafen auftreten), Hypnalgie (im Schlafzustand auftretende neuralgische Schmerzen), Hypotrichosis (mangelhafter Haarwuchs), Hypsophobie (Höhenschwindel), Hypomnesie (krankhafte Gedächtnisschwäche), Hypomanie (krankhafte Aufregung),

Im *Stier*: Hyperthyreoidismus (abnorm starke Absonderung der Schilddrüse), Hypergeusie (krankhaft gesteigerter Geschmacksinn), Nikotinvergiftung, Kehlkopftuberkulose

Im *Zwilling*: Lungentuberkulose, Phocomelie (Missbildung, bei der Hände und Füße unmittelbar am Rumpf ansitzen), Syndaktylie (Fingerverwachsung)

Im *Krebs*: Magen- und Brustkrebs, Thoracopagus (Doppelmissbildung mit Verwachsung des Brustkorbs), Hyperpepsie (übermäßige Absonderung von Magensaft), Hypochlorhydrie (zu geringer Salzsäuregehalt des Magensaftes), Hyperchlorhydrie (zu starker Salzsäuregehalt des Magensaftes), Hydrothorax (Brustwassersucht)

Im *Löwen*: Rückenmarksschwindsucht (Tabes dorsalis), Hydromyelus (angeborene Rückenmarkskanalwassersucht), Hypothermie (zu niedrige Körperwärme), Hydrocardie und Hydropericardium (Herzbeutelwassersucht), Myelomalacie (Rückenmarkserweichung), Myelosklerose (Sklerose des Rückenmarks)

In der *Jungfrau*: Darm- und Leberkrebs, Darmtuberkulose, Störungen des Sympathicus

In der *Waage*: Hydronephrosis (Nierenwassersucht), Hypazoturie (verminderte Stickstoffausscheidung im Harn), Hypercholie (übermäßige Gallenbildung), Hyposthenurie (mangelhafte Nierenleistung)

Im *Skorpion*: Hydrorchis (Hodenwassersucht), Hydrosalpin (Wassersucht der Eileiter), Hypospadie (Missbildung der männlichen Harnröhre), Hypergenitalismus (übermäßig starke Entwicklung der Geschlechtsteile), Gebärmutterkrebs, Craurosis vulvae (atrophische Schrumpfung der äußeren weiblichen Geschlechtsteile)

Im *Schützen*: Ischiagra (Hüftgicht), ischämische Muskellähmung,

Im *Steinbock*: Hauttuberkulose, Hydarthros (Gelenkwassersucht), Hydroderma (Hautwassersucht), Hygroma (Schleimbeutelwassersucht)

Im *Wassermann*: Hydrämie (wässerige Beschaffenheit des Blutes), Hyperleukocytose (übermäßige Vermehrung der weißen Blutkörperchen), Hypoglobulie (Verminderung der Blutkörperchen), Leukämie, Leukosarkomatose (Weißblutkrankheit mit großzelligen Geschwulstbildungen)

In den *Fischen*: Kakochymie (schlechte Beschaffenheit der Säfte), Delirium tremens, Verfolgungswahn, dämonische Besessenheit, Psychasthenie (Neurasthenie mit psychischen Erscheinungen, Zwangsvorstellungen usw.), Psychoneurose (Nervenstörungen mit seelischen Reizzuständen), Psychopathie (Geistesstörung), Lethargie, Ekstasen, Süchtigkeit (Morphinismus, Kokainismus, Haschischrauchen, Alkoholismus, Nikotinismus), Halluzinationen, Somnambulie, hypnotische und spiritistische Mediumität etc..

11. Die kritischen Wirkungen der Tierkreiszeichen

Wie bereits ausgeführt, stellt der Tierkreis eine schematische Zwölfteilung der Sonnenbahn vom Frühlingspunkt aus dar. Die Ekliptik wird in 12 gleiche Teile eingeteilt, und diese bilden als Kreisbahn zusammen einen Winkel von 360°. Ein einzelnes Tierkreiszeichen umfasst mithin 30°. Die Sonne tritt zwischen dem 19. und 22. März in das Zeichen Widder und verweilt in jedem Zeichen einen Monat. Sie tritt also zwischen dem 19. und 22. April in das Zeichen Stier, zwischen dem 19. und 22. Mai in das Zeichen Zwillinge und so fort. Jedes Zeichen wird von einem bestimmten Planeten beherrscht, und zwar Widder und Skorpion von Mars, Stier und Waage von Venus, Zwillinge und Jungfrau von Merkur, Schütze von Jupiter, Steinbock von Saturn, Wassermann von Saturn und Uranus und die Fische endlich von Jupiter und Neptun. Was nun die Wirkungsart der einzelnen Zeichen betrifft, so ist Folgendes zu sagen:

Widder

Das Zeichen *Widder* beherrscht den Kopf einschließlich der Augen, aber ausschließlich der Nase, die Schädel- und Gesichtsknochen, die Kopf- und Gesichtsmuskulatur, die Temporales und die inneren Carotiden sowie die Kopfvenen, das Großhirn und die Kopfnerven. Sekundär beeinflusst es auch Nieren, Galle und Blase. Seine Konstitution ist die *Superoxydations-Konstitution.* Die Krankheitsdispositionen sind dementsprechend Kopf-, Augen-, Ohr- und Zahnkrankheiten, Nervosität, Schwindel, Epilepsie, Hirnhautentzündung, Schlagfluss, Haarschwund, Fieberkrankheiten und Ausschläge, entzündliche und ansteckende Krankheiten, also namentlich Masern, Scharlach, Röteln, Friesel, Blattern, Wasserpocken, Windpocken, Spitzpocken, Varioloiden usw. Da das Zeichen Widder auch zu den sogenannten »violenten Zeichen« gehört, so unterstehen ihm ferner alle Kopfverletzungen durch Schlag, Hieb, Stich, Schuss usw. sowie Verbrennungen und Vergiftungen, namentlich auch Fleisch-, Wurst-, Fisch- und Pilzvergiftungen sowie Schädigungen durch den Genuss verfälschter oder verdorbener Nahrungs- oder Genussmittel.

Stier

Das Zeichen *Stier* regiert den unteren Teil des Schädels (den Sitz des Sinnes für Entfernung, Form und Farbe), die Nase, den Nacken, Hals und Kehlkopf, Rachen, Schlundkopf, Zäpfchen, Mandeln, eustachische Röhre, Gaumen, Schilddrüse, Ohrspeicheldrüsen, Stimmbänder, Bronchien, Kehldeckel, Luftröhrenringe, Zunge und Kleinhirn, ferner nach dem Gesetz der Entsprechungen das Nierenbecken, die Harn- und Sexualorgane, Grimmdarm, Mastdarm, After und Damm sowie die Gebärmutter. Das Zeichen symbolisiert das Kompakte und Schwerbewegliche; es gibt die *lymphatisch-skrofulöse Anlage*. Die Krankheitsdispositionen beziehen sich auf Hals-, Rachen- und Kehlkopfleiden, insbesondere Angina, Krupp, Laryngitis, Diphtherie, Basedow'sche Krankheit, Zungenkrebs, Keuchhusten, Mumps, Radien- und Nasenpolypen, Heiserkeit, Stimmbandlähmung, Stimmritzenkrampf, Kehlkopfödem, Speiseröhrenverengung oder -erweiterung, Zungenbelag Mandelentzündung, Mandelvergrößerung und dergleichen mehr.

Zwillinge

Das Zeichen *Zwillinge* beherrscht die Schultern, Arme und Hände, den Atmungsapparat, das Nervensystem, die Thymusdrüse und die Blutkapillaren, ferner nach dem Gesetz der Entsprechungen Hüften und Oberschenkel. Dem Merkur als dem Herrscher dieses

Zeichens unterstehen die Sprachorgane, das Gehör, das Sprachzentrum, das Gehirn und die motorischen Nerven. Beim Zwillingstyp ist die geistige Konstitution stärker als die physische. Deshalb ist jede geistige Überanstrengung zu vermeiden, und das Nervensystem ist tunlichst zu schonen. Kinder, die stark unter diesem Zeichen stehen, sollen möglichst nur mit solchen Menschen, insbesondere nur mit solchen Spielkameraden zusammengebracht werden, die still, ruhig und gleichmäßig sind, also namentlich mit Waagetyps. Durch unnötige Aufregungen sind besonders Mädchen leicht hysterischen Anfällen ausgesetzt. In diesem Zeichen sind auch die Lungen stark gefährdet; deshalb sollen diese durch Atemgymnastik gestärkt und gegen Verkühlung abgehärtet werden. Das Zeichen gibt die *sensible Konstitution.* Zu den Krankheitsdispositionen gehören hier: Störungen des sympathischen Nervensystems, Asthma, Lungenleiden, Bronchialkatarrh, Bronchitis usw.

Krebs

Das Zeichen *Krebs* repräsentiert die nährende mütterliche Kraft, und als Symbol dieser Mutterkraft befindet es sich auf der Brust der Isis. Hier erreichen die geistigen und die Naturkräfte, die physiologischen Kräfte ihren höchsten Stand und ihre kräftigste Entfaltung. Die Natur hat ihren schönsten Schmuck angelegt und bietet das Bild der Reife, Schönheit und Vollendung. Und dasselbe gilt von dem geistigen Werdegang und der geistigen Entwicklung des Menschen. Dieser steht in seiner Blütezeit, befindet sich im Stadium der höchsten Vollendung und steht auf der Höhe geistigen Lebens. Deshalb ist es auch die besondere Stärke der Krebsmenschen, wie Ludwig Hoffmann richtig erkannt hat, die höchsten Güter uralter Weisheit, die unter dem Schutt vergangener Jahrhunderte vergraben liegen, hervorzusuchen, dem modernen Leben und den modernen Bedürfnissen dienstbar zu machen und so den Gewinn vergangener Kulturen in fruchtbringender Weise in die neueste Kultur zu verpflanzen. Deshalb ist aber auch der Mond, der

Stern der Fruchtbarkeit, der Herrscher des Zeichens Krebs. Der Mond baut den Körper auf und erhält ihn. Er beherrscht Milz, Leber, Magen, Brust, Lymphsystem, Schleimhäute und seröse Häute, die gesamte linke Körperseite, das linke Auge des Mannes und das rechte des Weibes, den Tränenapparat des Auges und die gesamte Gewebeflüssigkeit des Körpers. Die Krankheitseinflüsse des Mondes sind im Wesentlichen: Stauungen im Lymphsystem, Stockungen in der Ausscheidung, übermäßige Sekretion, Katarrhe, Verwässerung des Gewebes, Fäulnisprozesse, Zysten- und Höhlenbildung, Erschlaffungszustände usw. Es verleiht die *gastrolymphatische Konstitution.* Dem Zeichen Krebs unterstehen: Speiseröhre, Verdauungsapparat, und zwar einschließlich Magen und Bauchspeicheldrüse, Brustfell, Brustkasten und Lungenflügel (untere) sowie die Schleimhäute. Zu seinen Krankheitsdispositionen gehören: Brustwassersucht, Brustkrebs, Brustkrampf, Mastitis (Knoten in der Brustdrüse), Speiseröhrenverengerung bzw. -erweiterung, Magenkatarrh, Magenerweiterung, Magengeschwür, nervöse Magenleiden, gastrisches Fieber, Bleichsucht, Trunksucht, Hypochondrie, Hysterie usw. Der Krebs-typ muss im Essen, Trinken und Rauchen sehr vorsichtig sein und sich vor allen allopathischen Drogen und Medizinen in Acht nehmen. Da ferner bei ihm die Autosuggestion eine große Rolle spielt, ist fast immer das Coue'sche Heilverfahren von großem Erfolg.

Löwe

Das Zeichen *Löwe* ist berufen, die geistige Entwicklung des Menschen, wie sie in dem Zyklus der vorhergehenden Zeichen durch die niederen Reiche der Natur hindurch ihren Fortgang genommen hat, weiter auszuarbeiten. Ein Strom geistigen Lebens bringt seine höheren Eigenschaften zur Entfaltung. Das höhere Manas entwickelt sich; das höhere Geistes- und Seelenleben entsteht. Die Sonne, das Zentrum unseres Planetensystems, das »organisierende Prinzip« und die Quelle aller in unserem Planetensystem tätigen Energien, der Mittelpunkt der Vitalität, die Kraftstation für alle körperlichen, seelischen und geistigen Kraftströme, für alle physiologischen, intellektuellen und psychischen Funktionen ist die Herrin des Zeichens Löwe. Wie sie am Himmel die kreisenden Gestirne anführt und dirigiert, so beherrscht sie im menschlichen Körper den Kreislauf des Blutes, des unentbehrlichen Lebenssaftes. Außerdem unterstehen ihr Herz und Rückenmark, die Wirbelsäule und die Rückenmuskulatur, die Herzmuskeln, die Aorta (Hauptschlagader), die vorderen und hinteren Kranzarterien des Herzens, die großen Hohlvenen und Kranzvenen, ferner aber auch die vasomotorischen Nerven und die ganze rechte Körperseite, endlich beim Mann das rechte und beim Weib das linke Auge. Hierzu sei bemerkt, dass das rechte Auge des Mannes und das linke der Frau sowie die ganze rechte Seite des Mannes und der Frau unter der Herrschaft der Sonne stehen. Dies erklärt sich aus der odischen Polaritätslehre von Reichenbach, wonach bei beiden Geschlechtern die rechte Körperseite entgegengesetzt polarisiert ist der linken, der Mann aber in der Regel odpositiv, das Weib dagegen überwiegend odnegativ veranlagt ist. Diese Verschiedenheit in der Polarität ist übrigens für die Ehe außerordentlich wichtig, und das Maß der odpositiven bzw. odnegativen Veranlagung spielt hier eine wichtige Rolle. Dem Zeichen Löwe sind Herz, Rücken, Rückenmark und Spinalnerven unterstellt. Ihm untersteht die *kardiale und kardiasthenische Konstitution.* Zu den Krankheitsdispositionen sind zu rechnen: Herzentzündungen, Herzklappenfehler, Herzvergrößerung und Herzerweiterung, Fettherz und fettige Herzentartung, Herzschwäche und Herzneurosen, ferner Rückenmarksdarre und Rückenmarksschwindsucht, Verlegungen der Wirbelsäule und des Rückenmarks u. dgl. m. Da beim Löwe-typ eine starke natürliche Vitalität vorhanden ist, so überwindet er zwar Krankheiten meist rasch, muss aber im allgemeinen große Mäßigkeit im Essen und Trinken beobachten und alle aufreizenden und hitzenden Nahrungsmittel und Getränke, namentlich alle Liköre und alle schweren Weine, tunlichst meiden; ebenso alle Affekte, da diese für das Herz immer schädlich sind.

Das Zeichen *Jungfrau* hat die Aufgabe, das geistige Leben, das sich im Zeichen Löwe entwickelt hat, zu verstärken und zu veredeln durch Intuition und hellseherische Kräfte. Hier lernt der Mensch das Böse vom Guten zu unterscheiden. Aber sein höheres Ich ist bereits in den Schleier der Sinnestäuschung (Maya, Mater, Materie) gehüllt, und dieser Schleier wird immer undurchdringlicher und dichter. Trotzdem bewahrt der Mensch hier noch seine Herzensreinheit, Keuschheit und Unverdorbenheit. Denn der Herrscher des Zeichens Jungfrau ist Merkur, der Planet der Weisheit, der geistige Lehrer und Erzieher des Menschen und sein Führer auf dem Wege geistiger Entwicklung. Deshalb beherrscht Merkur auch das Gehirn, die Sprachorgane und das Gehör. Seine Krankheiten sind Geistesstörungen, Aphasie (Sprechunfähigkeit, Stummheit), Lähmung der Zungenmuskulatur, Stottern, Schwerhörigkeit, Taubheit, Störungen oder Überreizungen des Bewegungs- und Reflexapparates, Nervenschmerzen, Neurasthenie, Gedächtnisschwäche u. dgl. m. Aber auch die Chylifikation, d. h. die Bereitung des Speisesaftes, die Assorption und Assimilation, die Auswahl der nutzbaren, d. h. verdaulichen Stoffe obliegt ihm und diese letztere Tätigkeit ist dem Zeichen Jungfrau übertragen. Diesem unterstehen die Eingeweide, das Bauchfell, das Gekröse, die Milz, der linke Leberlappen, die Bauchspeicheldrüse und das sympathische Nervengeflecht. Das Zeichen gibt *die intestinal-dyskrasische Konstitution.* Die Krankheitseinflüsse des Zeichens stellen sich deshalb dar als Störungen in der Bereitung und Resorption des Speisesaftes, Störungen in der Darmtätigkeit, Diarrhoe, Koliken, Dysenterie (Ruhr), Blähungen, Verstopfung, Bauchfellentzündung, Darmkrebs, nervöse Störungen im Unterleib, Band-, Spul-, Spring- oder Madenwürmer, Bauchwassersucht, Krankheiten der Leber, Leberzirrhose, Leberatrophie, Fettleber, Schnürleber, Leberentzündung, Gelbsucht u. dgl. m. Da das Zeichen Jungfrau mit dem 6. Hause, dem Hause für Krankheiten und deren Heilung, in Verbindung steht, so soll einerseits der Jungfrau-typ weder Drogen oder Medizin zu einer Zeit einnehmen, in welcher der Mond im Zeichen Jungfrau oder Fische steht, noch überhaupt allopathische Mittel gebrauchen, vielmehr der Homöopathie, Isopathie oder Biochemie sich bedienen, andererseits aber eignet sich gerade der Jungfrau-typ, besonders wenn Merkur und das 6. Haus gut bestrahlt sind, sehr für den ärztlichen oder Apothekerberuf sowie für Nahrungsmittelchemie.

Waage

Das Zeichen *Waage* ist das Zeichen der Ausgeglichenheit und Harmonie. In der Jungfrau wurde der Schleier der Maya immer undurchdringlicher. In der Waage erreicht er seine größte Dichtigkeit. Die Erscheinungen der Materie trüben den inneren Blick für die geistigen und seelischen Realitäten, und das Verstandes-Denken in der Form des Kombinierens auf eigene Faust (niederes Manas) überschattet die höhere Vernunft (höheres Manas), und die unwirkliche Welt der Materie verhüllt die Wirklichkeit und Unendlichkeit der geistigen Welten vor den Augen des Menschen. Er spürt den Kontakt mit der geistigen Quelle, aus der sein Leben und Bewusstsein fließt, nicht mehr und erreicht hier den tiefsten Punkt in der Materie und in der Evolution, bis ihm die wahre Bedeutung des Wortes Christi aufgeht: »Mein Reich ist nicht von dieser Welt.« Sobald er die Tiefe und die Tragweite dieses Wortes erkannt hat, sucht er die geistigen und die seelischen Aktivitäten ins Gleichgewicht und die Erkenntnisse des niederen mit denen des höheren Manas in Übereinstimmung zu bringen. Er begreift die wundervolle Definition der Liebe, die Paulus im 13. Kapitel des 1. Korintherbriefes gibt, und lernt, dass Venus Liebe, Harmonie und Rhythmus ist, das Sich-hinein-Versetzen in die Schwingungen und das Mitschwingen im Rhythmus des Weltalls. Venus aber ist die Herrin des Zeichens Waage. Sie beherrscht als solche im Gebiet der medizinischen Astrologie die Lenden, die Nieren, die Blase, die Galle, das vasomotorische System und den Plexus. Ihre Funktion ist hier, das Brauchbare in der Blutflüssigkeit vom Unbrauchbaren zu sondern. Sobald dieser Prozess gestört wird, entstehen Krankheitserscheinungen, die sich als Harn-, Gallen- und Nierenleiden darstellen.

Namentlich kommen in Betracht Nierenentzündung, Wanderniere, Nierenstein- und Blasensteinkrankheit, Blutharnen, Blasenkatarrh, Blasenkrampf, Blasenlähmung, nächtliches Bettnässen der Kinder (Enuresis) und die Eklampsie. Ihre *Konstitution ist die nephrosekretorische.*

Da die Waage ein luftiges Zeichen ist, so ist beim Waagetyp die mentale Konstitution meist stärker als die physische. Die Hygiene besteht hier im Einatmen möglichst reiner, gesunder und kräftiger Luft, mäßigen Körperübungen, besonders der Trainierung der Lungen, und einem möglichst ruhigen, naturgemäßen Leben. Ausschweifungen aller Art sollten grundsätzlich vermieden werden, zumal die Waage das Zeichen der körperlichen, seelischen und geistigen Ausgeglichenheit ist. Frauen, welche unter einem starken Einfluss dieses Zeichens stehen, sollten sich vor schädlichen Kosmetiken hüten, da die Waage eine sehr feine, zarte und empfindliche Haut gibt, und Letztere durch kosmetische Mittel verdorben wird. Der Waage-typ muss sich vor Operationen an den Lenden und Nieren, der Galle und der Blase hüten. Sollte eine solche unbedingt nötig sein, so darf sie jedenfalls nicht zu einer Zeit stattfinden, in welcher der Mond in den Zeichen Waage oder Widder steht.

Skorpion

Das Zeichen *Skorpion* ist das bedeutungsvollste, wichtigste und mystischste des ganzen Tierkreises. Denn es ist das Zeichen der tiefsten und unrettbaren Verstrickung in die Materie und zugleich des höchsten ethischen und geistigen Aufstiegs. In der Waage hat der Mensch das Unwirkliche und Trügerische der Sinnenwelt erkannt und steht deshalb im Begriff, sich von ihr ab- und der geistigen, übersinnlichen Welt zuzuwenden; da naht der Versucher und spricht die lockenden Worte (Matthäus 4,9): »Das alles will ich dir geben, so du niederfällst und mich anbetest.« Der Mensch wird also hier vor die Wahl gestellt, entweder den steilen Weg der Entsagung und des Aufstiegs zu gehen oder den breiten Weg des Genusses und des Unterganges. Das Drama der Menschheit entwickelt sich hier, das unser Altmeister Goethe, der auch selbst ein Skorpion-typ gewesen ist, in seinem Monumentalwerk FAUST so trefflich geschildert hat: Faust (der Mensch) im Kampfe gegen Mephistopheles (die Mächte der Finsternis), dargestellt im 1. Teil des Dramas durch Luzifer, die Verkörperung der Sünde wider das Fleisch, und im Teile durch Ahriman, die Verkörperung der Sünde wider den Geist. Erst wenn es dem Menschen gelingt, die Materie (die Versucherin) zu überwinden, ihre Lockungen und Reizmittel zu verachten und sich über weltliche Schätze, Sinnenlust und sonstige materielle Dinge hinwegzusetzen, steht er im Begriffe, den Höhenweg zu beschreiten und sich den Engeln des Lichts zuzuwenden; die Dämonen der Finsternis verlieren dann die Macht über ihn. Darum spielt aber gerade die Sinnenlust eine so große und bedeutsame Rolle im Zeichen Skorpion. Darum ist Mars, der Planet der Körperkraft und der Dämon der Sinnlichkeit, der Herrscher dieses Zeichens. Darum auch sind diesem Zeichen in erster Linie die Genitalien, die Geschlechtswerkzeuge, unterstellt. Daneben das Nierenbecken, die Blase, die Harnorgane, die Cowperschen Drüsen, der Grimmdarm, Mastdarm, Damm, der After sowie die Gallenblase und die Gebärmutter. Dem Skorpion gehört die *venerisch-miasmatisch-kontagiöse Konstitution* an. Die Krankheitsdispositionen des Zeichens sind demgemäß Erkrankungen des Nierenbeckens, Harngries, Blasensteine, Hernien (Eingeweidebrüche), venerische Erkrankungen, Leukorrhoe, Orchitis und Epididymitis, sexuelle Neurasthenie, Impotenz usw. Ferner kommen nach dem Gesetz der Entsprechungen Halserkrankungen, Anormalitäten der Ohrspeicheldrüsen, Rachenkrankheiten und dergleichen infrage.

Der Skorpion-typ muss große Mäßigung im Essen, Trinken sowie in erotischen Genüssen üben und alle Narkotika einschließlich Nikotin grundsätzlich meiden. Namentlich der Fleischgenuss ist möglichst zu beschränken, da er leicht zu Vergiftungserscheinungen führen kann. Die Möglichkeit der Erkrankung durch Fleisch-, Wurst-, Fisch- oder Pilzvergiftung oder durch den Genuss verfälschter oder verdorbener Nahrungs- oder Genussmittel ist hier ganz besonders gegeben. Gänzlich zu meiden sind Schweine- und Hammelfleisch, alle blähenden Gemüse (Weißkohl, Rotkohl, Rosenkohl usw.), Milch und Eier, ferner Liköre, Bordeauxweine, Moselweine, helle Biere, Selterswasser, Sekt und alle moussierenden Weine. Der Typ neigt auch ganz außerordentlich zu ansteckenden Krankheiten, namentlich zu sexuellen Infektionen; er muss daher im außerehelichen Geschlechtsverkehr ganz besonders vorsichtig sein. Dies gilt auch für Frauen. Letztere werden vielfach durch schwere Entbindungen und Komplikationen im Wochenbett heimgesucht.

Schütze

Das Zeichen *Schütze* ist ein doppelkörperliches Zeichen, das Zeichen des Zentauren; dessen menschlicher Oberkörper repräsentiert den Geist, während der tierische Unterkörper die Leidenschaften und Begierden darstellt. Der Geist beginnt aber hier bereits die Materie zu beherrschen; der Mensch erwacht aus seinem Sinnentaumel: der Schleier der Maja hält ihn nicht mehr gefangen. Mehr und mehr erkennt er das Unwirkliche und das Inferiore in der Stoffwelt und ahnt und erfühlt, zunächst intuitiv, das allein Wirkliche des geistigen, göttlichen Hintergrundes. Dadurch aber gewinnt das Geistige in ihm die Oberhand, und er fühlt sich von der Religion, der Philosophie und dem Okkultismus angezogen wie das Eisen vom Magneten. Jupiter, der Planet der Weisheit, hat Besitz von ihm ergriffen und den Drang nach aufwärts, die Lichtsucht, in ihm geweckt. Das sittliche und das religiös-ethische Prinzip gewinnen mehr und mehr Einfluss, und Hand in Hand mit ihnen geht das Prinzip des Altruismus (der Nächstenliebe), das den Gegenpol des Egoismus (der Eigenliebe) bildet. Liebe, Optimismus, Edelmut, Großzügigkeit, Idealismus und Menschenfreundlichkeit sind die Haupteigenschaften Jupiters, der für jeden ein gutes Wort, ein sonniges Lächeln und eine freundliche Gabe bereithält. Deshalb ist er auch der Planet der Nahrungsaufnahme und des Wachstums, und seine physiologischen und pathologischen Funktionen sind solche der Speisung und des Wachstums der Gewebszellen. Ist er im Horoskop ungünstig gestellt, so verkehren bzw. verwandeln sich Säftereichtum und Zellenwachstum zu Blutentmischung, Vollblütigkeit, Sarkom usw., und die Leber, die ihm gleichfalls unterstellt ist, vermag nur ungenügend zu funktionieren.

Dem Zeichen Schütze speziell unterworfen sind die Hüften und Oberschenkel, der Herzmuskel sowie die Darm- und Blasenwand. Seine Krankheiten sind Gicht, Rheumatismus und Ischias, Verrenkung und Verlegung des Hüftgelenks sowie Schenkelbrüche, insbesondere in der Form der Sportunfälle, vor allem beim Reitsport. Seine *Konstitution ist die rheumatisch-neuralgische.*

Der Schütze-typ muss sich vor jeder Übertreibung auf sportlichem Gebiet hüten und stets auf reines Blut sehen. Jedes Übermaß im Essen und Trinken ist vom Übel, weil es die Leber ungünstig beeinflusst. Okkulte Heilweisen sind hier besonders am Platz, vor allem der Heilmagnetismus; dieser ist das Zweckmäßigste für Gicht, Rheumatismus und Ischias. Das Zeichen Schütze ist das 9. Zeichen im Tierkreis; es hat also Zusammenhänge mit dem 9. Hause des Horoskops. Da dieses das Haus der Religion, der Mystik und des Okkultismus ist, müssen konsequenterweise auch alle Heilmethoden, die mit diesen Wissenschaften bzw. Disziplinen in Verbindung stehen, einen gewissen Einfluss auf die Krankheiten des Zeichens ausüben. Demnach wird auch das sog. Gesundbeten hier oft gute Früchte zeitigen.

Steinbock

Das Zeichen *Steinbock* ist ein Erd- und ein Kardinalzeichen, zugleich aber auch ein karmisches Zeichen. Das Suchen nach Licht, nach Befreiung von der Materie, nimmt hier immer konkretere Formen an. Der Mensch wendet sich ganz von der Materie ab und beschäftigt sich mit den tiefen, aber schwierigen Lebensproblemen. Schon im Zeichen Schütze ist er von der Philosophie zur Religionsphilosophie übergegangen. Im Zeichen Steinbock gelangt er von der Religionsphilosophie zu den okkulten Wissenschaften, zur Mystik, Metaphysik, Magie und Astrologie. Ist doch Saturn auch der Planet des Okkultismus, freilich nur des streng wissenschaftlichen Okkultismus. Und während er im Allgemeinen ein Feind und Gegner des Menschen ist, wird er dessen Freund und Führer in dem Augenblick, da der Mensch zum Lichtsucher wird und voll heiligen Ernstes in heißem Bemühen dem Studium der großen Daseinsfragen sich widmet. Das Studium der Astrologie führt dann den Menschen auch in das Gebiet der astrologischen Medizin. Er lernt die Zusammenhänge verstehen zwischen dem Zodiak einerseits und den Krankheiten sowie den Heilmitteln andererseits. Er lernt erkennen, dass die Ernährung allein die Grundlage für einen gesunden Körper und einen gesunden Geist bildet, und dass gerade die schweren, die chronischen Krankheiten in den weitaus meisten Fällen ihren Grund in verkehrten Ernährungsweisen und überhaupt in verkehrter Lebensweise haben. Deshalb ist Saturn, der Herr des Zeichens Steinbock, der Planet der Beschränkung, der Enthaltsamkeit, der Keuschheit, gleichzeitig aber auch der Planet der chronischen Krankheiten und der Hauterkrankungen, die beide letzten Endes auf falscher Ernährung und unzweckmäßiger Lebensweise beruhen. Seine physiologischen und pathogenen Einflüsse bestehen daher in der Zusammenziehung, Verhärtung, Kristallisation, Anlagerung von Mineralstoffen, Hemmung der Sekretion, Verkalkung der Gewebe und Arterien, Verstopfung, Koprostase (Kotanschoppung im Darm), Bildung von Harnsäurekristallen (Harngrieß, Nierengrieß) und von Blasen-, Gallen- und Kotsteinen usw. – Das Zeichen Steinbock selbst beherrscht die Knie, die Muskulatur, die Blutgefäße und die Epidermis (Haut), sekundär auch die Verdauungstätigkeit. Durch zu viele Mineralsubstanzen, die auch ihrerseits unter dem Steinbock stehen, stockt der allgemeine Stoffwechsel; durch zu geringe Zufuhr derselben aber stockt die Assimilation. Eine weitere Funktion des Steinbocks besteht in der Hemmung der Peristaltik, d. h. der wurmförmigen Bewegung des Verdauungskanals, die sich bis zur Antiperistaltik auswachsen kann, d. h. zum Erbrechen und sogar zum Kotbrechen. Wegen der hiermit im Zusammenhang stehenden Neigung zu Brechreiz und Speien ist deshalb darauf zu halten, dass der Steinbocktyp keine Medizin einnimmt während der Zeit, in der der Mond im Zeichen Steinbock steht. Überhaupt tut der Typ gut, während dieser Zeit in jeder Beziehung vorsichtig zu sein, hauptsächlich mit den Körperteilen und Organen, die der Steinbock beherrscht. Wie erwähnt, untersteht dem Zeichen auch die Haut. Infolgedessen sind ihm subsumiert insbesondere die Hautausschläge (Ekzeme), ferner Scabies (Krätze), Hautjucken (Pruritus), Eiterpusteln (Impetigo), Schuppenflechte (Psoriasis), Hautverhornung (Ichtyosis), Nesselfieber (Urticaria) und Lepra. Infolge seiner erkältenden und zusammenziehenden Eigenschaften unterstehen ihm weiter auch alle Verkühlungskrankheiten, Gicht, Gelenkrheumatismus, chronische Gelenkentzündungen und Knochen- sowie Gelenktuberkulose. Ferner fällt unter das Zeichen infolge seiner antiperistaltischen Tendenzen auch noch die Seekrankheit. Und nach dem Gesetz der astrologischen Entsprechungen endlich auch die Hysterie, die primär unter den Krebs zu stehen kommt. Seine Konstitution ist die *psorisch-karbonitrogene Autointoxications-Konstitution.*

Die Vitalität ist beim Steinbock, namentlich in der Jugend, eine sehr schwache. Der Körper ist zart und anfällig, zuweilen sogar gebrechlich. Lebenslust und Lebensfreude sind oft herabgesetzt; dies hängt aber vielfach mit Verstopfungen zusammen, weshalb immer auf eine stark auflösende und abführende Nahrung Bedacht genommen werden sollte. Namentlich ist hier eine wärmespendende und anregende Nahrung geboten, während die Rohkost hier nicht angebracht erscheint, zum mindesten nicht als Alleinnahrung. Malzige Getränke und Fruchtsäfte sowie Vermouth- und Ingerweine haben hier eine gute Wirkung.

Wassermann

Das Zeichen *Wassermann* steht unter Uranus und Saturn, vorwiegend aber unter dem Ersteren, dessen astrophysiologische Wirkungen erst zum Teil erforscht sind. Der Mensch, der sich im Zeichen Steinbock nach hartem Kampf von der Materie befreit hat, der den weisen Pfad beschritten und sich dem Studium der hochgeistigen Disziplin, der Mystik, Metaphysik, Magie und Astrologie, ergeben hat, erntet hier die Früchte seines Tuns. Er wird befähigt, auf die hohen Vibrationen des Uranus zu reagieren, was den meisten Menschen versagt bleibt, und wird in den Stand gesetzt, den Akt der Wiedergehurt (Neugeburt) an sich selbst zu vollziehen; hierzu gehört allerdings die vollständige Beherrschung der Ernährungs- und der Atemlehre. Er wird hierdurch gefeit gegen alle Krankheiten, namentlich auch gegen die Krankheiten des Uranus und des Zeichens Wassermann. Was hierüber zur Zeit als medizinisch feststehend angesehen werden kann, ist, dass sich Uranus mehr durch versteckte Krankheitsformen äußert, die hauptsächlich mit dem Nervenleben und mit den feineren psychischen Vorgängen verbunden sind. Insbesondere auf das Nervensystem und das Rückenmark hat er starken Einfluss. Diesen Einfluss teilt er aber mit Mars, Merkur und der Sonne. Denn einerseits steht auch den Zeichen Widder und Zwillinge ein gewisser Einfluss auf das Nervensystem zu und andererseits erstreckt sich der Wirkungskreis der Sonne auf das sog. sympathische Nervensystem, welches die Blutgefäße, das Herz, die Lunge, den Darmkanal, die Harnblase und die Gebärmutter beeinflusst. Und während die Einflusssphäre der Zeichen Widder und Zwillinge das Großhirn bildet, werden das Kleinhirn, das sog. verlängerte Mark und das Rückenmark von Uranus beherrscht, dessen Zeichen Wassermann ja die Opposition des Sonnenzeichens Löwe bildet, sodass hier das Gesetz der Entsprechungen Anwendung zu finden hat. Die kosmische Wirkungssphäre des Uranus ist die sogenannte »vierte Dimension«, wie die alten Philosophen sich ausdrückten. Wir Modernen sprechen hier wohl richtiger von einem »vierten Aggregatzustand«, unter welchem die sogenannte »strahlende Materie« zu verstehen ist. Dieser würden beim Menschen der »Nervenäther« und die Kilner'sche »innere Aura« (Etheric double) entsprechen; ferner physikalisch der Elektromagnetismus und die odischen Emanationen. In pathologischer Hinsicht würden somit als krankheitserzeugende Wirkungen des Uranus infrage kommen: Krämpfe, Epilepsie, Manie, Tobsucht, Nervenschocks, Irrsinn und sonstige geistige Defekte. Ferner Quetschungen, Verstauchungen, Risse und dgl. als Folgen von Gewalteinwirkungen, wie Stoß, Druck, Sturz usw. Endlich sind auch elektrische Schläge, insbesondere Blitzschläge, hier zu erwähnen.

Dementsprechend korrespondieren therapeutisch dem Uranus die elektrischen Vibrationen, die radioaktiven Emanationen, die ultravioletten Strahlen, die Röntgenstrahlen, die Heißluftbäder, die Mechanotherapie, der Baunscheidtismus, der Heilmesmerismus und die Magnetopathie.

Das Zeichen Wassermann beherrscht von den Körperteilen die Unterschenkel, von den Knochen Schienbein, Wadenbein und Knöchel und von den Muskeln die Wadenmuskulatur. Eine weitere Funktion des Aquarius ist die Beseitigung der Kohlensäure aus dem Organismus. Üble Aspekte deuten hier also auf ungenügend oxydiertes Blut, Anämie (Blutarmut), Hydrämie (wässerige Beschaffenheit des Blutes), Unterernährung, Bleichsucht, Blutvergiftung, Blähungen und die sog. Caisson-Krankheit. Ferner steht der Aquarius auch mit den Nerven in Verbindung, und es unterstehen ihm deshalb in dieser Hinsicht Krampfzustände, Katalepsie, Epilepsie, Nervenschocks, geistige Störungen, Herzschwäche, Herzbeutelwassersucht und kardialer Hydrops (Schwellungen der Beine). Hierher gehören auch die Augenkrankheiten, da diese letzten Endes auf Erkrankungen der Augennerven zurückzuführen sind.

Endlich sind dem Zeichen Wassermann (Aquarius) nach dem Gesetz der makro-mikro-kosmischen Entsprechungen auch die Erkrankungen des Herzens und des Rückenmarks zu subsumieren. Es kommen hier in Betracht: Herzklopfen, Synkopen (Ohnmacht oder Tod durch Herzschlag), krankhafte Arterienerweiterung mit ihren Folgen (Aneurysma), schmerzhafte Herzbeklemmungszustände (Angina pectoris), Entzündung der Rückenmarkshaut (spinale Meningitis), Hexenschuss (Lumbago) und Lähmung der Gehmuskulatur (Ataxie). Es untersteht ihm die *neurotisch-spasmophile Konstitution.*

Da beim Wassermanntyp, ähnlich wie beim Jungfrau-Beeinflussten, die Verfassung der Psyche eine wichtige und nicht zu unterschätzende Bedeutung für den körperlichen Gesundheitszustand hat, so ist vor allen Dingen darauf Bedacht zu nehmen, dass niemals das seelische Gleichgewicht gestört werde; es sind also alle Aufregungen tunlichst zu vermeiden. Dies ist besonders für die Erziehung der Kinder wohl zu beachten. Die Wassermann-Kinder bedürfen einer ganz besonders sorgfältigen und liebevollen Erziehung. Man soll hier tunlichst jede Härte, vor allem aber, wenn irgend möglich, jede körperliche Züchtigung vermeiden. Durch Liebe kann man hier alles erreichen, durch Härte nichts. Im Gegenteil. Man verdirbt das Kind in Grund und Boden. Auch soll man die Kinder des Wassermannzeichens niemals zwingen, etwas zu essen, was ihnen widersteht. Denn dieser Typ lehnt intuitiv alles Essen ab, das ihm im gegebenen Moment nicht zuträglich ist. Da stets auf reines Blut gesehen werden muss, so ist auf gute, reizlose Kost Bedacht zu nehmen, wobei Masdasnan-Diätetik aus vielen Gründen den Vorzug verdienen dürfte. Ebenso ist für viel frische Luft und für viel ungehemmte Bewegung im Freien Sorge zu tragen. Desgleichen ist auch bei jedem Anzeichen eines Augenübels alle nur mögliche Vorsicht zu bewahren und der Rat eines tüchtigen Augenarztes einzuholen. Die Erziehung der Wassermann-Kinder erfordert starke Liebe, viel Geduld und große Mühe. Aber sie trägt auch hundertfältige Frucht!

Fische

Das Zeichen *Fische* ist das Zeichen des demütigen Dienens, der Selbstverleugnung und des Sich-Opferns für andere. Während der Mensch im Wassermann die Natur- und Geisteswelt bis in ihre tiefsten Gründe erforscht hat und seinen Weisheitsschatz über die weniger bevorzugten Brüder ausgießt, die ihm in seinem Aufwärtsfluge nicht zu folgen vermochten, an die Erledigung seiner letzten und höchsten Aufgabe aber noch nicht herangetreten ist, erfolgt deren Erfüllung im Zeichen Fische. Hier vermag der Mensch seine eigenen Interessen hintanzusetzen und zugunsten anderer, namentlich zugunsten höherer Zwecke und Ziele, auf deren Wahrnehmung zu verzichten. Er lernt also hier das »Gesetz des Opfers« kennen, das durch alle Naturreiche hindurch Geltung hat, und das Christus durch seinen Tod am Kreuz der Menschheit praktisch vorgeführt hat.

Das Zeichen Fische, dessen Symbol zwei sich berührende Bogen sind zum Sinnbild, dass Himmel und Erde dereinst sich verbinden, ist kraft seines Symbols das Zeichen des Kreuzes und damit des Sterbens, des Absterbens; zugleich aber auch das Zeichen der Wiederauferstehung; denn es steht in direkter Verbindung mit dem Zeichen Widder (Aries), dem Zeichen des Göttlichen, dem Zeichen Gottes des Vaters. In der himmlischen Rangordnung symbolisiert es die Hierarchie. Neptun, der Hauptherrscher des Zeichens, ist der äußerste und höchste dreidimensionale Planet unseres Sonnensystems und bildet den Übergang zu dem übergeordneten vierdimensionalen Übersonnensystem. Sein Einfluss ist daher ein außerordentlich feinätherischer, und nur die allerwenigsten Menschen vermögen auf seine Schwingungen zu reagieren.

Deshalb sind auch seine Krankheiten hauptsächlich überphysischen Ursprungs, und die Symptome derselben liegen auf den Grenzgebieten zwischen dem Physischen und Metaphysischen. Sie drücken sich aus in Geistesstörungen, Wahnideen, Halluzinationen, Somnambulismus, Mediumismus, Schlafsucht, Betäubungszuständen, Ekstasen, Lethargie, Süchtigkeit (insbesondere Morphinismus, Opiumismus, Kokainismus, Alkoholismus und dgl. m.), Bewusstlosigkeitszuständen aus inneren Ursachen, Hysterie, Neurasthenie, Katalepsie, krankhafter Vorliebe für Medikamente usw. – Vor allem wird auch die menschliche Aura (das Od) von Neptun beeinflusst; ebenso stehen die psychischen Funktionen des Hellsehens, Hellfühlens, der Telepathie, des Wahrträumens usw. unter seiner Direktion. Nach Heinrich Däath, MEDICAL ASTROLOGY (London 1914) und Feerhov MEDIZINISCHE ASTROLOGIE (Leipzig 1914) steht er endlich auch mit dem Großhirn und den Augen in Verbindung, und auch bezüglich des Wurmfortsatzes (Appendix) werden

Beziehungen mit Neptun vermutet. Von Medizinen und Drogen unterstehen ihm besonders die aromatischen Stoffe sowie die narkotischen und analeptischen Gifte (Mohn, Opiate, Haschisch, Kokain, Kaffee, Tee, Alkoholika und Schlafmittel); ferner alle Parfüms und Räucherwerke.

Dem Jupiter als dem zweiten Herrscher des Zeichens Fische sind die Muskel- und Bindegewebselemente der Lungen und Blutgefäße, des Herzmuskels, der Darmwand und der Blasenwand unterstellt. Ebenso beherrscht er das arterielle Blut und dessen Kreislauf, weshalb auch die Bildung der roten Blutkörperchen seinem Einfluss unterworfen ist.

Das Zeichen Fische gibt einen kurzen, fleischigen Körper und eine schwache Konstitution, die sehr empfindlich gegen alle Krankheits- und gegen alle Witterungseinflüsse ist. Die Augen sind blassgrau und wässerig, sog. Fischaugen, die man stets leicht erkennt. Die Gesichtsfarbe ist vielfach matt; im mittleren Lebensalter tritt meist ein sog. Doppelkinn auf.

Die Konstitution ist lymphatisch-torpid-psychoneurotisch, d. h. kalt und feucht, phlegmatisch, indolent und torpid, also mit wenig Neigung zur Heilung. Die Gewebe sind weich, aufgelockert und stark wässerig. Die krankmachenden Wirkungen der Fische sind hauptsächlich rheumatischer und dabei chronischer Natur (Gicht, Erkältungen, Katarrhe, Wassersucht, Tumoren und dergleichen mehr). Auch für Ansteckungen, namentlich auf geschlechtlichem Gebiet, ist der »Fisch« sehr empfänglich, desgleichen für Psychoneurosen. – Dem Zeichen unterstehen die Füße und Zehen, die Lunge, das synoviale Bindegewebe, die Lymphe und nach dem Gesetz der Entsprechungen auch die Därme und Eingeweide, insbesondere Bauchfell, Milz, Leber, Pankreas und das sympathische Nervengeflecht.

Die Krankheiten sind insbesondere Lungensucht, Erkältung der Lungen, schleimige und wässerige Katarrhe, Erbrechen, Brechdurchfall, Diarrhoe, Kolik, Seekrankheit, Erweichung des Drüsengewebes, Neigung zum Trunk, abnorme Vorliebe für Parfüms und für betäubende Sachen, Bruch des Fußgelenks, Fußverstauchung,

Missgestaltung der Füße und Zehen, Klumpfuß, Schweißfüße und dergleichen mehr.

12. Die Bedeutung der Dekanate

Wir wissen, dass die Tierkreiszeichen in je 3 Dekanate eingeteilt werden, von denen jedes normalerweise 10 Grad umfasst. Es untersteht hierbei das erste Dekanat (0–10 Grad) der alleinigen Regentschaft des Planeten, der das betreffende Zeichen regiert. Das zweite Dekanat hat als Unterherrscher das folgende Zeichen des Trigons mit seinem Regenten und das dritte Dekanat das vorhergehende mit seinem Herrscher. Es lässt sich also folgende Dekanatseinteilung aufstellen:

Es ist zweifellos, dass die Dekanate auch in der Astromedizin eine ganz bedeutende Rolle spielen. Nehmen wir als Beispiel das Zeichen Jungfrau. Es bezieht sich auf Darmleiden, auf Leberleiden, Milzleiden, Erkrankungen der Pankreas, des Pfortadersystems und des Sympathikus. Wann aber liegt Milzleiden vor, wann Darmleiden usw.?

Zeichen	**1. Dekanat**	**2. Dekanat**	**3. Dekanat**
Widder	Mars im Widder	Sonne in Löwen	Jupiter im Schützen
Stier	Venus im Stier	Merkur in Jungfrau	Saturn im Steinbock
Zwillinge	Merkur in Zwillinge	Venus in Waage	Saturn, Uranus im Wassermann
Krebs	Mond im Krebs	Mars im Skorpion	Neptun, Jupiter in Fischer
Löwe	Sonne im Löwen	Jupiter im Schützen	Mars im Widder
Jungfrau	Merkur in Jungfrau	Saturn im Steinbock	Venus im Stier

Waage	Venus in Waage	Saturn, Uranus im Wassermann	Merkur in Zwillinge
Skorpion	Mars im Skorpion	Neptun, Jupiter in Fische	Mond in Krebs
Schütze	Jupiter in Schütze	Mars in Widder	Sonne im Löwen
Steinbock	Saturn in Steinbock	Venus in Stier	Merkur in Jungfrau
Wassermann	Saturn, Uranus in Wassermann	Merkur in Zwillinge	Venus in Waage
Fische	Jupiter, Neptun in Fische	Mond in Krebs	Mars in Skorpion

Hier versagt die Astromedizin bisher ganz. Ganz parallel aber liegen die Fälle bei den anderen Zeichen. Wann veranlasst z. B. der Löwe Herzleiden und wann Rückenmarksleiden? Wann darf beim Zeichen Fische auf Lungenleiden, wann auf Erkrankungen des Lymphsystems, wann auf Katarrhe usw. prognostiziert werden? Zweifellos ist das Eine: Wenn die Dekanatseinflüsse auf Charakter und Schicksale erkennbar einwirken, dann muss auch der Zodiakus des Körpers von ihnen abhängig sein. Es liegt hier eines der wichtigsten und zugleich interessantesten Probleme der Astromedizin vor, und es ist gerade auch aus diesem Grunde außerordentlich bedauerlich, dass speziell die Fachmediziner sich so ablehnend gegen die astrologischen Lehren verhalten. Ihre Mitwirkung könnte hier von ungeahntem Nutzen nicht nur für die Astromedizin, sondern für die gesamte medizinische Wissenschaft sein. Einer der wenigen Ärzte, die sich nicht nur fachwissenschaftlich, sondern vom okkulten und esoterischen Standpunkt aus bereits seit Jahren eingehend und mit vollster Hingebung mit diesen Problemen beschäftigen, ist der praktische Arzt und Homöopath Dr. Curt Hüttig in Hamburg, der seine Praxis ganz auf astromedizinischer Grundlage aufgebaut hat. Er hat denn auch die Bedeutung der Dekanatsteilung für die astromedizinische Wissenschaft sehr bald erkannt und stellt bereits seit längerer Zeit statistisches Material zusammen, das ihm seine umfangreiche Hamburger Praxis in Fülle zu liefern imstande ist. Doch ist das bislang gesammelte Material noch nicht ausreichend, um auf seiner Grundlage zuverlässige Zuweisungen vornehmen zu können. Dazu bedarf es noch jahrelanger intensiver Arbeit und weitgehendster Vorarbeiten. Wenn auch gewisse Resultate schon jetzt vielleicht als gezeitigt angesehen werden können, so z. B. bezüglich des Zeichens Jungfrau, dass das 1. Dekanat sich auf Leiden des Sympathikus, auf nervöse Darmleiden sowie auf Leberleiden, das zweite sich auf gewöhnliche Darmleiden sowie auf Milzleiden, das dritte sich auf Erkrankungen der Pankreas bezieht, so kann hier doch nur schrittweise vorgegangen werden, und es muss heute jedenfalls einer späteren Arbeit vorbehalten bleiben, diese wichtige Materie auf dem Gebiete der Astromedizin abschließend zu erörtern. Immerhin soll aber hier der Versuch gemacht werden, in abstrahierender und analysierender Weise die Möglichkeiten einer Dekanatsteilung zu erörtern, wobei aber von vorneherein bemerkt wird, dass es sich hierbei nicht um feststehende Forschungsresultate handelt, sondern lediglich um theoretische Hypothesen, deren größere oder geringere Berechtigung sich erst später erweisen wird, wenn die diesbezüglichen Forschungen zu feststehenden Resultaten geführt haben.

Widder: 1. Dekanat: Masern, Scharlach und sonstige kontagiöse Krankheiten. 2. Dekanat: Kopf-, Gehirn- und Augenleiden. 3. Dekanat: Schlagflüsse und alle mit übernormalem Tonus in Verbindung stehenden Erkrankungen.

Stier: 1. Dekanat: Erkrankungen des Kehlkopfs und des Rachens, der Schilddrüse, des Zäpfchens und der Mandeln sowie der Nase. 2. Dekanat: Hirnbasis, Kleinhirn, Stimmbänder und Stimmritze. 3. Dekanat: Ohren, Ohrspeicheldrüse, eustachische Röhre.

Zwillinge: 1. Dekanat: Nerven. 2. Dekanat: Rippenfell, Bronchien und sonstige Atmungsorgane, Lunge. 3. Dekanat: Schultern, Arme und Hände.

Krebs: 1. Dekanat: Thymusdrüse, Speiseröhre, Magen. 2. Dekanat: Brust und Brustfell, Zwerchfell. 3. Dekanat: Schleimhäute, Plexus cardiacus, Nervus splanchnicus, Ductus thoracicus, Brustteil des Sympathicus.

Löwe: 1. Dekanat: Herz. 2. Dekanat: Rückenmark., 3. Dekanat: Spinalnerven.

Jungfrau: 1. Dekanat: Sympathicus, nervöse Darmleiden, Leberleiden. 2. Dekanat: gewöhnliche Darmleiden und Milzleiden. 3. Dekanat: Erkrankungen der Pankreas.

Waage: 1. Dekanat: Nieren und Galle. 2. Dekanat: Lenden und Haut. 3. Dekanat: Nebennieren, vasomotorisches System und Plexus renalis.

Skorpion: 1. Dekanat: Männliche und weibliche Genitalien, Gebärmutter im unbefruchteten Zustande, ansteckende Krankheiten, Geschlechtskrankheiten, Frauenkrankheiten, Furunkel* Karbunkel, Phlegmone. 2. Dekanat: Nierenbecken, Harnblase, Harnleiter, Harnröhre, Cowper'sche Drüsen, Prostata, Hoden. 3. Dekanat: Dickdarm, Blinddarm, Wurmfortsatz, Mastdarm, After, Damm, Hämorrhoiden, Darmleiden, Wurmkrankheiten.

Schütze: 1. Dekanat: Hüft-, Darm-, Kreuz-, Steiß- und Oberschenkelknochen, Sitzbein, Gicht, Rheuma und Ischias. 2. Dekanat: Verwundungen und Verlegungen, namentlich durch Waffen, Feuer u. dgl. m. 3. Dekanat: das Arteriensystem.

Steinbock: 1. Dekanat: Knochen, Gelenke und Bänder, Sehnen und Knorpel, Zähne. 2. Dekanat: Hautkrankheiten. 3. Dekanat: Antiperistaltik, mangelnde Assimilation, Schweiß- und Talgabsonderung, Hypochondrie und Hysterie.

Wassermann: 1. Dekanat: Schienbein, Wadenbein, Knöchel, Achillessehne, großer Wadenmuskel, zweiköpfiger Wadenmuskel, Unterschenkelmuskel, Schienbeinmuskel, Schenkelmuskel, Verrenkung und Bruch des Waden- oder Schienbeins oder der Knöchel, Wadengeschwülste, Wadenkrampf. 2. Dekanat: Neurasthenien, Neuralgien und Neurosen, Epilepsie, Veitstanz, tonische und klonische Krämpfe 3. Dekanat: Blutkrankheiten, insbesondere Bleichsucht, Blutarmut, Leukämie, Caisson-Krankheit, Barlow'sche Krankheit, Werlhoff'sche

Blutfleckenkrankheit und dergleichen mehr, ferner Augenleiden, soweit sie auf ungesunde Blutbeschaffenheit, erhöhten Blutdruck etc. zurückzuführen sind (z. B. Grüner Star usw).

Fische: 1. Dekanat: Füße mit Zehen und Fersenbein, Lunge, Psychoneurosen, Sucht (Morphinismus, Opiumismus, Kokainismus, Alkoholismus u. dgl. m.), Schlafsucht, Lethargie, Ekstasen, Koma, Wahnideen, Halluzinationen u. dgl., Psychopathie. 2. Dekanat: Lymphsystem, Rheuma und Gicht infolge Verkühlung durch die Füße, wässerige Katarrhe, Wassersucht, Erweichung des Drüsengewebes, Erkältungen, kalte oder nasse Füße, Schweißfüße, Klumpfüße, Mediumismus, Somnambulismus 3. Dekanat: das synoviale Bindegewebe, geschlechtliche Infektionen, Beulen und Geschwüre, Diarrhöe und Koliken, Neigung zum Trunk, Delirium tremens.

Wie gesagt bleibt die endgültige Regelung dieses tief einschneidenden Problems späteren Zeiten vorbehalten.

13. Die physiologische Zahl

Wir haben in den Abschnitten 1 und 6 gesehen, dass sowohl die kosmischen Prinzipien (Planeten) wie auch die Tierkreiszeichen ihre festbestimmte »physiologische Zahl« haben, die mit ihrem elementaren Zustande in Verbindung steht und für die biodynamische und physiologische Wirksamkeit derselben von größter Bedeutung ist. Diese Zahlen sind:

für die *Planeten*:

Sonne = plus 11, Mond = minus 12, Merkur = plus/minus 0, Venus = minus 7, Mars = plus 5, Jupiter = plus 3, Saturn = plus/minus 0, Uranus = plus 4, Neptun = minus 5

für die *Tierkreiszeichen*:

Widder = plus 7, Stier = minus 7, Zwillinge = plus/minus 0, Krebs = minus 14, Löwe = plus 13, Jungfrau = plus/minus 0, Waage = minus 7, Skorpion = plus 3, Schütze = plus 5,

Steinbock = plus/minus 0, Wassermann = plus 4, Fische = minus 4.

Wir haben ferner gesehen, dass die physiologische Zahl »Null« den Punkt der Ausgeglichenheit, der Harmonie, des Kräftegleichgewichts, der Gesundheit darstellt und dass dieses Gleichgewicht umso empfindlicher gestört wird, je mehr die physiologische Zahl sich vom Nullpunkt entfernt, sei es nach oben, in die Plusregion oder nach unten, in die Minusregion. Es gibt also außer der »physiologischen Zahl« auch einen »physiologischen Nullpunkt«. Der Letztere ist feststehend, während der Erstere wechselt, je nachdem, wie die einzelnen Planeten gestellt sind. Steht z. B. die Sonne im Krebs, so erhalten wir die physiologische Zahl minus 3, entstanden aus minus 14 und plus 11. Steht Mars im Skorpion, so erhalten wir die physiologische Zahl plus 8 (5 + 3 = 8). Befindet sich Merkur im Löwen, so erhalten wir plus 13 (13 plus/minus Null = 13). Wir können also den gesamten physiologischen Inhalt eines Horoskops in einer einzigen Zahl zusammenfassen. Die nachfolgenden Beispiele sollen dies näher erläutern:

Beispiel 1: Weibliche Geburt vom 6. Dezember 1923 früh 5 Uhr: Sonne, Merkur und Jupiter im Schützen; Mond, Mars und Aszendent im Skorpion; Venus im Steinbock; Saturn in Waage; Uranus in den Fischen; Neptun im Löwen. – Aszendent im Skorpion ergibt Plus 3. Die einzelnen Planetenstellungen ergeben folgende Resultate:

a) Sonne im Schützen: plus 16, b) Mond im Skorpion: minus 9, c) Merkur im Schützen: plus 5, d) Venus im Steinbock: minus 7, e) Mars im Skorpion: plus 8, f) Jupiter im Schützen: plus 8, g) Saturn im Steinbock: plus/minus 0, h) Uranus in den Fischen: plus/minus 0 und i) Neptun im Löwen: plus 8. Addiert man die Pluszahlen und ebenso auch die Minuszahlen für sich zusammen, so erhält man insgesamt an Plus 45, an Minus 16; 45 – 16 = 29; 29 : 9 (die Zahl der Planeten) = plus 3 $^{2}/_{9}$.

Beispiel 2: Männliche Geburt vom 15. September 1917, nachm. 4 Uhr 45 Minuten: Sonne, Mond und Venus in Jungfrau, Neptun im Krebs, Uranus und Mars im Steinbock, Saturn in den Fischen, Jupiter im Löwen und Merkur in Waage. Aszendent im Wassermann. Die einzelnen Planetenstellungen ergeben folgende Resultate:

a) Sonne in Jungfrau: plus 11, b) Mond in Jungfrau: minus 12, c) Merkur in Waage: minus 7, d) Venus in Jungfrau: minus 7, e) Mars im Steinbock: plus 5, f) Jupiter im Löwen: plus 16, g) Saturn in den Fischen: minus 4, h) Uranus im Steinbock: plus 4, i) Neptun im Krebs: minus 19. Die Plusstellen ergeben zusammen 36, die Minusstellen zusammen 49; 49 – 36 = minus 13; 13 : 9 = minus 1 $^{4}/_{9}$.

Beispiel 3: Männliche Geburt vom 30. August 1914, vormittags 5 Uhr 10 Minuten: Sonne, Merkur und Aszendent in Jungfrau, Mond im Steinbock, Neptun und Saturn im Krebs, Uranus und Jupiter im Wassermann, Mars und Venus in Waage. Diese Konstellation ergibt Folgendes:

a) Sonne in Jungfrau: plus 11, b) Mond im Steinbock: minus 12, c) Merkur in Jungfrau: plus/minus 0, d) Venus in Waage: minus 14, e) Mars in Waage: minus 2, f) Jupiter im Wassermann: plus 7, g) Saturn im Krebs: minus 14, h) Uranus im Wassermann: plus 8, i) Neptun im Krebs: minus 19. Die Plusstellen ergeben zusammen 26, die Minusstellen zusammen 61; 61 – 26 = minus 35; 35 : 9 = 3 $^{8}/_{9}$.

Beispiel 4: Weibliche Geburt vom 5. Januar 1885, nachts 2 Uhr 30 Minuten: Sonne, Merkur und Mars im Steinbock, Mond und Jupiter in Jungfrau, Venus im Schützen, Saturn im Zwilling, Neptun im Stier, Uranus und Aszendent in Waage. Aus dieser Konstellation ist Folgendes zu entnehmen:

a) Sonne im Steinbock: plus 11, b) Mond in Jungfrau: minus 12, c) Merkur im Steinbock: plus/minus 0, d) Venus im Schützen: minus 2, e) Mars im Steinbock: plus 5, f) Jupiter in Jungfrau plus 3, g) Saturn im Zwilling: plus/minus 0, h) Uranus in Waage: minus 3, i) Neptun im Stier: minus 12. Die Plusstellen ergeben zusammen 19, die Minusstellen zusammen 29; 29 – 19 = minus 10; 10 : 9 = minus 1 $^{1}/_{9}$.

Beispiel 5: Männliche Geburt vom 11. Juli 1872, vorm. 9 Uhr 50 Minuten: Sonne, Venus und Mars im Krebs, Neptun im Widder, Uranus, Jupiter und Merkur im Löwen, Saturn im Steinbock,

Mond in Jungfrau, desgleichen auch der Aszendent in Jungfrau. Dies ergibt folgendes Bild:

a) Sonne im Krebs: minus 3, b) Mond in Jungfrau: minus 12, c) Merkur im Löwen: plus 13, d) Venus im Krebs: minus 21, e) Mars im Krebs: minus 9, f) Jupiter im Löwen: plus 16, g) Saturn im Steinbock: plus/minus 0, h) Uranus im Löwen: plus 17, i) Neptun im Widder: plus 2. Die Plusstellen ergeben zusammen 48, die Minusstellen zusammen 45; 48 – 45 = plus 3; 3 :9 = plus $^1/_3$.

Die Geburten zu 2, 3 und 4 erfolgten unter 53 Grad, die unter 1 und 5 unter 51 Grad nördlicher Breite.

Wie die Resultate ergeben, können die Nativitäten zu 1 und 5 als schwach tonisch, die zu 2, 3 und 4 als schwach atonisch bezeichnet werden. Alle Resultate liegen aber noch nahe dem »Physiologischen Nullpunkt« (vgl. Abschnitt 6 am Ende), und es handelt sich daher bei allen Nativitäten um ziemlich normale Verhältnisse. Das Bild wird noch klarer, wenn wir auch den Aszendenten noch mit in Berücksichtigung ziehen, was ja bisher noch nicht erfolgt ist.

14. Die ungünstigen Aspekte von Mars, Saturn und Uranus

Wie wir oben gesehen haben, ist Mars der Planet der Hitze und somit der Tonizität. Er erregt stets tonische Krankheiten, Fieber, Entzündungen usw. und erzeugt infolgedessen übernormale Bluttemperatur, Kongestionen, Anregung der Sekretionsorgane, der Darmtätigkeit und der Diurese (Harnabsonderung), Geschwülste, Blutungen (Hämatemesis, Bluterbrechen, Hämatocele, Blutbruch, Hämatocyste, Blutblase, Hämatoma, Blutgeschwulst, Hämatorrhoe, Blutfluss, Hämaturie, Bluthamen). Hat er ungünstige Aspekte mit tonischen Planeten, so verstärkt sich noch seine tonische Wirkung. Kommen dagegen atonische Planeten infrage, so tritt dieser Fall nicht ein. Im Einzelnen kann Folgendes gesagt werden:

1. *Mars* in schlechtem Aspekt zur *Sonne*: Plethora (Vollblütigkeit), Hyperämie (Blutüberfüllung), Hyperglobulie (übermäßige Vermehrung der roten Blutkörperchen), Hyperkrinie (übermäßig starke Absonderung), Hypersarkosis (übermäßige Muskelbildung), Hypersekretion (übermäßige Sekretion), Hypertonie (übermäßige Spannung), starke Temperaturerhöhung, Pulsbeschleunigung, Neigung für fieberhafte und entzündliche Zustände, Überspannung des Temperaments, Erregungszustände

2. *Mars* in schlechtem Aspekt zum *Mond*: Sodbrennen, Magengeschwüre, Gallenerbrechen, Darmkolik, Puerperalfieber, Menorrhagie (übermäßig starker Monatsfluss), Endometritis (Entzündung der Gebärmutter), Hypertrophie des Uterus usw.

3. Desgleichen *Mars – Merkur*: Nervenschmerzen (Neuralgien), Nervenentzündungen, Neurofibromatosis (bindegewebige Nervengeschwulstbildung), Neurodermitis (Hautentzündung infolge Nervenerkrankung), Myotonie (tonischer Muskelkrampf), Myocorditis (Entzündung der Stimmbandmuskeln), Olenitis (Entzündung des Ellbogengelenks), Pankreatitis (Bauchspeicheldrüsenentzündung) u. dgl. m.

4. Desgleichen *Mars – Venus*: Nymphomanie (Mannstollheit), Aphrodisie (krankhaft gesteigerter Geschlechtstrieb), Polycholie (übermäßige Absonderung von Galle), Nephritis (Nierenentzündung), Cholämie (Vergiftung des Blutes durch Galle), Cholangitis (Entzündung der Gallengänge), Cholecystitis (Gallenblasenentzündung), Pharyngitis (Rachenhöhlenkatarrh), Diphtherie, Krupp usw.

5. *Mars – Jupiter*: Adipositas (Fettsucht), Arteriitis (Schlagaderentzündung), Hepatitis (Leberentzündung), Hepar adiposum (Fettleber), Hyperämie (Blutüberfüllung), Hyperglykämie (übermäßiger Zuckergehalt des Blutes), Hypertrophie (übermäßige Vergrößerung eines Organs), Sarkom, Myom, Fibrom, Lipom.

6. Desgleichen *Mars – Saturn*: Cholelithiasis (Gallensteinkrankheit), Nephrolithiasis (Nierensteinleiden), Lungenentzündung (Pneumonie), Erysipelas (Rose), Herpes zoster (Gürtelrose), Sca-

bies (Krätze), Gelenkrheumatismus, knotige Gelenksgicht (Arthritis nodosa), Entzündung des Hüftgelenks (Coxitis), weiße Kniegeschwulst (Tumor albus genu), akute Knochenhautentzündung (Periostitis acuta), Skorbut, Skrofulöse usw.

7. Desgleichen *Mars – Uranus*: Gehirnerschütterung (Commotio cerebri), Entzündung der Rückenmarkshäute (Meningitis spinalis), Entzündung des Rückenmarks (Myelitis), Veitstanz (Chorea), Starrkrampf (Trismus), Fallsucht (Epilepsie), Krämpfe (Spasmi), Wadenkrampf (Crampus), Magenkrampf (Cardialgia), Blasenkrampf (Spasmus vesicae), Stimmritzenkrampf (Laryngismus stridulus), Lupus (fressende Flechte), Grüner Star (Glaukom) usw.

Desgleichen *Mars – Neptun*: Delirium tremens (Säuferwahn), Gehirnhöhlenwassersucht (Hydrocephalus acutus), Rückenmarkschwindsucht (Tabes dorsalis), Mundfäule (Stomacace), Grauer Star, Bauchwassersucht (Ascites), Brustwassersucht (Hydrothorax), Ozaena (stinkendes Nasengeschwür), Gangaena (Gewebsbrand) usw.

Saturn

Saturn ist dem Mars diametral entgegengesetzt. Während die Wirkungsweise des Mars eine zentrifugale ist, muss die des Saturn als zentripetale bezeichnet werden. Er ist der Planet der Kälte, des Eises, der Kristallisation, der Zusammenziehung und Verdichtung. Mars ist schnell, beweglich, aktiv, Saturn langsam, zaudernd, passiv. Mars bringt akute, Saturn chronische Krankheiten. Seine Wirkungsweise auf physiologischem Gebiet ist eine schleichende, heimtückische, versteckte, unmerkliche. Im Einzelnen kann man hierüber Folgendes sagen:

1. *Sonne – Saturn*: Verminderte Lebenskraft, leichte Anfälligkeit, ungenügende Blutwärme, Neigung zu Erkältungen und Katarrhen, Grippe und Influenza, Herzschwäche, Rückenmarksdarre und Rückenmarksschwindsucht (Tabes dorsalis), Cephalodynie (Rheuma der Kopfmuskeln), Neurasthenia cerebralis (Nervenschwäche des Gehirns und des Rückenmarks), Muskelatrophie, Arteriosklerose, multiple Sklerose u. dgl. m.

2. *Mond – Saturn*: Bleichsucht, Blutarmut, Skrofulöse, Rachitis, Brust- und Magenkrebs, Brust- und Bauchwassersucht, chronische Stuhlverstopfung (Obstructio alvi chronica), Skorbut, Darm- und Leberkrebs usw.

3. *Merkur – Saturn*: Neurasthenie (Nervenschwäche), Neuroparalyse (Nervenlähmung), neuromuskuläre Schwäche (nervöse Muskelschwäche), Luftröhren- und Bronchialkatarrh, Keuchhusten, Lungen- und Kehlkopf Schwindsucht, Lungenspitzenkatarrh, Hypochondrie, Hysterie usw., Asthma usw.

4. *Venus – Saturn*: Kropf, Basedow'sche Krankheit, Nasen- und Rachenpolypen, Mundfäule, Speiseröhrenverengerung, Gallensteinkolik, Nieren- und Blasensteine, Ekzeme, Flechten (Lichenes), Gebärmutterkrebs, Hautkrebs u. dgl. m.

5. *Jupiter – Saturn*: Lungenemphysem, Magenerweiterung, Hämorrhoiden, Leberzirrhose und Leberatrophie, Fettleber, Gelbsucht, Wurmkrankheiten, Fettgeschwülste (Lipome), Sarkome (Fleischgewächse), Adenome (Drüsengeschwülste), Myome

6. *Saturn – Uranus*: Bulbärparalyse (Lähmung des verlängerten Marks), Stimmritzenkrampf, Blasenkrampf, Blasenlähmung, Genickstarre (Meningitis cerebrospinalis epidemica), spinale Kinderlähmung (Poliomyelitis acuta), Bronchostenose, Luftröhrenverengerung, Verrenkungen, Quetschungen, Stenosen (Verengungen), Lupus (fressende Flechte).

7. *Saturn – Neptun*: Lungentuberkulose, Darmtuberkulose, Hauttuberkulose, Lepra, Knochenerweichung, Rückgratverkrümmung, Grauer Star (Katarakt), Taubheit, Schwerhörigkeit, Kakochymie (schlechte Beschaffenheit der Säfte), Katatonie (Schlafsucht), Koma (Bewusstlosigkeit), Gehirnerweichung (Encephalomalacia), Brust-, Magen-, Darm-, Leber-, Lippen-, Haut- und Gebärmutterkrebs, Rückenmarkschwindsucht u. dgl. m., Psychoneurosen.

Uranus

Uranus ist der Planet der Elektrizität, des Blitzes, des plötzlichen Geschehens, der unerwartet und unverhofft eintretenden Wirkungen, des plötzlichen Temperaturwechsels, der Exzentrizität, des Krampfhaften, Paralytischen und Spasmogenen. Dementsprechend sind auch seine physiologischen Wirkungen gewaltsam, exzentrisch, von einem Extrem in das andere übergehend, spasmodisch, paroxysmal und parakinetisch (unregelmäßig, verkehrt).

1. *Sonne – Uranus*: Gehirnerschütterung, Krämpfe (Spasmi), Epilepsie, Veitstanz, cerebrale Krämpfe, Spondylopathia traumaticae (durch Rückenverletzungen bedingte Affektionen der Wirbelsäule), Spinalparalyse (Rückenmarkslähmung), Spinalapoplexie (Rückenmarksschlagfluss), Meningitis spinalis (Rückenmarkshautentzündung), Meningoencephalitis (Gehirnhautentzündung), Meningomyelitis (Entzündung des Rückenmarks und seiner Häute), Steno kardia (Herzkrampf) u. dgl. m.

2. *Mond – Uranus*: Magenkrämpfe, Bleichsucht (Chlorosis), Blutarmut (Anämie), Weißblütigkeit (Leukämie), Grüner Star (Glaukom), Delirium tremens (Säuferwahn), Lymphadenitis (Lymphdrüsenentzündung), Lymphangitis (Lymphgefäßentzündung), Mastitis (Brustdrüsenentzündung) usw., Oesophagospasmus (Speiseröhrenkrampf) u. dgl.

3. *Merkur – Uranus*: Stimmritzenkrampf, Schreibkrampf (Graphospasmus), Lidkrampf (Blepharospasmus), Trismus (Kinnbackenkrampf), Neuritis (Nervenentzündung), Neuralgie (Nervenschmerz), Neuroparalyse (Nervenlähmung), Nystagmus (krampfhaftes Zucken der Lider), Palmospasmus (Schüttelkrampf), Brachialneuralgie (Armnervenschmerz), Bronchospasmus (Luftröhrenkrampf) usw.

4. *Venus – Uranus*: Cholämie (Vergiftung des Blutes durch Galle, Cholecystitis (Gallenblasenentzündung), Cholangitis (Entzündung der Gallengänge), Paranephritis (Entzündung der Nebennieren), Nephritis (Nierenentzündung), Neurodermitis (Hautentzündung infolge Nervenerkrankung) usw., Venenentzündung.

5. *Mars – Uranus*: Ovarienhyperämie (Blutüberfüllung der Eierstöcke), Ophoritis (Eierstockentzündung), Ovarialgie (Neuralgie in der Eierstockgegend), Parametritis (Bindegewebsentzündung an den Gebärmutterbändern), Pericystitis (Entzündung des Bauchfell-

überzugs der Harnblase), Perispermatitis (Entzündung der Scheidenhaut des Samenstrangs), Pyelitis (Entzündung des Nierenbeckens), Salpingitis (Eileiterentzündung), Spasmus vesicae (Blasenkrampf), Urethrismus (Harnröhrenkrampf), Vaginismus (Neuralgie der Scheide), Vulvismus (Scheidenkrampf) u. dgl. m.

6 . *Jupiter – Uranus*: Ischias (Hüftweh), ischämische Lähmung, Diabetes mellitus (Zuckerharnruhr), Neuroparalyse (Nervenlähmung), Lumbago rheumatica (Hexenschuss).

7 . *Saturn – Uranus*: Myositis (Muskelentzündung), Osteoarthritis (Knochen- und Gelenkentzündung), Osteochondritis (Knochen- und Knorpelentzündung), Osteomyelitis (Knochenmarkentzündung), Osteophlebitis (Entzündung von Venen innerhalb der Knochen), Ostitis (Knochenentzündung), Paramyoklonus (klonische Krämpfe in symmetrischen Muskeln der Arme und Beine), Peridentitis (Zahnwurzelhautentzündung), Periostitis (Knochenhautentzündung).

8 . *Uranus – Neptun*: Lateralsklerose (Schwund gewisser Kerne im verlängerten Mark), Leukosarkomatose (Weißblutkrankheit mit Geschwulstbildungen), Lethargie (Schlafsucht), Medullarcarcinom (Rückenmarksschwamm), Meningitis tuberculosa, Myeloma- lacie (Rückenmarkserweichung), Myelosklerose (Rückenmarksklerose), Osteomalacie (Knochenerweichung), Osteonekrosis (Knochenbrand), Poliomyelitis (spinale Kinderlähmung), Psychoneurosen und Psychopathien, Schizophrenie (Spaltungsirresein, geistige und seelische Spaltung der Persönlichkeit), Skotophobie (Furcht vor Dunkelheit), Spondylomalacia (Erweichung der Wirbelknochen), Spondylopyesis (Wirbelvereiterung), Totalaphasie (vollkommene motorische und sensorische Aphasie), Urogenitaltuberkulose (tuberkulöse Zerstörung des Harn- und Genitalapparates), Amnesie (Gedächtnisschwäche), Anthropophobie (Menschenscheu), Ataxia locomotrix (Rückenmarkschwindsucht), Cenesthesie (Verlust des Ich-Bewusstseins bei geistigen Störungen), Debilitas mentalis (Schwachsinn).

15. Die kritischen Einflüsse des 6., 8. und 12. Hauses sowie eines schlecht aspektierten Glückspunktes

Das 6. Haus des Horoskops ist das Haus der Krankheiten und zugleich das Haus der Heilmittel, der Heilmethoden, der Ärzte und Apotheker. Sein Herrscher ist Merkur, der Planet des Verstandes. Schon diese Tatsache ist geeignet, den besinnlichen Menschen darauf hinzuweisen, dass eine jede Krankheit zunächst im Mentalkörper entsteht. Diese Erkenntnis steht denn auch bereits im Begriff, Allgemeingut der astromedizinischen Wissenschaft zu werden. Vom Mentalkörper greift dann im Laufe der Zeit die Krankheit zunächst auf den Astral-, dann auf den Äther- und zuletzt auf den physischen Körper über. *Krankheit ist also in ihren ersten Anfängen nichts anderes als verkehrte Gedankeneinstellung.* Also bereits das verkehrte Denken, die falsche Gedankenrichtung im Sinne der »Gedankensünde« ist imstande, den Grundstein für eine Krankheit zu legen, die im Mentalkörper beginnt und im physischen Körper endet. Der Begriff der Gedankensünde ist hier so weit als nur irgend möglich zu fassen.

Nicht umsonst ist das 12. Haus das Haus des Unglücks und der Heimsuchungen, das Haus der Einsamkeit und der Isolierung, das Haus des Krankenbetts und des Krankenzimmers, das Haus der Krankenhäuser und der Quarantäne, das »Entsprechungshaus«, also mit anderen Worten das Ergänzungshaus des sechsten. Man könnte es in diesem Sinne das Haus der schweren Erkrankungen nennen, zu deren Heilung ein längerer Aufenthalt in einem Krankenhause oder Sanatorium notwendig ist. Dem 6. Hause entspricht das Zeichen Jungfrau, das, wie oben schon bemerkt wurde, von Merkur beherrscht wird. Es sind deshalb alle Planeten in Betracht zu ziehen, die im Zeichen Jungfrau stehen, besonders, wenn sie Verlegungen durch die Sonne oder den Mond, durch Mars, Saturn oder Uranus aufweisen. Ebenso sind alle Planeten von Wichtigkeit, die im 6. Hause stehen und durch die großen Lichter oder durch einen der Übeltäter erheblich schockiert werden. Und dasselbe gilt entsprechend von allen Planeten, die im 12. Hause oder im Zeichen Fische ihren Stand haben. Stehen Sonne oder Mond (beim Manne bzw. bei der Frau) im 6. oder 12. Hause, so bedeutet dies eine geschwächte Konstitution und eine starke Veranlagung für chronische Leiden. Die betreffende Nativität hat also allen Grund, möglichst ruhig, zurückhaltend und gesundheitsgemäß zu leben und sich keinerlei Extravaganzen auf gesundheitlichem Gebiet zu leisten. Jede Ausschweifung würde sich hier bitter rächen. Die Situation verschärft sich sehr, wenn Sonne und Mond, beide nicht unerheblich beschädigt, im 6. oder 12. Hause in Konjunktion stehen, oder wenn eine Konjunktion zwischen Sonne (beim Mann) bzw. Mond (bei der Frau) und einem der Übeltäter stattfindet, sei es im 6. oder im 12. Hause.

Das 8. Haus ist das Haus des Todes. Es spricht aber auch über lebensgefährliche Unfälle und Verlegungen sowie über Operationen. Vor allem kann man über die Art des Todes hier Schlüsse ziehen. Steht in diesem Hause ein Wohltäter in einigermaßen guten Aspekten, so deutet dies auf einen ruhigen und sanften Tod mit natürlicher Todesursache. Mars und Uranus dagegen, wenn sie erheblich verletzt sind und im 8. Hause ihren Stand haben, zeigen einen plötzlichen und unerwarteten Tod an und eine unnatürliche Todesursache. Und zwar deutet Mars auf Tod durch Waffen, Gift, Wurst-, Fleisch-, Pilz- oder Fischvergiftung, durch ansteckende Krankheiten, Epidemien oder Seuchen, Brandkatastrophen, Eisenbahnunfälle, Zweikampf u. dgl., Uranus dagegen auf Tod durch Blitz oder Elektrizität, mangelhafte elektrische Installationen, Kurzschluss, Unwetterkatastrophen, Autounfälle, Flugzeugkatastrophen, Unfälle von elektrischen Straßenbahnen, Explosionen u. dgl., Gasvergiftung, Gasbomben u. dgl. m. Auch Saturn gibt einen gewaltsamen Tod, wenn er in schlechter Aspektierung im 8. Hause steht, aber nicht in plötzlicher Weise, sondern eher langsam und schleichend, durch Verhungern, Ersticken, Ertrinken, Grubenkatastrophen, Verschütten, lebendig begraben werden, Schwindsucht, Tuberkulose, Siechtum, Knochenfraß, Krebs u. dgl. m. Hierbei hängt naturgemäß viel davon ab, in welchem Zeichen Saturn steht.

Er steht am ungünstigsten in den Zeichen Widder, Krebs, Löwe und Skorpion. Mars steht am ungünstigsten in den Zeichen Stier, Krebs, Waage und Fische, Uranus in den Zeichen Löwe, Stier und Widder.

Der *Hyleg* oder lebenswichtigste Planet, weil Signifikator für Leben und Gesundheit, ist in einer männlichen Nativität die Sonne, in einer weiblichen der Mond. Hierüber herrscht allerdings keineswegs Einmütigkeit. Denn viele Astrologen wollen der Sonne bzw. dem Mond die Eigenschaft als Hyleg nur dann zuerkennen, wenn sie im 1., 7., 9., 10. oder 11. Hause stehen. Ist dies nicht der Fall, dann sollen Mond (im männlichen) bzw. Sonne (im weiblichen Horoskop) Hyleg sein, wenn sie in einem dieser Häuser stehen, andernfalls der Aszendent. Diese Auffassung dürfte jedoch in der Praxis eine genügende Stütze nicht finden. Dr. Feerhov, MEDIZINISCHE ASTROLOGIE[1], Seite 66 f., vertritt jedenfalls die diesseitige Auffassung.

Stehen Mars, Saturn oder Uranus höher als die Sonne oder der Mond, d. h. näher nach der Spitze des 10. Hauses zu, so ist dies ein ungünstiges Zeichen für Leben und Gesundheit. Da auch der Glückspunkt zu den sog. »hylegialischen Punkten« gezählt wird, so darf auch er bei der Prognose nicht ganz vernachlässigt werden, besonders dann nicht, wenn er im 6., 8. oder 12. Hause steht und ungünstig aspektiert ist.

16. Verletzungen und Unfälle

Stehen die Übeltäter, Mars, Saturn und Uranus, am Osthimmel, so geben sie Verlegungen und Unfälle, stehen sie am Westhimmel, so verursachen sie Krankheiten. Hierauf ist bei der Prognose genau zu achten. Nur das 8. Haus macht hier eine Ausnahme, indem es sowohl Krankheiten wie auch Unfälle anzeigt.

Mars verursacht Schnitt-, Schuss- und Brandwunden, Kopfverletzungen, Verwundungen durch Tiere (wilde Tiere, Raubtiere,

Pferde, Stiere, Hunde, Schlangen, Insekten) und Beschädigungen durch Giftstoffe, Säuren u. dgl. Saturn verursacht Verlegungen durch Fall oder Sturz, Knochenbrüche, Verschüttung, Überfahren-Werden, Unfälle auf dem Wasser u. dgl. Uranus endlich wirkt durch Blitz, Gewitter, Unwetterkatastrophen, Kurzschluss, Elektrizität, elektrische Straßenbahnen, Autos und Flugzeuge, Explosionen, heiße Dämpfe, Verbrühungen, Gasvergiftung, Neurosen und Neuralgien.

Dabei ist genau darauf zu achten, in welchem Hause der Übeltäter steht. Im 1. Hause ereignet sich der Unfall durch eigenes Verschulden des Nativen, im 3. Hause unterwegs auf Reisen, durch Eisenbahnen, Autos, Autobusse, Motorräder, Fahrräder usw., im Hause in der eigenen Wohnung oder doch wenigstens im Hause, im 5. Hause auf einem Tanzboden, in einem Vergnügungslokal, im Theater oder Kino, auf Wohltätigkeitsbazaren oder sonst dgl. Veranstaltungen, im 7. Hause in öffentlichen politischen Versammlungen oder auf der Straße, im 9. Hause während einer längeren Reise, namentlich auf einer Seereise oder auch im Ausland, im 10. Hause während der Ausübung des Berufes, im 11. Hause bei Freunden oder Bekannten, im 12. Hause in geschlossenen Anstalten (Krankenhäusern, Irrenanstalten, Gefängnissen usw.). Das 2. Haus ist das Ergänzungshaus des 8. und ergänzt bzw. erläutert demnach dessen Aussagen.

Auch gewisse Fixsterne vermögen Unfälle, Verlegungen u. dgl. zu verursachen, wenn ihre Aussagen mit denen der Planeten konform gehen. Dies gilt namentlich von dem Sheritan, von El Nath, Algol, den Plejaden und Hyaden, dem nördlichen und südlichen Esel, der Praesepe, dem Benetnatsch, Algorab, Akrab, B. Skorpion, Markab, Scheat, Kochab, Dubhe und Merak, dem Rachen des Löwen, dem Lesuth, Yed und Etanin. Steht einer dieser Fixsterne in Konjunktion mit Sonne oder Mond oder mit einem der Übeltäter, so sind Unfälle oder Verletzungen unvermeidlich.

17. Operationen

Das Kapitel »Operationen« ist eines der trübsten in der sog. medizinischen Schulwissenschaft. So segensreich auf der einen Seite das Wirken eines tüchtigen und pflichtbewussten Operateurs sein kann, der im Spezialfach der Chirurgie ausgebildet ist, so unangebracht und kaum zu verantworten ist die Neigung mancher Ärzte, bei jeder passenden und nicht passenden Gelegenheit zu operieren, und zwar auch dann, wenn sich dem betreffenden Übel auch durch andere Mittel oder auf anderem Wege würde beikommen lassen. Es lässt sich gegen eine Operation solange nichts einwenden, als dieselbe vom ärztlichen Standpunkt aus gewissermaßen als ultima ratio, als letztes Aushilfsmittel, infrage kommt und unbedingt notwendig ist, um dem betreffenden Patienten das Leben oder gesunde Glieder zu erhalten. Wo diese Voraussetzungen nicht vorliegen, wo insbesondere die Möglichkeit gegeben ist, durch Übergang zu einer anderen Heilmethode, etwa von der Allopathie zur Homöopathie, Isopathie oder Biochemie, eine Heilung zu ermöglichen, dort fällt jede Berechtigung zur Operation weg, auch dann, wenn der betreffende Arzt etwa ein »grundsätzlicher« Gegner der vorgenannten Heilmethoden sein sollte. Es gibt ja noch heute Allopathen, welche die Allopathie als die allein selig machende Kurmethode ansehen. Diese dürften, nachdem heute auch die Homöopathie durch die Errichtung von Lehrstühlen auch für diese ärztliche Heilmethode offiziell als ärztliche »Wissenschaft« sanktioniert worden ist, sich dem Gesetz gegenüber kaum dahinter verschanzen können, dass sie die Homöopathie als gleichberechtigte Schwester der Allopathie nicht anerkennen könnten.

Es kann den vielen Kranken, die darauf angewiesen sind, ärztlichen Rat und ärztliche Hilfe in Anspruch zu nehmen, gar nicht dringend genug ans Herz gelegt werden, jeder Zumutung gegenüber, die dahin geht, sich einer Operation zu unterziehen, sich grundsätzlich ablehnend zu verhalten und die Erlaubnis zur Vornahme der Operation erst dann zu erteilen, wenn der betreffende Arzt schriftlich erklärt hat, aus welchen Gründen er die Vornahme der

Operation für notwendig hält, und dass nach seiner wissenschaftlichen Überzeugung die Operation notwendig ist zur Erhaltung der Gesundheit und zur Vermeidung schwerer Schädigungen.

Es ist eine fast alltägliche Erscheinung, dass noch heute, wo jeder Spezialist für Krebskrankheiten weiß, dass Krebs durch Operation nicht beseitigt werden kann, trotzdem noch Hunderte von Krebsoperationen vorgenommen werden. Und ähnlich wie mit der Krebskrankheit geht es mit vielen Leiden. Wenn die Herren Allopathen sehen, dass es mit der Allopathie am Ende ist, und sie nicht weiterkönnen, dann muss das Seziermesser heran, anstatt dass zunächst einmal ein Versuch mit der Homöopathie, der Isopathie oder der Biochemie gemacht wird! Gerade auf diesem Gebiet ist eine gründliche Reform der medizinischen Wissenschaft und eine radikale Neuorientierung der Ärzteschaft dringend notwendig. Der Arzt soll nicht Fleischer sein, sondern Heiler!

Im Übrigen lässt sich aus dem Horoskop eines jeden Menschen mit genügender Deutlichkeit ersehen, ob in einem gegebenen Falle eine Operation notwendig ist oder nicht. Wenn im Radixhoroskop Mars, der Signifikator für die Chirurgie, in den Zeichen Widder, Löwe, Skorpion oder Schütze und im 6., 8. oder 12. Hause steht, in schlechtem Anblick zum Aszendenten oder zu Sonne bzw. Mond, und womöglich noch in Konjunktion mit einem der obe genannten »violenten Fixsterne«, dann deutet dies auf eine Erkrankung oder eine Verwundung, mit der eine Operation in Verbindung steht. Stellt man außerdem auch noch das Jahreshoroskop für das betreffende Jahr auf, so wird man finden, dass sich auch hier irgendein »violenter Aspekt« zeigt, natürlich auch in Verbindung mit Mars, möglicherweise auch mit Uranus, der darauf hinweist, dass die Operation im gegebenen Falle nicht zu vermeiden ist. Ebenso werden zu der fraglichen Zeit fast immer Transite vorhanden sein, deren Bedeutung nach dieser Richtung hin kaum zu verkennen sein wird.

Nach einer alten astrologischen Regel, die auf Ptolemäus zurückgeht, soll man so lange keine Operation an einem Organ vornehmen, als der Mond in demjenigen Zeichen steht, dem dieses

Organ unterstellt ist. Geschieht dies doch, so besteht eine Wahrscheinlichkeit von 98 : 2, dass die Operation missglückt. Man soll tunlichst dann operieren, wenn der Mond im Zunehmen begriffen ist und in einem festen Zeichen steht, also im Stier, Löwen, Skorpion oder Wassermann. Natürlich darf dann aber nicht an einem Organ operiert werden, das einem dieser Zeichen untersteht. Hat der Mond seinen Stand im Widder, so dürfen nicht vorgenommen werden chirurgische Eingriffe am Kopf, Augen-, Zahn- und Ohrenoperationen. Steht er im Stier, so sind zu vermeiden Halsoperationen und Eingriffe im Schlund, Kehlkopf, den Mandeln oder Stimmbändern, der Nase, der Zunge, den Ohren, der Schilddrüse, der Ohrspeicheldrüse, dem Kleinhirn und dem verlängerten Mark. Bei der Stellung des Mondes im Zwilling sind zu unterlassen Amputationen von Fingern, Bänden oder Armen, Operationen an der Luftröhre oder Lunge sowie am Rippenfell, bei der Stellung im Krebs Brust-, Magen-, Zwerchfell- und Speiseröhrenoperationen, bei der Stellung im Löwen operative Eingriffe am Herzen, dem Herzbeutel, der Rückenmuskulatur, den Rippen und dem Rückenmark, den großen Schlagadern usw., bei der Stellung in der Jungfrau Operationen am Unterleib, dem Nabel, der Leber und Milz, dem Dünndarm, Zwölffingerdarm und der Bauchspeicheldrüse sowie dem Sympathikus, bei der Stellung in der Waage chirurgische Eingriffe an der Galle oder den Nieren sowie Hautoperationen, bei der Stellung im *Skorpion* Operationen am Dickdarm, Blinddarm, Wurmfortsatz, Mastdarm oder After sowie an den Genitalien, dem Uterus und den Eierstöcken, desgleichen an der Harnblase, dem Nierenbecken und Harnleiter, bei der Stellung im Schützen Operationen an den Hüften oder Oberschenkeln, bei der Stellung im Steinbock Operationen an den Knien, an dem Knochengerüst oder an der Haut, bei der Stellung im Wassermann Operationen an den Waden, Schienbeinen, Unterschenkeln, den Augen und dem Zentralnervensystem, bei der Stellung in den Fischen an den Füßen, den Lungen und den Lymphdrüsen.

18. Erbliche Belastung. Karma

Es liegt nahe anzunehmen, dass erbliche Belastung und Karma in engem Zusammenhang stehen. Denn da, wie oben bereits ausgeführt wurde, alle Akzidenz der Geburt mehr oder weniger durch das Karma bedingt sind, ist dies auch bezüglich der erblichen Belastung der Fall. Statistisches Material über derartige Vererbungsaspekte hat der Astrologe Paul Flambert gesammelt.

Bekanntlich stellt im Horoskop die Sonne den Vater und der Mond die Mutter dar. Es liegt deshalb nahe, anzunehmen, dass die beiden großen Lichter Signifikatoren für eine etwaige erbliche Belastung sind. Doch ist das nach dieser Richtung hin gesammelte Material noch nicht ausreichend genug, um auf dieser Basis allgemeingültige Regeln aufstellen zu können. Dr. Feerhov spricht in seiner MEDIZINISCHEN ASTROLOGIE die Vermutung aus (vgl. 2. Aufl. S. 118), dass die Aspektierung des betreffenden Oppositionszeichens Aufschluss über die erbliche Belastung gebe, und führt zwei Beispiele an, welche diese Vermutung rechtfertigen sollen. Im ersten Beispiel fand die Konjunktion zwischen Mars und Saturn in den Fischen und im 6. Hause statt. Beide Planeten standen in Opposition zu den beiden Himmelslichtern im 12. Hause. Es lag hier erbliche Belastung mit Lungenkrankheit vor, wobei der Vater der kranke Elternteil war.

Im zweiten Beispiel handelt es sich um erbliche Belastung mit Hysterie von der Seite der Mutter. Im Horoskop stand der Mond an der Spitze des 6. Hauses und erhielt eine Quadratur von Saturn aus dem 8. Hause und eine Opposition von Mars aus dem 12 Haus.

Diesen zwei Beispielen vermag ich zwei weitere hinzuzufügen. Im ersteren handelt es sich um ererbte Schwindsucht vonseiten des Vaters. Männliche Geburt vom 12. März 1864. Die Sonne steht in den Fischen und im 12. Hause, dessen Spitze sie besetzt hält. Der Mond steht gleichfalls im 12. Hause im Zeichen Stier. Die Sonne steht in Parallele mit Saturn, in Quadratur zu Uranus in den Zwillingen und in Konjunktion mit Neptun. Der Mond erhält ungünstige Aspekte von Jupiter, Saturn und Neptun.

Im zweiten Falle handelt es sich um ererbte Hysterie vonseiten der Mutter. Weibliche Geburt vom 12. Januar 1896, abends 10 Uhr unter 52 Grad nördliche Breite. Sonne im 4. Hause und Steinbock, in Halbquadratur mit Venus, Quincunx mit Neptun und Opposition mit Jupiter. Mond im Schützen und im 3. Hause, in Konjunktion mit Mars, Quincunx mit Jupiter und Opposition mit Neptun. Letzterer im 9. Hause in Quincunx mit Sonne, Saturn und Uranus und in Opposition mit Mond, Venus und Mars.

Eine Vererbung dürfte namentlich aber auch dann vorliegen, wenn beide Lichter im 1. Hause stehen und schlechte Aspekte, namentlich von Mars, Saturn, Uranus und Neptun erhalten.

Vergleiche über diese Frage auch das sehr verdienstvolle Buch unseres deutschen Meister-Astrologen Frank Glahn: ERKLÄRUNG UND SYSTEMATISCHE DEUTUNG DES GEBURTSHOROSKOPS, 3. Aufl. 1930, Seite 69 ff.

III. Die Therapie

19. Die Beziehungen der Planeten zum Pflanzenreich und zum Mineralreich. Herbal- und Mineralastrologie. Astropharmazie

Unser Planetensystem ist nach menschlichen Begriffen ein Makrokosmos, vom universellen Standpunkt aus aber ein Mikrokosmos. In der GEHEIMLEHRE von Blavatzky ist gesagt:

»Surya (die Sonne) stellt in ihrem sichtbaren Abglanz den niedersten Grad des 7. oder höchsten Zustandes der universellen Gegenwart, das Reine des Reinen, den ersten geoffenbarten Atem des ewig ungeoffenbarten Sat (Seins) dar. Alle zentralen physischen oder objektiven Sonnen sind in ihrer Substanz der niederste Zustand des ersten Prinzips des Atems, d. h. sie stellen, kurz gesagt, den niedersten Zustand des physischen Körpers des ‚Logos' dar.«

Mr. Sinnet sagt hierzu sehr richtig: »Das Sonnensystem ist in der Tat ein Gebiet der Natur, das mehr in sich schließt, als irgendjemand, außer den allerhöchsten Wesen, die unsere Menschheit zu entwickeln imstande ist, zu erforschen vermag. Und wenn wir bei Nacht zum Himmel emporblicken, kann in uns theoretisch kein Zweifel darüber entstehen, dass das ganze Sonnensystem nur ein Tropfen im Ozean des Kosmos ist; allein dieser Tropfen ist seinerseits wieder ein Ozean für das Bewusstsein solcher halbentwickelten Wesen, wie wir es sind; und wir müssen uns gegenwärtig mit ganz vagen und dunklen Vorstellungen über seinen Ursprung und seine Beschaffenheit behelfen.«

Es wird uns gelehrt, dass das Erscheinen des Logos die Geburtsstunde unseres Kosmos bedeutet. Wenn ER SICH offenbart, so ist mit IHM alles geoffenbart. ER bringt mit sich die mächtigen geistigen Intelligenzen, damit sie in dem neu zu erbauenden Universum seine Mitarbeiter und Gehilfen werden. Unter diesen sind die höchsten die sieben schöpferischen Hierarchien oder die sieben Geister vor dem Thron, d. h. die 7 Planetenlogoi oder, wie H. P. Blavatsky sie nennt, die sieben Laya-Zentren, von denen jedes einzelne das Zentrum eines bestimmten Gebietes in unserem Planetensystem ist. Sie sind geboren »aus der inhärenten Kraft in der Matrize der Muttersubstanz«, und die Energie, aus der heraus sie in das bewusste Dasein treten, ist das, was von einigen »Vishnu« genannt wird, der Atem des Absoluten. Wir nennen es das »eine manifestierte Leben«.

Dieses eine manifestierte Wesen ist der Logos, der manifestierte GOTT, der sich in dem Zentralgestirn des Planetensystems, der Sonne, manifestiert. Die Sonne ist aber nicht nur das Zentralgestirn unseres engeren Kosmos, sondern sie birgt in sich selbst alle Eigenschaften und Kräfte, die in den Planeten enthalten sind. Jeder Planet entnimmt ihr bestimmte Eigenschaften und transformiert diese in bestimmte Formen, wie sie für unsere Erdsphäre und für die übrigen Sphären des Sonnensystems geeignet sind. Unser Planetensystem trägt also einen siebenfältigen Charakter und ist in seinen hauptsächlichen Beziehungen auf die Zahl 7 abgestimmt. Es ist, wie der Mensch, eine Siebenheit und besteht aus 7 Hauptprinzipien. Saturn stellt hier den stofflichen Körper (Sthula sharira) vor. Jupiter repräsentiert den Ätherkörper (Linga sharira). Mars vertritt den Astralkörper; Venus versinnbildlicht das Manas, den höheren Intellekt; Merkur bezeichnet Buddhi und die Sonne endlich symbolisiert das Atma-Prinzip.

Betrachtet man die Planeten im Zusammenhang mit den vier Reichen der Natur und mit den drei höheren Reichen, wie sie uns aus der alten indischen Weisheit bekannt sind, so gelangt man zu der folgenden Reihe: Saturn repräsentiert das Mineralreich; Jupiter stellt das Pflanzenreich dar; Mars symbolisiert das Tierreich; die Erde vertritt das Menschenreich, Venus das Reich der Devas (Engel), Merkur das Reich der Dhyana Buddhas (höheren Hierarchien) und die Sonne das Reich des Logos.

Bringt man endlich die Tierkreiszeichen in Verbindung mit den sieben Prinzipien des Menschen, so findet man, dass die Zeichen

Steinbock und Wassermann als Zeichen des Saturn den Stoffkörper darstellen, die Jupiterzeichen Schütze und Fische den Ätherkörper, die Marszeichen Widder und Skorpion den Astralkörper, das Erdzeichen Krebs den niederen Mentalkörper, die Venuszeichen Stier und Waage den höheren Mentalkörper, die Merkurzeichen Zwillinge und Jungfrau den Buddhikörper und das Sonnenzeichen Löwe den Atmakörper.

Wir sehen also, dass nicht nur der Mensch als solcher den Einflüssen der Gestirne untersteht, sondern dass der Herrschaft dieser kosmischen Individuen auch sämtliche Reiche der Natur sowie sämtliche Gattungen und sämtliche Individuen unterworfen sind. Und so besitzt nicht nur jeder Mensch, sondern auch jedes Tier, jede Pflanze und jedes Mineral gewisse Eigenschaften, die ganz bestimmten Gestirneinflüssen entsprechen. Damit soll natürlich nicht gesagt sein, dass ein bestimmtes Individuum, sei es in Mineral-, Pflanzen-, Tier- oder Menschenreich, immer nur einem bestimmten Gestirneinfluss unterstehe. Diese Auffassung wäre irrtümlich. Denn die Schöpfung, die Materie, untersteht mit allen ihren Einzelindividuen dem gesamten Planetensystem. Aber für jedes Einzelindividuum herrschen bestimmte Einzeleinflüsse vor, d. h. das eine Individuum wird vorwiegend von Mars, ein anderes vorwiegend von Jupiter, wieder ein anderes vorwiegend von Saturn beherrscht, sodass man mit einer gewissen Berechtigung sagen kann: Dieses oder jenes Individuum steht unter Mars, Jupiter, Saturn usw. So kann man also auch bestimmte Pflanzen und bestimmte Mineralien speziellen Planeteneinflüssen unterstellen und insoweit von einer Herbal- und einer Mineral-Astrologie sprechen. Und in der Tat sind die Beziehungen der Astrologie zu den Pflanzen und zu den Mineralien, namentlich zu den Edelsteinen, viel tiefere, als der Nichteingeweihte zu ahnen vermag. Der Glaube an die Kräfte der Edelsteine ist so alt wie der Sternenglaube und auf das Engste mit der Astrologie, der altehrwürdigen, königlichen Kunst, verknüpft. Und mit vollem Recht. Denn die Edelsteine und Halbedelsteine sind Meisterwerke der Gnomen und Erdgeister, die sie in unendlich langer und mühsamer Arbeit schufen, ihnen alle

Farben des Himmels, des Lichtes und der Sonne gaben, sie mit geheimnisvollen Kräften ausstatteten und ihnen zuletzt ihre Kristallseelen einfügten, kraft derer sie ebenso zu fühlen und zu empfinden vermögen wie der Mensch selbst und vermittelst derer sie Tugenden und Fehler zu entwickeln vermögen, genau wie dies auch beim Menschen der Fall ist.

Deshalb ist es eine durchaus richtige Auffassung, den Edelsteinen und Halbedelsteinen gewisse Kräfte zuzuschreiben, deren Wirkung für den Menschen je nachdem eine günstige oder ungünstige sein kann. Denn in diesen mit Recht sehr begehrten Kunstwerken der Gnomen und Erdgeister, jener Intelligenzen, die an der Evolution der Mineralien mitzuarbeiten berufen sind, haben sich im Laufe vieler Jahrtausende auch bestimmte planetarische Kräfte konzentriert, Licht- und Wärme-, elektrische, magnetische und radioaktive Kräfte, die naturgemäß von den Edelsteinen und Halbedelsteinen wieder ausgestrahlt werden können. So ist es z. B. bekannt, dass der Bernstein zugleich elektrisch und magnetisch ist, der Saphir, der Gold- und der Edeltopas sowie der Alexandrit elektrisch, der Smaragd, Aquamarin, Amethyst und Almandin magnetisch, der Diamant, Heliodor, Zirkon, Hyazinth und Opal radioaktiv. Der Rubin und Turmalin sind pyroelektrisch, d. h. sie werden durch Erwärmung oder wenn man sie den Sonnenstrahlen aussetzt, elektrisch. Der Diamant verhält sich feindlich gegen den Magnetstein. Denn neben ihn hingelegt verhindert er, dass der Magnetstein das Eisen anzieht; und hatte es dieser bereits angezogen, so entreißt es ihm der Diamant. Ebenso ist der Malachit dem Smaragd feindlich. Liegen beide Steine nebeneinander in einem Behälter, so trübt der Malachit den Glanz des Smaragds. Wir haben es hier mit psychischen und mit physiologischen Wirkungen zu tun, die von den Edelsteinen ausgehen, und die unter Umständen die Wirkungen der menschlichen Psyche zu beeinflussen vermögen, aber auch physiologische Wirkungen hervorzurufen geeignet sind.

Ebenso wie jedes Mineral hat auch jede Pflanze gewisse Eigenschaften seien sie physiologischer oder psychischer Natur die bestimmten Gestirneinflüssen entsprechen. Es ist also auch jede

Pflanze einem bestimmten Planeten unterstellt, genau wie dies auch bei den Mineralien der Fall ist. Und wenn wir erst in vollem Umfange die Beziehungen kennen, die zwischen den Planeten einerseits und den Mineralien bzw. Pflanzen andererseits bestehen, kennen wir genau die Heilmittel, die wir bei den einzelnen Krankheiten anzuwenden haben. Deshalb sind die Mineral- und die Herbalastrologie von ungeheurem Interesse für die Menschheit und namentlich für die medizinische Wissenschaft. Und Culpeper hat vollkommen recht, wenn er sagt: »Die Heilkunde, die nicht an der Sternwissenschaft orientiert ist, ist eine Lampe ohne Öl«. Kennen wir erst die Beziehungen der Planeten zum Pflanzenreich und zum Mineralreich, kennen wir erst die einzelnen Zusammenhänge in der Mineral- und Herbalastrologie, so sind wir in der Lage, eine systematische Astropharmazie aufzustellen, welche unsere bisherige Pharmazeutik erheblich verändern und modifizieren dürfte. Hierüber soll im Abschnitt 21 ausführlicher gehandelt werden.

20. Tonische und atonische Planeten. Tonische und atonische Heilmittel

Das Leben eines jeden Organismus ist aufgebaut auf Atomen, Molekülen und Zellen. Jedes Organ besitzt seine bestimmte charakteristische Zellform. Die Zellen bilden ein Zellgewebe. Das Zellgewebe ergänzt sich zum Organ. Die Organe supplieren sich zum Organismus.

Da die charakteristische Zellform der einzelnen Organe eine verschiedene ist, so reagieren die Letzteren auch verschieden auf die einzelnen Schwingungen, Vibrationen und Wellen des Äthers, die in der Form von Wärme-, Licht-, Schall-, elektrischen oder radioaktiven Wellen usw. den Organismus treffen. Das ist der Grund, warum die einzelnen Menschen verschieden reagieren auf Wärme, Kälte, Elektrizität, Magnetismus, Radioaktivität, Licht, Farbe, Musik usw.

Diese Verschiedenheit in der Reaktionsfähigkeit hat ihre Ursache im Horoskop und letzten Endes im Karma. Denn Horoskop und Karma stehen in engstem Zusammenhang. Diese Verschiedenheit steht aber auch wieder in Beziehung zum Naturell, zum Temperament und zur Konstitution. Das Naturell wiederum hat Beziehungen zur Polarität und wird bestimmt durch die Stellung der Gestirne in positiven bzw. negativen Tierkreiszeichen. Überwiegen in der Nativität die positiven Zeichen, so ist der Mensch positiv, überwiegen die negativen Zeichen, so ist er negativ polarisiert. Wie wir oben in den Abschnitten 5, 6 und 9 gesehen haben, sind auch die Gestirne teils positiver, teils negativer Natur. Als positiv haben zu gelten Sonne, Mars, Jupiter und Uranus, als negativ Mond, Venus und Neptun, während Merkur und Saturn als neutral anzusehen sind. Nun entspricht die positive Veranlagung dem Tonischen, die negative aber dem Atonischen. Wir können demnach nicht nur atonische und tonische Planeten unterscheiden, sondern auch atonisch und tonisch veranlagte Menschen, d. h. solche, die konstitutionell vorwiegend zu atonischen, und solche, die konstitutionell vorwiegend zu tonischen Krankheiten inklinieren.

Tonische Krankheiten sind alle Entzündungen und Geschwüre, Vollblütigkeit, Schlagflüsse und Blutflüsse, Nerven- und Gehirnhautreizungen, Verbrennungen, Lupus, Grüner Star usw., atonische dagegen alle chronischen Erkrankungen, Erkältungen, Erfrierungen, Gicht, Rheuma, Blutarmut, Bleichsucht, Wassersucht, Lungenschwindsucht, Krebs, Tuberkulose usw. Zu beachten bleibt hier aber, dass ein tonischer Planet in einem negativen Zeichen nie seine ganze Kraft zu entfalten vermag, und dass andererseits ein atonischer Planet in einem stark tonischen Zeichen, z. B. Löwe, eine ziemlich tonische Färbung annehmen kann. Hierauf muss natürlich bei der Auswahl der Heilkräuter Rücksicht genommen werden. Man kann daher oft in die Lage kommen, die allopathische und die homöopathische Methode kombinieren zu müssen. Ist nämlich ein Organ angegriffen und geschwächt, so wird man ihm mit einem sympathischen (homöopathischen) Heilkraut, d. h. einem solchen, das tunlichst demselben Planeten unterstellt ist wie die Krankheit selbst, zu Hilfe kommen, um die Gewebe zu stärken und etwa fehlende Substanzen zu ersetzen (homöopathisch-biochemisches Verfahren). Die antipathischen Heilkräuter (allopathisches Verfahren) aber paralysieren die Fremdstoffe (Säuren und Gifte) in dem erkrankten Organ, besorgen deren Ausscheidung und befreien so das Organ von seinen Feinden. Man kombiniert deshalb oft beide Heilmethoden, indem man die betreffenden Kräuter mischt. Das Antipathische bewirkt dann die Ausscheidung der Fremdstoffe, das Sympathische aber sorgt für Kräftigung und Neuaufbau des erkrankten Zellengewebes. Ist aber der betreffende Planet ein Übeltäter und wirft vielleicht gar noch nachteilige Aspekte auf andere Planeten, so wird man ihn in dieser seiner nachteiligen Wirksamkeit nicht noch durch sympathische Mittel unterstützen, sondern man wird danach trachten, durch Anwendung der allopathischen Methode diesen Wirkungen entgegenzuarbeiten. Wir sehen also bereits aus diesen aphoristischen Erörterungen, dass eine einseitige Festlegung auf Allopathie oder Homöopathie bzw. Isopathie untunlich erscheint.

Wie wir nun aber wissen, stehen die Gestirne nicht nur mit den einzelnen Krankheiten, sondern auch mit den einzelnen Heilpflanzen in Verbindung. Es korrespondieren also gewisse Krankheiten mit gewissen Heilpflanzen, und der Arzt, der seine Heilmethode auf astrologischer Grundlage aufbauen will, muss einerseits die Beziehungen der einzelnen Planeten und der einzelnen Tierkreiszeichen zu den Krankheiten, andererseits aber auch ihre Zusammenhänge mit den Heil- und Giftpflanzen genau kennen. Auf diesem Gebiet ist die astrologische Literatur noch sehr dürftig. Namentlich die Zugehörigkeit der Pflanzen zu den einzelnen Gestirnen ist noch wenig geklärt. Schon Paracelsus hat sich mit dieser Frage beschäftigt, aber gerade hierüber wenig veröffentlicht, wahrscheinlich aus guten Gründen. Er sagt in seinen astrologischen Schriften: »Jede Pflanze besitzt bestimmte Eigenschaften, die bestimmten Gestirneinflüssen entsprechen. Sobald wir die Sterneneinflüsse kennen, werden wir die Heilmittel wissen, die wir anzuwenden haben, um solche Einflüsse anzuziehen, welche auf den Kranken günstig wirken.«

Deshalb wird die exakte medizinische Wissenschaft erst dann zu richtigen und brauchbaren Resultaten kommen, wenn sie ihren bisherigen, ganz unbegründeten Widerstand gegen die Lehren der Astrologie fallen lässt. *Die Astrologie ist nicht die Gegnerin der medizinischen Wissenschaft, sondern ihre Freundin.* Und jeder Arzt, der sie zur Grundlage seiner Diagnose und seiner Therapeutik macht, wird stets erfolgreich sein.

21. Spezielle Astropharmazie.

Astropharmazie, okkulte Heilmittellehre, ist eine etwas starke Zumutung für die Herren von der »exakten Wissenschaft«! Aber trotzdem ein unbestreitbares Faktum und ein »rocher de bronze«, gegen den Sturm laufen zu wollen ein ebenso törichtes wie nutzloses Beginnen sein würde. Mit Recht betont Bulwer in seinem Roman ZANONI, dass die tiefere Kenntnis des Mineral- und Pflanzenreichs zu den Künsten gehöre, welche »der modernen Philosophie der oberflächlichen Gemeinplätze ganz verloren gegangen sind«. Und mit Recht sagt G. W. Surya in seiner *Pflanzenkunde auf okkulter Grundlage* (Band VII der OKKULTEN MEDIZIN): »Dass die Natur überhaupt eine okkulte oder verborgene Seite hat, das kann wohl niemand leugnen, der mit offenen Augen die Welt betrachtet. Denn er sieht in dieser eine Menge von Wirkungen, deren Ursachen ihm höchst okkult sind, wenn er sich nur die Mühe nimmt, darüber tiefer nachzudenken. Ist es z. B. nicht eine höchst okkulte Sache, ja etwas geradezu Wunderbares, dass in einer Eichel nicht nur der Plan zu einem riesigen Eichbaum schlummert, sondern auch die Vermehrungskraft zu endlosen Generationen von Eichbäumen?« Wie recht hat doch auch Shakespeare, wenn er das Wort prägt: »Es gibt Dinge zwischen Himmel und Erde, von denen sich eure Schulweisheit nichts träumen lässt.« Was Surya von der Eichel und dem Eichbaum sagt, das gilt für alle Erscheinungen auf dem Gebiet des Mineral- und Pflanzenreichs. Sie alle sind letzten Endes für uns ein Mysterium. Wir können sie nicht nachahmen, nicht nachschaffen und noch weniger jenes Leben, jene vitale Vermehrungskraft, jene Wachstumsenergie erzeugen, die der Eichel, der Pflanze, dem Baum innewohnen. Aber wir können diesem Mysterium nachgehen. Wir können die physikalischen, physiologischen und psychologischen Gesetze im Mineral- und Pflanzenreich, ihre Beziehungen zum Tier- und Menschenreich und vor allem ihre Korrelationen mit den höheren Welten, zu den Planeten und Tierkreiszeichen, erforschen. R. H. Francé hat mit seinem SINNENLEBEN DER PFLANZEN den Anfang hierzu gemacht, wenigstens für die Neuzeit. Denn auch schon Paracelsus wusste um die Beziehungen der Pflanzen zu den jenseitigen Welten und hat das wundervolle Wort geprägt: »Blumen sind Sterne der Erde, und Sterne sind Blumen des Himmels.« Er verstand es, aus der Form, der Physiognomik und der Farbe der Pflanzen zutreffende Schlüsse über ihre Zugehörigkeit zu den einzelnen Planeten zu ziehen, sie diesen zu subsumieren und sie dementsprechend zu Heilzwecken zu verwerten, und für ihn galt dementsprechend der Satz: »Ein jegliches Kraut wirkt in seinem Stern, und ein jeglicher Stern wirkt in seinem Kraut.« Er spricht von einem *Herbarium spirituale siderum* (d. h. einer astrologischen Pflanzenkunde) und führt selbst wörtlich aus: »Jede Pflanze besitzt bestimmte Eigenschaften, die bestimmten Gestirneinflüssen entsprechen. Sobald wir die Sterneneinflüsse kennen, den Zusammenhang der Planeten mit den Kräften der Kräuter, werden wir die Heilmittel wissen, die wir anzuwenden haben, um solche Einflüsse anzuziehen, welche auf den Kranken günstig einwirken.« Was von den Pflanzen gilt, das trifft aber auch auf das Mineralreich zu, denn hier gelten genau dieselben Gesetze wie im Pflanzenreich.

Im Folgenden soll nunmehr der Versuch gemacht werden, aufgrund der zur Zeit vorhandenen, zum Teil recht mangelhaften Unterlagen die Grundlagen für eine **Astropharmazie** aufzustellen und die Zugehörigkeit der wichtigsten Nosoden des Heilmittelschatzes der Homöopathie, Isopathie und Biochemie zu den einzelnen Planeten zu bestimmen.

Sonne: Abrotanum (Artemisia), Adonis vernalis, Ailanthus glandulosa, Amylium nitrosum, Anagallis arvensis, Angelica silvestris, Aurum metallicum, Calendula offic., Camphora, Centaurea nigra, Chamomilla, Chelidonium majus, China, Coca, Colchium autumnale, Collinsonia canadensis, Convallaria maialis, Crataegus oxyacantha, Crocus sativus, Curare, Echium vulgare, Fraxinus excelsior, Glonoinum, Helianthus, Hydrastis canad., Hypericum andros., Juniperus communis, Juglans regia, Kalium arsen., Kalium carbon., Kalium sulf., Lachesis trigon., Laurocerasus (Prunus), Laurus nobilis, Lycopus Virgin., Naja tripudians, Petasites offic., Phosphorus, Pinus silvestris, Rosmarinus offic., Sanguisorba offic., Sinapis alba, Spartium, Strophantus hispidus, Veratrum album, Zingiber offic.;

Mond: Acanthus mollis, Agave americana, Andira retusa, Anthemis pyrethrum, Argentum metallicum, Argentum nitri- cum, Asperula adorata, Boletus laricis, Bellis perennis, Bovista, Cardamine pratensis, Cheiranthus cheiri, Cercis siliquastrum, Cucurbita pepo, Cucumus sativus, Cynoglossum offic., Cnicus benedictus, Conyolvulus scammonia, Elaterium momordica, Ferula galbanieflora rubricaulis, Galeopsis ochroleuca, Galium cruciatum, Geranium triste, Hieracium pilosella, Hesperis matronalis, Inula Helenium, Iris germanica, Lactuca sativa, Lilium candidum, Mercurialis annua, Nasturtium offic., Ophioglossum vulgatuni, Peplis portula, Portulaca oleracea, Salix alba und fragilis, Sedum acre, Silicea, Stellaria media, Tragopogon maior, Tremella Auricula-Judae, Utricularia vulgaris, Viola odorata

Merkur: Acidum picronitricum, Acorus calamus, Agathophyllum aromaticum, Anethum graveolens, Anthemis nobilis, Apium graveolens, Artemisia abrotanum, Arthemisia absinth., Asa foetida, Asarum europäum, Asclepias tuberosa, Aspidium filix mas, Avena sativa, Ballota nigra, Bauhinia porrecta, Boletus offic., Catalpa syringifolia, Ceterach offic., Chlorum, Coculus lacunosus, Daucus carota, Elateria cardimomum, Foeniculum offic., Glycyrrbiza glabra und echinata, Helichrysum arenarium, Inula Helenium, Kalium phos., Lobelia inflata, Magnesia carbonica,

Magnesia phos., Majorana bortensis, Marrubium vulg., Mentha piperita, Mercurius, Morinda citrifolia, Nepeta gledhoma, Origanum vulgare, Pamassia palustris, Psoralea bituminosa, Sabadilla, Santalum album, Sticta pulmonaria, Thymus serpyllum, Valerianella olitoria, Zizia aurea

Venus: Achillea millefolium, Adiantum Capillus-Veneris, Adenostyles alpina, Ajuga reptans, Alchemilla vulgaris, Althäa offic., Ammonium bromatum, Ammonium causticum, Ananas sativa, Arum triphyllum, Badiaga, Begonia malabarica, Bellis perennis, Betula alba, Bromum, Bunium flexuosum, Calamintha offic., Carlina acaulis, Cordya myxa, Cuprum metallicum, Diospyros virginiana, Erythraea centaur., Fragaria vesca, Fucus vesiculosus, Galipea offic., Galipea febrifuga, Gummi gutti, Herniaria glabra, Hypnum cupressiforme, Jodum, Kalium chloratum, Lac defloratum vaccinum, Larix europaea, Melilotus vulgaris, Mercurius jodatus flavus, Narcissus poeticus, Natrium phos., Nepeta cataria, Obione portulacoides, Peucedanum offic., Plantago maior, Primula veris, Prunella vulgaris, Prunus cerasus, Ribes rubrum, Ribes nigrum, Sambucus nigra, Secale sereale, Serratula tinctora, Sulfur jodatum, Tritium vulgare, Vaccinum oxycoccus, Veronica offic.

Mars: Abies canadensis, Acalypha indica, Acidum fluoricum, Acidum phosphoricum, Agnus castus, Allium sativum, Ammonium muriaticum, Anacyclus offic., Antimonium sulfuratum aurantiacum, Arctostaphylus offic., Arnica montana, Arsenicum album, Baryta carbonica, Baryta muriatica, Caladium seguinum, Canella alba, Capsicum annuum, Carbo animalis, Carduus benedictus, Cassia angustifolia, Cepa allium, Chimaphila umbellata, Chininum arsenicosum, Cinnamonum, Cistus canadensis, Coffea arabica, Costus speciosus, Crotalus horridus, Cyperus rotundus, Dictamnus albus, Doryphora decemlineata, Erigeron canadense, Euphorbia corollata, Ferrum metallicum, Ferrum phos., Ferrum sulfuricum, Frangula vulgaris, Gentiana lutea, Hämatoxylon campechianum, Hepar sulfuris calcareum, Humulus lupulus, Hydrocotyle asiatica, Ipecacuanha cephaelis, Juniperus sabina,

Kalium nitricum, Kalium permanganicum, Lapidum Iberis, Mercurius nitrosus, Mercurius solubilis Hahne- manni, Mitchella repens, Natrium muriaticum, Nuphar luteum, Nux vomica, Oleander nereus, Parietaria offic., Peucedanum osthrutium, Rheum, Ricinus communis, Sambucus ebulus, Sanguinaria canadensis, Sassafras offic., Senega, Sisymbrium Sophia, Strychninum phosphoricum, Sulfur, Tabacum, Teucrium scorodonia, Urtica urens, Uva ursi, Verbena offic., Viola tricolor

Jupiter: Abuta rufescens, Acer pseudoplatanus, Aesculus hippocastanum, Agrimonia eupatoria, Aquilegia vulgaris, Ardiangelica offic., Asparagus offic., Astragalus verus, Balsamea myrrha, Beta vulgaris, Borago offic., Cadmium sulfuricum, Calcium sulf., Castanea vesca, Cidiorium intibus, Cnicus benedictus, Cocos nucifera, Chritmum maritimum, Dianthus caryophyllus, Equisetum arvense, Ficus carica, Fumitoria offic., Ginseng, Hepatica triloba, Hordeum vulgaris, Jasminum offic., Ilex equifol., Lapsana communis, Leontodon taraxacum, Melilotus albus, Melocactus communis, Mercurius auratus, Natrium sulfuricum, Phoenix dactylifera, Potentilla reptans, Quercus pedunculata, Rhus metopium, Rubus idaeus, Sacharum offic., Scolopendrium vulgare, Stannum, Syzygium jambolanum, Taraxacum leontodon, Triticum repens, Zincum metallicum

Saturn Acidum aceticum, Acidum benzoicum, Aconitum napellus, Alium victorialis, Ambra grisea, Anona squamosa, Antimonium crudum, Antimonium tartaricum, Averrhoa bilimbi, Calcarea acetica soluta Hahnemanni, Calcarea carbonica Hahnemanni, Calcarea fluorica, Calcarea phos., Canavalia obstusifolia, Cannabis sativa, Capsella bursa pastoris, Conium maculatum, Eriophorum angustifolium, Genipa americana, Hedera helix, Lactuca gigantea, Mespilus germanica, Myrica gale, Ophiorrhiza mungos, Plumbago europaea, Plumbum, Poinciana pulcherrima, Psidum pyriferum, Pteris aquillina, Punica granatum, Rhododendron offic., Rhododendron chrysanthum, Symphytum offic., Taxus baccata;

Uranus: Acidum hydrocyanum, Acidum picronitri- cum, Agaricus muscarius, Alumina, Anacyclus offic., Angostura vera, Artemisia glomerata, Atropinum sulfuricum, Belladonna, Bufo rana, Cannabis indica, Causticum, Ignatia amara, Kalium phosphoricum, Mygale lasiodora, Pamassia palustris, Ranunculus bulbosus, Secala cornutum, Stramonium, Zizia aurea;

Neptun: Cannabis sativa, Cannabis indica, Coriaria myrtifolia, Hyoscyamus niger, Mercurius cyanatus, Opium, Ophiorrhiza mungos, Platina, Psorinum, Staphisagria, Syphilinum, Tuberculocidin Klebs, Yincetoxicum offic.

Diesen rein astrologischen oder, richtiger gesagt, astropharmazeutischen Ausführungen sei nunmehr eine kurze *Arzneimittellehre* angereiht, die aus naheliegenden Gründen, insbesondere unter Berücksichtigung des Zweckes und des Inhalts dieses Werkes, nur in aphoristischer Form und in lapidarem Stil gegeben werden kann. Dem Astrologen werden die Zusammenhänge sehr bald klar werden, und der Nichtastrologe findet einen Ersatz in dem später erscheinenden II. Teil dieses Werkes, der die praktische Medizin, insbesondere auch die praktische Therapeutik, darzustellen berufen ist und unter Assistenz eines praktischen Arztes bearbeitet wird, der als alter Astrologe nicht nur auf dem Gebiet der Medizin, sondern auch auf dem der Astrologie ausreichend bewandert ist.

Was die Gabenlehre betrifft, so ist diese immer mehr oder weniger eine Erfahrungslehre; und wenn hier auch kurze Andeutungen über die bisher als am wirksamsten erkannten Dezimalpotenzen gegeben werden, so soll damit nicht gesagt sein, dass eine andere Potenzierung nicht möglich oder zweckmäßig sein könne, sondern es empfiehlt sich im Gegenteil, dass weitgehendste Experimente gerade auf diesem Gebiet angestellt werden und dass möglichst reichliches statistisches Material gesammelt werde.

22. Kurze Arzneimittellehre – Die »physiologische Zahl« bei den Arzneimitteln

Abies canadensis: Tanne in Nordamerika, D1–D4. Marsmittel. Uterusverlagerungen.

Abrotanum: Beifuß, D0–D4. Sonnenmittel. Allgemeine Schwäche, Schlaf, und Ruhelosigkeit. – Anämie. – Influenza. – Hämorrhoiden. – Pleuritis und Peritonitis. – Rheuma und Gicht, harnsaure Diathese. – Hydrocele. – Frostbeulen.

Acidum aceticum: Essigsäure, D4–D9. Saturnmittel. – Abmagerung. – Wassersucht. – Diarrhoen. – Krupp und Kitzelhusten. – Diabetes mellittus. – Typhus abdominalis.

Acidum benzoicum: Benzoesäure, D1–D9. Saturnmittel. Harnsaure Diathese. Rheuma und Gicht. Harndrang und Harnträufeln. Blasenkatarrh. Nierenkolik. – Herzrheuma und beginnende Endocarditis.

Acidum fluoricum: Fluorwasserstoff, D6–D30. Marsmittel. – Kräftiges Tonicum. Wirkt auf Venen und Arterien. – Hydrops und Hydrothorax. – Caries und Nekrosis der Knochen. Lues III. – Akne rosacea, Blattern, Fisteln, Geschwüre. – Struma hartnäckiger Art.

Acidum phosporicum: Phosphorsäure, D1–D8. Marsmittel. – Hauptsächlich Blut-, Nerven-, Fieber- und Knochenmittel. Wirkt in den höheren Potenzen ebenso wie Phosphor. – Folgen von Blutverlust, Onanie, Pollutionen, geistiger Überanstrengung, Typhus usw. – Schwäche, Apathie, Müdigkeit, Depression. – Spermatorrhoe, Fluor albus. – Chronische Bronchitis, Phtisis. – Diarrhoe, Skorbut, Hämorrhoiden, Typhus, Cholera nostras. – Skrofulöse und Rachitis. – Diabetes melittus und insipidus. Phosphaturie. Quecksilbersiechtum.

Acidum picronitricum: Pikrinsäure, D6–D36. Merkur Uranus-Mittel. – Schwindel, geistige Erschöpfung, Kopfschmerzen, Folgen geistiger Überarbeitung. Seelische und geistige Depression. – Neurasthenie, insbesondere sexuelle Neurasthenie. Hysterie und Hypochondrie. – Schreibkrampf. – Albuminurie und Diabetes mellittus. – Ekzeme, Warzen und Furunkulose. Rückenmarksirritationen und beginnende Tabes dorsalis.

Aconitum napellus: Sturmhut, D3–D120. Wirkt vorzugsweise auf das arterielle Gefäßsystem und ist daher bei erhöhter Bluttemperatur, bei Blutwallungen und Blutfülle besonders angebracht. Es eignet sich auch vorzugsweise für kräftige, vollblütige Naturen von galligem oder sanguinischem Temperament. – Drohender Schlaganfall, Kongestivzustände, Herzschmerzen, Angina pectoris, Aortenkrampf, Stenokardie. – Sonnenstich. – Entzündungsfieber, Irritationsfieber, Erkältungsfieber. – Delirien, Tobsucht, Wahnideen. Überempfindlichkeit, Neuralgie, Lähmungen. – Katarrhalische Entzündungen des Auges (Konjunktivitis), des Ohres (Otitis media und externa), der Nase (Erkältungsschnupfen), des Kehlkopfs (Heiserkeit, Krupp, Laryngitis acuta), der Lunge (Brustkrampf, Pneumonie), des Magens (Gastritis acuta), des Darms (Tenesmus, Ruhr) sowie der Nieren und Blase (Entzündung nach Erkältung). Saturnmittel.

Adonis vernalis: Adonisröschen, D0–8. Linksseitiges Mittel. – Arythmie, Herzklopfen, Atemnot, Myocarditis, rheumatoide Endocarditis, Fettherz. Sonnenmittel.

Agaricus muscarius: Fliegenpilz, D3–D36. Uranusmittel. Gedächtnisschwäche, Verstandeslähmung, Epilepsie, Veitstanz, Hirnhautentzündung. – Rückenmarkirritationen, Rückensteifheit, Koordinationsstörungen, paralytische Schwäche der Beine, Bulbärparalyse, Tabes dorsalis, multiple Sklerose. – Chronischer Tripper und Nachtripper mit Folgen. – Phtisis und Tuberkulose. – Keuchhusten.

Agnus castus: Mönchspfeffer, D3–D15. Marsmittel. Es hat die Eigenschaft, bei starken Gaben den Geschlechtstrieb zu unterdrücken, bei schwachen und geringen Gaben ihn zu erhöhen. Man kann also hier nach beiden Seiten hinwirken. – Folgen geschlechtlicher Ausschweifung, Impotenz. – Hysterie und Hypochondrie. – Frühes Altern, Melancholie, Lebensunlust, Todesgedanken, Depression.

Ailanthus glandulosa: Götterbaum, D1–D12. Sonnenmittel. – Herzschwäche und vasomotorische Lähmungen. – Infektionskrankheiten, Scharlach, Masern, Diphtherie, Typhus abdominalis, Ruhr, Cholera. – Hirnerkrankungen, Delirien.

Ambra grisea: Amber (aus dem Darm des Pottwals), D1-9. Kinder- und Greisenmittel, besonders geeignet bei Erschöpfung, Abmagerung, Nervosität, vorzeitigem Altern, Schlaflosigkeit usw. – Hochgradige Nervosität, Gedächtnisschwäche, Unfähigkeit der Gedankenkonzentration, Melancholie, Todesfurcht, Hysterie und Hypochondrie, Überreizung der Gehörnerven. – Arteriosklerose, unternormale Bluttemperatur, atonische Blutungen. Uterusleiden, Metrorrhagie, Fluor albus. – Saturn-Neptun-Mittel.

Ammonium bromatum: Bromammonium, D1–9. Venusmittel. – Heiserkeit, Krupp, Keuchhusten, Laryngitis. – Unreine Haut. Akne.

Ammonium jodatum: Salmiakspiritus, D1–D3. Venusmittel. – Aphonie, Schnupfen. – Äußerlich Insektenstiche.

Amylium nitrosum: Amylnitrit, D0–D10. Herzbeklemmungen, Asthma, Angina pectoris. – Seekrankheit, Migräne, Leiden aus dem Sympathicus. – Kopfkongestionen. – Sonnenmittel.

Angostura vera: Angosturarinde, D3–D9. Uranusmittel. – Krämpfe, Trismus, Tetanus, Nervenreizungen. – Lähmung des Facialis (Gesichtsnervs) sowie der Beinstrecker. – Rheuma der Wirbelsäule, der Muskeln und Gelenke. – Karies der Knochen, Periostitis (Knochenhaut), merkurielle Knochenleiden.

Antimonium crudum: Schwefelantimon, D3–120. – Kinder- und Greisenmittel. Hauptsächlich für die psorische Konstitution geeignet. Beeinflusst besonders Magen, Haut und Schleimhäute. – Gicht und Rheuma. – Fettsucht. – Katarrhe der Schleimhäute. des Auges (Blepharitis ciliaris, Bindehautkatarrh), der Nase (Schnupfen), des Halses (Heiserkeit, Krupp). – Magenbeschwerden, akute Gastritis. Appetitlosigkeit, Übelkeit, Blähsucht, Magenkrämpfe, chronische Gastritis, gestörte Magen-Darm-Funktion, Stoffwechselleiden. Darmleiden, Enteritis, gastrisches

Fieber. – Hautleiden, Ekzeme, Pusteln, Impetigo, Urticaria gastrica, Sommersprossen, Warzen, Hühneraugen. – Saturnmittel.

Antimonium tartaricum: Brechweinstein, D3–D30. Saturnmittel bei rapidem Kräftezerfall und Lebensgefahr, namentlich bei schwachen Konstitutionen geeignet. Wirkt besonders auf Brust und Unterleib und stimmt die Herztätigkeit herab. Influenzakatarrh, Bronchitis, Bronchiolitis, Lungenemphysem, drohende Lungenlähmung, Lungenödem, Pneumonia crouposa und catarrhalis, Keuchhusten. – Rheuma, Gicht, Ischias, Neuralgien, Lumbago. – Magengeschwüre, chronischer Magenkatarrh der Säufer. Kolik, Ruhr, Brechdurchfall der Kinder, Typhus, Leberentzündung und Leberschwellung.

Argentum metallicum: Silber, D4–D8, eventuell auch höhere Potenzen. – Besonders für bleiche, kachektische Individuen. Gedächtnisschwund, mangelnde Denkkraft, Hysterie, Delirien und Wutanfälle, Gliederzuckungen. – Entzündungen der Schleimhaut des Auges (Blepharitis, Conjunktivitis), des Ohrs (Knorpelverdickungen), der Nase (chronische Katarrhe und Wucherungen), des Kehlkopfs (Aphonie, Krupp, Laryngitis), des Magens und Darms (Diarrhoe, Geschwüre), der Harnröhre (chronischer Tripper), des Uterus (Prolaps und Senkung) – Neigung zu Karzinomen, Epitheliomen (Geschwülsten), Phtisis, Tuberkulose und Wassersucht. – Verhärtung der Hoden, Ovaritis und Vulvitis. – Mondmittel.

Argentum nitricum: Höllenstein, D4–D40. – Mondmittel. – Linksseitig wirkend. Reichliche, milde, eitrige Sekrete, tiefgehende Geschwüre. – Kopfschmerzen, Migräne, Hysterie, Hypochondrie, erregte Phantasie, nervöse Unruhe, Neurasthenie und Neuralgie, Epilepsie, Meningitis cerebrospinalis, Koordinationsstörungen, Rückenmarksirritationen, Polioencephalitie und Poliomyelitis, Bulbärparalyse, Paralysis agitans, Tabes dorsalis, postdiphtherische Lähmungen. – Schleimhautaffektionen des Auges (Blennorrhoea infantum, ägyptische Augenkrankheit, Conjunctivitis), des Mundes (Foetor oris), des Halses (Pharyngitis), des

Kehlkopfs (Aphonie, Kroup), der Lunge (Stickhusten, Asthma, Pneumonie), des Magens (Gastralgie, Gastritis, Gastroenteritis, Flatulenz, Brechreiz, Ulcus ventriculi, Krebs), des Darmes (Meteorismus, Diarrhoe, Cholerine, Dysenterie, Tabes meseraica, Darmkrebs) und der Nieren (Nephritis, Nephrolithiasis, Cystitis, Karzinom und Epitheliom). – Geschlechtsleiden, Ovaritis, Menorrhagie, Blutungen, Fluor albus, Uteruskrebs, Prolapsus uteri, Klimakterium.

Arnica montana: Arnica, Bergwohlverleih, D1–D300. Eines der wichtigsten Polychreste, das meist äußerlich angewendet wird, bei innerer Anwendung aber mindestens in mittleren Potenzen (6–12) gegeben werden soll. Wirkt namentlich auf Blut, Rückenmark und Hirn. – Vorzugsweise bei Verlegungen mit Bluterguss zu verwenden. – Venosität, Anämie, Malaria, Typhus, Puerperalfieber. – Verkalkung der Kranzadern, Myocarditis, Herzschwäche, Fettherz, Angina pectoris. – Arteriosclerose, Apoplexie, Varizen, Quetschungen, Verstauchungen. – Nervöse Depression, Gehirn- und Rückenmarkerschütterung, traumatische Neurosen. – Masern, Scharlach, Typhus, Malaria, Erysipelas, Herpes Zoster, Furunkulose, Schleimbeutelentzündung. – Marsmittel.

Arsenicum album: arsenige Säure, D3–D300. – Gleichfalls ein wichtiges Polychrest, das zweckmäßig in mittleren und höheren Potenzen angewendet wird. – Blutvergiftung, destruktive Prozesse der Schleimhäute, fettige Entartung der Drüsen und Muskeln. Konjunktivitis, Keratitis, Chorioiditis, Retinitis, Ciliarneuralgie. Stirnhöhlenkatarrh, Hydrocephalus acutus, Stomakace, Stomatitis, Stomatomykosis, Noma. – Diphtherie und Angina in bösartigen Fällen, Gangräna im Anfangsstadium. Laryngitis acuta, Bronchitis, Pneumonie, Phtisis, Asthma nervosum und cardiacum. – Gastralgie, besonders der Trinker und Raucher, Gastritis acuta, Gastroenteritis, Ulcus ventriculi, Carcinoma ventriculi. Akuter Darmkatarrh, Diarrhoe, Kolik, chronischer Darmkatarrh, Cholera nostras und Cholera asiatica, Dysenterie, Typhus, Tabes mesaraica, Enterohelkosis, Darmkrebs. – Wassersucht, Nierenentzündung, Leberentzündung, Leberverfettung, Gelbsucht, Milzschwellung, Entzündung der Pankreas. – Ekzeme, Phlegmone, Herpes zoster, Urticaria, Erysipelas, Psoriasis, Ichthyosis, Prurigo, Pruritus senilis, Gangraena senilis, Hautkrebs und Lupus. – Marsmittel.

Asa foetida: Stinkasant, Teufelsdreck, D1–D12. – Wirkt hauptsächlich auf das Ganglien- und Unterleibsnervensystem sowie auf den Vagus und den Sympathicus. – Überempfindlichkeit, Hysterie und Hypochondrie, Clavus hystericus, Melancholie, Neuralgie und Neurasthenie. – Stimmritzenkrampf, Schreibkrampf. – Karies und Nekrose der Knochen. Panaritien mit Knocheneiterung. – Vagus- und Sympathikusreizungen. – Merkurmittel.

Atropinum sulfuricum: Alkaloid der Atropa belladonna, schwefelsaures Atropin, D 3–D9. – Wirkt besonders auf das Nervensystem. – Hirnkongestionen, Hyperaemie, heftige Kopfschmerzen, Migräne. Neuralgien, Ischias, Intercostalneuralgie. – Visionen und Halluzinationen. – Krämpfe, Epilepsie, Chorea minor, Tetanus, Trismus, Opisthotonus, Delirium tremens. Blepharospasmus, Keuchhusten, Glottiskrämpfe, Asthma. – Darm-, Nieren- und Gallensteinkolik, Sphinkterkrampf an Blase und Darm, Sphinkterlähmung, Regelkrämpfe. – Uranusmittel.

Aurum metallicum: Blattgold, D3–D120. – Wirkt stark auf die Psyche sowie auf Herz und Blutkreislauf und eignet sich auch zur Beseitigung dyskrasischer oder skrofulöser Zustände sowie bei Mercurialsiechtum. – Lebensüberdruss, Selbstmordgedanken, Folgen von Alkoholmissbrauch, von Tripper, Schanker und Syphilis. Ulcus corneae, Staphylom, Iritis luetica, Exophtalmus (Basedow). Otitis media. – Rhinosklerom, Ozaena. – Arteriosklerose, Aneurysma, Aortitis, Herzhypertrophie, Fettherz. – Leberzirrhose, Ikterus, Bauchwassersucht. – Nierenschrumpfung, Albuminurie, Enuresis. – Struma (Basedow). – Mammatumoren, Hydrocele, Orchitis und Epididymitis, Ovaritis, Vulvitis, Uteruskarzinom, Prolapsus uteri, Metritis, Fluor albus, Pruritus vaginae. – Karies der Knochen, Tabes dorsalis, Meningitis spinalis, Meningomyelitis. – Aurum met. ist das spezifische Sonnenmittel.

Avena sativa: Hafer, wird gewöhnlich in der Urtinktur angewendet, 5–20 Tropfen in möglichst warmem Wasser. Merkurmittel. – Nervöse Schwäche, Neurasthenie, Erschöpfung infolge von Onanie oder sexuellen Exzessen, Schlaflosigkeit, Nerven- und Gedächtnisschwäche. Ist auch ein spezifisches Mittel gegen Morphiumsucht sowie gegen Trunksucht.

Belladonna: Tollkirsche, D3–D300. – Eignet sich hauptsächlich für kräftige und vollblütige Naturen, wirkt wie Aconit gegen Blutkongestionen und gegen entzündliche Zustände und ist also ein antiphlogistisches, also entzündungswidriges Mittel. – Migräne, Schwindel, Delirien, Sinnestäuschungen, Wahnideen, Krämpfe, Eklampsie, Tobsucht, Epilepsie, Manie, Schlund-, Herz- und Magenkrampf, Sphinkterlähmung, Blasenlähmung. – Keuchhusten, akute Laryngitis und Bronchitis. – Magenkrämpfe, Darmkolik, Cholerine, Typhlitis, Bauchfellentzündung, Gallensteinkolik, Nephritis und Nephrolithiasis. – Uteruskrämpfe, Vaginismus. – Saturn- und Uranusmittel.

Buforana: Brasilianische Kröte, D5–D300. – Uranusmittel. – Erotomanie, Satyriasis, Nymphomanie. Masturbation, Verlust jedes Schamgefühls. Konvulsionen bei und nach dem Coitus. – Epilepsie. – Furunkel, Karbunkel, Panaritien. – Carcinoma mammae mit heftigem Brennen, besonders nachts.

Calcarea acetica soluta Hahnemanni: Fettsucht, Saturnmittel.

Calcarea carbonica Hahnemanni: Austernschalenkalk, D3–D300. – Gegen psorische und skrofulöse Konstitution. Das Mittel wirkt vornehmlich auf das vegetative System und beeinflusst die Ernährung des Körpers, fördert auch die Sekretion und Absorption. – Mangelhafter Stoffwechsel, Überladung des Blutes mit Kohlensäure. Mangel an Sauerstoff. Harnsaure Diathese, Rheuma, Gicht. Rachitis, Skrofulöse, träges Lymphsystem, Knocheneiterungen und Knochenverkrümmungen, Barlow'sche Krankheit. – Mangelhafte Blutzirkulation, Angina pectoris, Aortitis, Arteriosklerose. – Fettsucht, Diabetes. – Blepharitis, Blepharospasmus und Konjunktivitis, Macula corneae, Katarakta. – Schwerhörigkeit, Otitis externa und media. – Nasenpolypen. –

Halluzinationen, Hydrocephalus acutus, Epilepsie, Delirium tremens. – Saturnmittel.

Cannabis sativa: Hanf, D3–D120. – Wirkt hauptsächlich auf die Harn- und Geschlechtsorgane, auf Augen und Gehirn. – Starke Erotik, erregter Geschlechtstrieb, Erotomanie. – Hysterische Ekstasen. – Tripper; Blasenkrampf, Cystitis, Dysurie. – Ulcus corneae, Macula corneae, Katarakta (schwarzer Star). – Saturn-Neptunmittel.

Conium maculatu m: Fleckschierling, D3–D30. – Saturnmittel. Es wirkt vorzugsweise auf das Spinal- und Nervensystem und ist in zweiter Linie auch ein antidyskratisches Mittel, also geeignet zur Verbesserung der Säfte. Es passt hauptsächlich für alte Leute, für hypochondrisch und hysterisch Veranlagte und für solche, deren Nerven durch übermäßigen Geschlechtsgenuss oder durch Unterdrückung des Geschlechtstriebs (Zölibat, Ehelosigkeit) gelitten haben. – Irritation der motorischen und vasomotorischen Nerven. Vagusreizung, Sympathicusstörung. Parese des Rückenmarks, Koordinationsstörungen. – Gedächtnisschwäche, Aphasie, Nerven- und Gemütsleiden. – Drüsenverhärtungen, Skrofulöse, Leber-, Milz- und Mammatumoren, Karzinose, Mandelschwellung, Hoden- und Uranusverhärtung. – Frühes und vorzeitiges Altern. – Klimakterium. – Skrofulöse Ophthalmie, Macula corneae, Hordeolum, Katarakta. – Laryngitis und Bronchitis, Asthma, Tussis convulsiva, Phtisis mit Kitzelhusten. – Magen- und Darmkarzinom.

Corallium rubrum: Edelkoralle, D3–D12. – Venusmittel. – Wirkt auf die Haut und die Schleimhäute. – Chronischer Schnupfen, Nasenpolypen, Keuchhusten, Erstickungsanfälle, Laryngitis, Laryngospasmus, Laryngismus stridulus, Broncho-spasmus. – Psoriasis luetica, Eicheltripper, Schanker.

Crataegus oxyacantha: Weißdorn, D0–D3. – Sonnenmittel. – Wirkt vornehmlich auf das Herz. – Beschleunigter Puls, Atemnot, nervöse Depression, Herzklappenfehler, Herzhypertrophie, Myokarditis, Angina pectoris, Herzschwäche.

Crocus sativus: Safran, D3–D30. – Sonnenmittel. – Wirkt auf

Blutzirkulation, Herz und Nerven. Profuse Blutungen, Nasenbluten, Hämarthrose, Hämatemesis, Hämatinurie, Hämatocele, Hämatonephrose, Uterusblutungen. – Herzklopfen, Angina pectoris, Cardioneurose. – Nervosität, Hysterie, Chorea mit Zuckungen, Parästhesien, Nervenschmerzen, Nervenschocks.

Cuprum metallicum: Kupfer, D3–300. – Venusmittel. – Antipsorisches und antispasmodisches Mittel, Prophylacticum gegen Cholera, sehr wirksam gegen die Folgen unterdrückter Ausschläge. – Klonische Krämpfe, Delirien, Beißen, Schreien, Zähneknirschen, Augenverdrehen, Konvulsionen, Epilepsie, Chorea, Zahnungskrämpfe, Gesichtskrämpfe, Trismus, Bauchmuskelkrampf, Extremitätenkrämpfe, Schreibkrampf, Wadenkrampf, Koordinationsstörungen, Tabes dorsalis. – Keuch- und Krampfhusten, Angina pectoris, Herzkrämpfe, Schlundkrämpfe, Magenkrämpfe, Bauchneuralgie, Gesäßkrämpfe. – Larynx, Glottiskrampf, Kollaps, Gastritis, Enteritis, Intestinalneuralgie, Cholera asiatica und nostras, Aortitis, Chlorose. – Diphtherie, Tracheobronchitis, Laryngophtisis.

Curare: Pfeilgift, D6–D300. – Sonnenmittel. – Lähmungen aller Art, Krämpfe, Tetanus, Trismus, Epilepsie, Chorea. – Diabetes mellitus.

Digitalis purpurea: Roter Fingerhut, D3–D30. – Sonnenmittel. – Wirkt vorzugsweise auf das Herz. Herzklappenfehler, Herzneurose, Herzschwäche, Herzwassersucht, Fettherz, Myocarditis. – Ferner: Chlorose und Anämie, Leukämie und Pseudoleukämie, Vagusreizungen und Vaguslähmung, Stauung und Kohlensäurevergiftung, Cyanose. – Sodann: Ödeme, Hydrops und Anasarka, Ödem des Praeputiums, Prostata. – Hypertrophie, Tripper, Ascites, Ikterus, Pfortaderstauungen, Hämorrhoiden. – Endlich: Blepharitis ciliaris, Chalazion und Amaurosis.

Elaterium momordica: Spritzgurke, D3–D9. – Mondmittel. – Starkes Abführmittel. Darmleiden, Kolik, Diarrhoe, Cholera infantum, Enteritis acuta. Ferner: Nesselsucht über den ganzen Körper nach unterdrückten Fiebern sowie nach unterdrückten Ausschlägen.

Equisetum hiemale bzw. arvense: Schachtelhalm, Zinnkraut, D1–D12. – Jupitermittel. Wirkt innerlich und äußerlich. Innerlich: Blasenkatarrh, Enuresis, Albuminurie, Dysurie, Hämaturie, Harngries und Blasensteine, Tripper. Äußerlich (Abkochungen): Eiterungen.

Erigeron canadense: Berufkraut, D3–D9. – Marsmittel. – Hauptsächlich für Blutungen, insbesondere Nasenbluten, Lungenbluten bei Schwindsucht, Magen- und Darmblutungen, Blasen- und Nierenblutungen sowie Gebärmutterblutungen. Ferner bei Menorrhagie und Metrorrhagie sowie bei Hämorrhoidalblutungen.

Euphorbium (Euphorbia resinifera): Wolfsmilch, D3–D30. Wirkt besonders auf Haut, Schleimhäute und Knochen. Ekzeme, Geschwüre, Flechten, Erysipelas, Herpes zoster. Ferner: Kolik, Brechdurchfall, Enteritis, Ruhr, Cholera nostras und asiatica, Typhus, Nausea. Endlich Knochenkrankheiten, Knochenfraß, Osteomalacie, Osteonekrose und Osteosklerose. Äußerlich bei Rheuma und Ischias.

Ferrum metallicum: Eisen, D1–D30. – Marsmittel. – Wirkt am besten in niedrigen Potenzen, verändert die Blutmischung und wirkt auf die Verdauungsorgane. Passt für Bleichsucht und Blutarmut. Wallungen, Gemütserregungen, Herzklopfen, Herzschwäche, unregelmäßige Blutverteilung, Schwindel und Taumeln. – Nasen-, Lungen-, Magen- und Gebärmutterblutungen. – Hämorrhoiden, Diarrhoe, Magen- und Darmkatarrhe, Darmparasiten, Obstipation infolge sitzender Lebensweise. Hämaturie, Fluor albus, Menorrhagie.

Ferrum phosphoricum: Phosphorsaures Eisen, D3–D30. Eines der Schüßler'schen Funktionsmittel. Hauptsächlich Blut- und Fiebermittel, wirkt besonders bei Entzündungen im Anfangsstadium. – Fieber, akut und subakut. Entzündungen aller Art. Blutungen und Wunden nach Quetschungen oder Verstauchungen. Anämie. Gehirnhyperämie. – Marsmittel.

Ferrum sulfuricum: Schwefelsaures Eisen, D3–D6. – Marsmittel. – Blutwallungen, Anämie, Chlorose, Basedow'sche Krankheit.

Fucus vesiculosus: Blasentang, Tinktur, 3 x täglich 10–20 Tropfen. – Venusmittel. Skrofulöse, Fettleibigkeit, Kropf, Drüsenerkrankungen.

Ginseng: Kraftwurzel, Wurzeltinktur und D1–D4. – Jupitermittel. – Wirkt namentlich auf den unteren Teil der Wirbelsäule. Gichtige und rheumatische Beschwerden, Ischias, Lumbago. Schmerzen im Hüft- und Kniegelenk. – Ferner: Harnsäure Diathese, Darmkolik und Diarrhoe, Leberleiden.

Haematoxylon campechianum: Blauholz, Tinktur und D1–D3. – Marsmittel. – Harnsaure Diathese, Überladung des Blutes mit Kohlensäure, Rheuma, larvierte Darmgicht, Meteorismus, Kolik, Diarrhoe. – Angina pectoris, Krämpfe der Brustmuskeln, Menstrualkolik.

Helonias dioica: Falscher Einhorn, Wurzelessenz und D1–D4. – Marsmittel, vorwiegend für Frauen, gilt als uterines Tonicum. – Kreuzschwäche, Fluor albus, Amenorrhoe, Menorraghie, Prolapsus Uteri, Mammaschwellungen, empfindliche Brustwarzen. Ferner: Chlorose und Anämie, Melancholie und Hysterie. – Eiweiß- und Zuckergehalt des Harnes, Nephritis, Nephrolithiasis und Nephrophtisis.

Hepar sulfuris calcareum: Kalkschwefelleber, D3–D30. – Sonnenmittel. – Wirkt auf Haut, Schleimhaut und Drüsen und zum Teil auch auf das Nervensystem und eignet sich für skrofulöse und lymphatische Konstitutionen, die leicht zu Ausschlägen geneigt sind. Es ist ferner ein brauchbares Mittel gegen Mercurialsiechtum, Jodmissbrauch, Geschwüre und Eiterungen, Furunkel, Karbunkel und Panaritien. – Hautleiden, Neigung zu Eiterung, Ekzeme, Herpes, Impetigo, Erysipelas, Furunkel, Karbunkel, Lupus. – Schleimhautaffektionen: Auge (Blepharitis ciliaris, Hordeolum, Konjunktivitis, Hypopyon), Ohr (Otitis media, Eiterungen), Nase (Schnupfen), Kehlkopf (Husten, Heiserkeit, Krupp), Lunge (Bronchitis, Pneumonia catarrhalis, Phtisis, Asthma chronicum, Lungenabszesse), Magen (Vollheit und träge Verdauung, Dyspepsie, Magenversäuerung), Darm (Neigung zu Obstipation, Darmatonie, Darmgeschwüre, Darmtuberkulose,

Perityphlitis), Leber (Verstopfung, Gelbsucht), Blase (Harnverhaltung, Cystitis, Harnröhrenerweiterung, chronischer Tripper). – Skrofulöse, Lymphdrüsenschwellung, Struma parenchymatosa, Marasmus der Kinder, Bubonen. – Rheuma, harnsaure Diathese.

Hydrastis canadensis: Blutkraut, D0–D9. – Sonnenmittel. – Starkes Tonicum, wie China und Ferrum, Antipsoricum und Antidyscraticum, namentlich in letzterer Beziehung gut bewährt und daher auch ein gutes Krebsmittel, wirkt namentlich auf die Haut und die Schleimhäute, eignet sich vorwiegend für chronische Leiden und passt ganz besonders als Altersmittel für das Greisenalter. – Hautausschläge, akute und chronische, Erysipelas, Herpes zoster, Grusta lactea, Tinea capitis, Lupus. – Schleimhautkatarrhe, Ulcerationen, Degenerationen und Verhärtungen. Ohr: Tubenkatarrh, Schwerhörigkeit, Otitis media; Nase: Fließschnupfen; Kehlkopf: chronischer Rachenkatarrh; Bronchien: Hustenreiz, Atemnot; Magen: Chronischer Magenkatarrh, Atonie des Magens, Ulcus ventriculi, Magengeschwüre, Magenkrebs; Leber: Ikterus, Gallensteinkolik, Leberkrebs; Uterus: Prolapsus Uteri, Fluor albus, Metritis chronica, Myom und Carcinom. – Blut: Anämie und Chlorose, Dyskrasien aller Art, Kachexie bei Phtisis, Marasmus senilis, Neoplasmen. Phagedänischer Schanker.

Hydrocotyle asiatica: Nabelkraut, D1–D12. – Marsmittel. – Wirkt auf die Haut und die weiblichen Geschlechtsteile. – Heftiges Hautjucken, namentlich an Vulva, Scrotum und Anus, Ekzeme, Psoriasis, Pemphigus, Eiterungen, Ulcera cruris, Hauttuberkulose, Lupus, Elephantiasis, Lepra. – Pruritus vaginae, Fluor albus, Prolapsus uteri, Menorrhagie und Metrorrhagie. Uteruskrebs.

Hyoscyamus niger: Schwarzes Bilsenkraut, D3–D120. – Saturn-Neptun-Mittel. – Wirkt beruhigend auf das Gangliennervensystem, die Gehirn- und Rückenmarknerven, die Augen, die Respirations- und die Verdauungsorgane. – Gehirnleiden, Schlaflosigkeit, Bewusstlosigkeit, Halluzinationen, Manien, Krämpfe, Epilepsie, Hysterie, Hirnlähmung, Kollaps bei Masern, Scharlach und Typhus, Blasen- und Darmlähmung, Chorea. – Keuchhusten und Krampfhusten, Lungenentzündung. – Hundswut, Tollwut.

Ignatia amara: Ignazbohne, D1–D30. – Merkur-Uranus-Mittel. – Wirkt auf die Nerven, namentlich das Gangliennervensystem und auf das Rückenmark. – Vorwiegend Frauenmittel, besonders für hysterische Frauen. – Überempfindlichkeit, Hysterie, nervöse und seelische Depressionen, Clavus hystericus, Flatulenz, Krämpfe, oft verbunden mit Regelstörungen. – Keuch- und Krampfbusten. – Magenkrämpfe, nervöse Dyspepsie, Sphinkterkrampf, Prolapsus ani.

Jodum: Jod, D0–D2000. Venusmittel. – Es wirkt besonders auf das Drüsensystem, die Schleimhäute und die Knochen (Saturn ist in der Waage erhöht!). – Es ist Gegenmittel bei Merkur- und Arsen Vergiftung und eignet sich ferner besonders für die lymphatische Konstitution, für Krupp, Pneumonie, Skrofulöse, Tuberkulose und Lues. – Als Stoffwechselmittel belebt oder lähmt es die Zellentätigkeit je nach der Dosis, eignet sich gegen Hypertrophie, besonders des Bindegewebes, Lymphdrüsenschwellung, gegen Tonsillitis und Parotitis, gegen Struma parenchymatosa, Basedow'sche Krankheit, Skrofulöse sowie Atrophie der Drüsen (der Hoden, der Mamma, der Pankreas, Ovarien und des Uterus), als Knochenmittel empfiehlt es sich gegen Periostitis, Gelenkwassersucht, Knochen- und Schleimbeutelentzündung, Gelenksentzündungen, Gelenkrheumatismus und Muskelrheumatismus. – Es wirkt ferner gegen Hyperämie, Reizung, Entzündung und Katarrh der Schleimhäute, und zwar des Auges (chronische Konjunktivitis, Ophthalmie), der Nase (Stockschnupfen, Ozaena), des Kehlkopfes (Krupp, Heiserkeit), der Lunge (Bronchitis, Pneumonica crouposa, Asthma, Phtisis), der Verdauungsorgane (Stomatitis, Magenverhärtung und Magenkrebs, Obstipation und Meteorismus, Hämorrhoiden, Pankreasaffektionen). Als Hautmittel kann es gegeben werden gegen Akne, Furunkel und Karbunkel, Roseola, Purpura und Pemphigus. – Endlich wirkt es auch bei Fettsucht und Eierstockwassersucht, bei Endocarditis und Pericarditis, bei Aortitis und Arteriosklerose.

Kalium carbonicum: Pottasche, D3–D30. – Sonnenmittel. – Wirkt auf Herz, Blutzirkulation und Schleimhäute. – Herzschwäche, Herzneurose, Herzstiche, Rücken- und Kreuzschmerzen, Endocarditis und Pericarditis. – Ödem, Hydrops, Anasarka und Ascites. – Anämie und Hydrämie, Amenorrhoe und Dysmenorrhoe, Laryngitis, Bronchitis, Pneumonie, Pleuritis, Pleuropneumonie, Phtisis, Keuchhusten. – Magenbrennen, Magenkrampf, Plethora, Hämorrhoiden.

Kalium phosphoricum: Phosphorsaures Kali, D3–D12. Merkur-Uranus-Mittel. – Eines der Dr. Schüßler'schen Funktionsmittel. – Wirkt bei Störungen des Nervensystems und allgemeinen Erschöpfungszuständen. – Nervöse Depression, Neurasthenie, Hysterie und Hypochondrie. Gedächtnisschwäche, Schlaflosigkeit, Manien, Sinnestäuschungen, Halluzinationen, Angstzustände (Agoraphobie), Delirium tremens und sonstige Delirien, Krämpfe, Lähmungen, Kinderlähmung, postdiphtherische Lähmung, progressive Muskelatrophie, Arteriosklerose.

Lac defloratum vaccinum: Entrahmte Kuhmilch, D30–D300. – Ausgesprochenes Frauenmittel, daher Venusmittel. – Große Schwäche, Anämie, Chlorose, Migräne, Amenorrhoe.

Lachesis trigonocephalus: Lachesis – Schlangengift, D5–D300. – Sonnenmittel. – Wirkt auf Herz, Rückenmark, Blut, Nerven und weibliche Geschlechtsorgane. – Blutvergiftungserscheinungen, Zerfall der roten Blutzellen, hämatogener Ikterus, Septikämie, Skorbut, hämorrhagische Diathese, pyämische, typhöse Symptome, Ohnmacht, Konvulsionen, drohende Paralyse. – Scharlach, Diphtherie, Erysipel, Werlhoff'sche Blutfleckenkrankheit, Furunkel, Karbunkel, Ulcera cruris, phagedänischer Schanker, luetische Geschwüre. – Delirien, Manien, religiöser Wahnsinn, seelische und nervöse Depressionen, Bewusstlosigkeit, Koma, Hirnhautentzündung, biliöses Typhoid. – Krämpfe, Zuckungen, Rückenmarksparese und -paralyse, Apoplexie mit linksseitiger Lähmung. – Ovaritis sinistra, Endometritis, Klimakterium. – Bösartige Geschwüre, Brand in Wunden, Krebsgeschwüre, tief liegende Eiterungen, Stich- und Bisswunden giftiger Tiere.

Laurocerasus: Kirschlorbeer, D1–D12. – Wirkt auf den Vagus und die Atmungszentren. – Sonnenmittel. – Drohende Hirnlähmung, drohende Meningitis, Ohnmachtsanfälle, Sinken der Lebenskräfte, Epilepsie, Veitstanz, Keuchhusten, Lungenschwindsucht. – Priapismus, Magenkrampf, Aftermuskelkrampf, Blasenkrampf. – Asphyxie der Neugeborenen.

Lobelia inflata: Lobelie, D0–D9. – Merkurmittel. – Wirkt auf den Lungenmagennerv und die Atmungsorgane. – Atemnot, Asthma, Keuchhusten, Bronchitis chronica, Heufieber. – Magenkrampf, Dyspepsie, Hyperemesis.

Magnesium carbonicum: Kohlensäure Magnesia, D3–D30 – Wirkt auf die Leber, die Schleimhaut des Magen-Darm-Kanals und die Gebärmutter und ist in höheren Potenzen wirksamer, als in niedrigen. – Merkurmittel, zum Teil auch Uranusmittel. – Überempfindlichkeit des Nervensystems, Empfindlichkeit und Reizbarkeit, Hysterie und Hypochondrie, Krämpfe, Neuralgien. – Schwerhörigkeit und Taubheit. – Dyspepsie, Magenkrampf, Darmkolik und Obstipation, Wurmleiden. – Leberschwellung und Leberverhärtung.

Mercurius: Quecksilber, D2–D200. – Merkurmittel. – Wirkt auf die Nerven sowie auf alle Organe der Vegetation und Ernährung, namentlich auf das Blut und die Leber. Muss sehr vorsichtig gegeben werden, besonders wenn der Kranke dieses Mittel früher bereits allopathisch eingenommen hat. – Erethismus, Angst, Erregung, Selbstmordmanie, Imbecillitas, Idiotismus, nervöse und seelische Depressionen, Aphasia mentalis. – Muskelkrämpfe, Parese und Paralyse des Rückenmarks, Paralysis agitans. – Entzündungen und Geschwüre der Schleimhäute: des Auges (Blepharospasmus, Konjunktivitis, Keratitis, Maculae corneae, Iritis, Hypopyon, Skotome, Amaurosis), der Ohren (Eiterung, Schwerhörigkeit, Otitis externa und media, Tubenkatarrh), der Nase (akute Rhinitis, Ozaena, Pharyngitis), der Lunge (Laryngitis, Bluthusten, drohende Phtisis, Bronchial- und Influenzakatarrhe, Pneumonia catarrhalis), des Mundes (Foetor ex ore, Gingivitis, Stomacace und Stomatitis, Glossitis, Aphthen und Soor), des Halses (Mandel- und Drüsenschwellung, Angina, Diphtherie, sekundäre Lues), des Magens (Sodbrennen, Gastritis acuta und chronica, gastrisches Fieber), des Darmtraktes (Meteorismus und Kolik, Diarrhoe, Tenesmus, Typhlitis und Perityphlitis, Dysenterie, Peritonitis und Oxyuris vermicularis), der Harnorgane (Cystitis, Urethritis), der Geschlechtsteile (Phimosis, Orchitis und Epididymitis, Balanitis, Tripper, Ulcus durum et molle, Vaginalkatarrh, gonorrhoisch bzw. luetisch, Prolapsus Uteri, Metritis und Endometritis, Neigung zu Aborten). – Scharlach, Masern, Influenza. – Harnsaure Diathese, Diabetes, Fettsucht, Rheuma, Gicht, Skorbut, Werlhoff'sche Blutfleckenkrankheit, Lues I und II. – Drüsenschwellung und Drüsenzerfall, Skrofulöse, Bubonen, Lymphdrüsenverhärtungen. – Stauung, Entzündung und Schwellung der Leber, verminderte Gallensekretion, verstopfte Gallengänge, Tympanie, Ikterus, Hepatitis, Leberverhärtung, Cholangitis, Gallensteine, Ascites. – Dysurie, Strangurie, Anurie, Nephritis acuta und chronica, Schrumpfniere, Hydrops und Anasarka. – Knochenschmerzen, Periostitis, Periodontidis, Gelenkrheumatismus.

Mercurius cyanatus: Quecksilbercyanid, D6–D30. – Venusmittel. – Bösartige Form der Diphtherie mit Neigung zu Nekrose, Herzschwäche und drohendem Kollaps.

Mercurius jodatus flavus: Quecksilberjodür, D3–D6. Lues und Iritis luetica. – Diphtherie. – Venusmittel.

Mercurius solubilis Hahnemanni: D3–D30. – Marsmittel. – Tripper und Lues. – Lidkrampf, Ulcera corneae, Konjunktivitis scrophulosa und gonorrhoica, Iritis luetica. – Stomatitis, Stomacace, Glossitis, Skorbut. – Ruhr mit Tenesmus, Paedatrophie. – Leberschwellung und Leberentzündung, Gelbsucht nach Chininmissbrauch.

Mygale lasiodora: Schwarze Spinne in Cuba, D2–D60. Uranusmittel. – Veitstanz. – Chorda penis.

Natrium muriaticum: Kochsalz, D3–D300. – Marsmittel. – Wirkt am vorteilhaftesten in den höheren und höchsten Potenzen, und zwar auf Haut, Schleimhäute und Stoffwechsel. –

Schuppen, Finnen, Blüten, Bläschen, Akne, Soor, Ekzeme, Haarausfall, Seborrhoea capitis et faciei, Crusta lactea, Urticaria, Herpes labialis, Furunkel. – Schleimhautaffektionen: des Auges (Lichtscheu, Lidkrampf, Blepharitis, Ophthalmia skrofulosa, Katarakta), der Bronchien (Bronchitis chronica), des Verdauungstraktus (Skorbut, Sodbrennen, chronischer Magenkatarrh, Dyspepsia acida, gastrisches Fieber, Obstipation, Diarrhoe, Wurmbeschwerden), der Blase (Blasenkatarrh, chronischer Tripper), der Geschlechtsorgane (Fluor albus, Amenorrhoe, Endometritis von Anämie, Pollutionen, Impotenz, Folgen von Onanie). – Abmagerung, Marasmus, Anämie, Migräne, Chlorose, Malaria. – Harnsaure Diathese, Rheuma und Gicht chronisch, Neuralgien, Katarakta.

Natrium sulfuricum: Glaubersalz, D3–D30. – Jupitermittel. – Eines der Dr. Schüßler'schen Funktionsmittel, und zwar in erster Linie Lebermittel. – Leberschwellung, Ikterus, Stauungen der Galle und Gallefieber, chronische Obstipation, Pankreasstörungen, Ulcus ventriculi, Hepatitis, Typhlitis chronica, Gallensteinkolik, Diabetes, Bleikolik, Bandwurm. – Ferner: Hydrämie, Gicht und Rheuma, harnsaure Diathese, Leukämie mit Drüsenschwellungen.

Nux vomica: Brechnuss, D3–D300. – Marsmittel. – Wirkt auf das Spinalnervensystem (Gehirn und Rückenmark), das Ganglienervensystem, die Schleimhäute sowie die Atmungs- und Verdauungsorgane. – Hirnreizung, Kopfkongestionen, Schwindel, Krämpfe, Epilepsie, Tetanus, Trismus, Lidkrampf, Schreibkrampf, Depressionen, Migräne, Hysterie und Hypochondrie, Wahnideen, Selbstmordgedanken, beginnende Gehirnerweichung. Spinalirritation, Rückenmarkslähmung, Myelitis, Tabes dorsalis. – Schleimhautirritationen: des Auges (Blepharospasmus, Konjunktivitis, Iridochorioiditis), der Nase (Pharyngitis und Tubenkatarrh), der Luftwege (Asthma gastricum, Hämoptoe der Trinker), des Magens (Dyspepsie, Magenkrampf), des Darms (Blähungs- und Hämorrhoidalkolik, Obstipation krampfhafter Art, Dysenterie, Typhlitis, Typhus), der Leber (Leberverhärtung, Gelbsucht, Gallensteine). – Harn- und Blasenleiden, Cystitis acuta, Strangurie, Dysurie, Harndrang und Harnzwang, Prostata – Hypertrophie. – Impotenz, Folgen von Onanie, Fluor albus, Prolapsus uteri.

Oleander nereus: Lorbeerrose, D3–D10. Marsmittel, wirkt auf das Nervensystem und die Haut. – Kopfschmerzen, Schwindel, Zungenlähmung. – Ekzeme, Crusta lactea.

Paris quadrifolia: Einbeere oder Fuchstraube, D3–D12. – Uranusmittel, wirkt auf Hirn und Rückenmark. – Schwindel und Kongestionen, Neuralgie, Spinalirritation und Spinalparalyse.

Phosphorus: Gelber Phosphor, D5–D500. – Sonnenmittel, wirkt in höheren Potenzen besser und nachhaltiger, als in niedrigen, die nur mit großer Vorsicht zu geben sind. Sein Anwendungsgebiet ist ein sehr großes. Er wirkt auf Gehirn und Rückenmark, auf das gesamte Nervensystem, auf das arterielle und kapillare Gefäßsystem, auf Haut, Schleimhäute, Drüsen, Gelenke und Knochen und passt namentlich für schwächliche Konstitutionen, für magere, schlanke, lymphatische Personen und für solche, die zur Schwindsucht neigen; jedoch empfiehlt sich der vorherige Gebrauch von Ferrum oder China. – Erregungszustände, Furchtsamkeit, Schlaflosigkeit, Delirien, Manien, Hellsehen, Somnambulismus, Hysterie und Hypochondrie, Depressionen, Sopor, drohende Hirnlähmung, Chorea. – Spinale Neuralgien, Koordinationsstörungen, Schreibkrampf, Tabes dorsalis, Rückenmarksparalyse, Rückenmarkserweichung, Poliomyelitis, Neuritis, sexuelle Neurasthenie als Folge von Onanie oder geschlechtlichen Exzessen, Paraplegie, Paralysis agitans. – Katarakta im 1. Stadium, Asthenopie, Retinitis, Chorioditis, Opticus-Atrophie, Amaurosis. – Schwerhörigkeit, Taubheit, Otitis media. – Vermehrt die roten Blutkörperchen, daher Chlorose, Anämie und Leukämie, Marasmus und Altersschwäche, Barlow'sche Krankheit und Hämophilie, Werlhoff'sche Blutkrankheit, hämorrhagische Diathese. – Herzklopfen, Herzschwäche, Herzbeklemmung, Atemnot, Herzneurose, Angina pectoris, Fettherz, Aortenfehler, Endocarditis und Myocarditis. – Typhöse Fieber, Typhoid bei Scharlach, Masern oder Typhus. – Laryngitis acuta und chronica, Laryngospasmus, Bronchitis, Asthma bronchiale, Pneumonie, Phtisis. – Ulcus ventriculi, Magenkrebs, Magenkrampf, Darm-Obstipation, Diarrhoe, Sphinkterparese, Hämorrhoiden, Tenesmus, Cholera und Cholerine, Typhus abdominalis, Darmtuberkulose, Pfortaderstauungen, Ascites. – Venöse Hyperämie, fettige Degeneration der Leber, Ikterus, gelbe Leberatrophie, Leberzirrhose, Leberabszesse, Schwellung der Milz, fettige Entartung der Pancreas, Diabetes, Nephritis acuta, Hämaturie und Hämoglobinurie. – Pollutionen, Spermatorrhoe, Impotenz, Satyriasis, Onanie mit Rückenmarkschwäche, Fluor albus, Amenorrhoe, Nymphomanie. – Osteomyelitis, Craniotabes, Karies und Tuberkulose der Knochen, Coxitis und Coxarthrocace, fungöse Kniegelenksentzündung, Osteomalacie, Rheuma und Gicht. – Ekzeme, Psoriasis, Ulcera, Lupus.

Plantago maior: Wegerich, D0–D6. – Venusmittel. – Harndrang und Harnzwang, Enuresis. – Zahnschmerzen, kariöse Zähne. – Erregt Widerwillen gegen das Rauchen.

Platina: Platin, D2–D120. – Passt vorzugsweise für das weibliche Geschlecht und wirkt sehr vorteilhaft auf die weiblichen Geschlechtsorgane sowie bei Menstruationsanomalien. Ferner wirkt es auf Rückenmark und Nervensystem, auf Hirn und Psyche. – Fantasietäuschungen, Halluzinationen, Geister- und Gespenstersehen, Wahnideen, Größenwahn, Todesfurcht, Verfolgungswahnsinn, Hysterie mit Krämpfen, Epilepsie und Eklampsie, Neuralgie. – Große Empfindlichkeit der äußeren weiblichen Genitalien, Dysmenorrhoe, Menorrhagie, Fluor albus, Prolapsus Uteri, Regelkrämpfe, Ovaritis, Vaginitis, Vaginismus, Vulvitis und Vulvismus, Nymphomanie, sexuelle Zwangsvorstellungen. – Platina ist ein Neptunmittel. Man erinnere sich, dass Neptun zu den weiblichen Planeten gehört und als höhere Oktave des Mondes und der Venus starke Beziehungen zum weiblichen Geschlecht hat.

Plumbum: Blei, D4–D400. – Saturnmittel. – Wirkt auf Knochen und Gelenke und ist Spezialmittel gegen Lähmungen, findet aber mehr Anwendung auf das höhere Alter als auf jugendliche Personen: Bei Letzteren empfiehlt es sich nicht. – Krämpfe, Epilepsie, Lähmungen, Koma, Apoplexie, Amaurose, Rückenmarkslähmung, Tabes dorsalis, Muskelatrophie, Bulbärparalyse, Poliomyelitis, multiple Sklerose, Arteriosklerose, chronischer Rheumatismus, chronische Gicht. – Bleikolik und Bleiarthralgie, Bleilähmung und Bleiatrophie, Bleikrämpfe und Bleiamaurose.

Ranunculus bulbosus: Knolliger Hahnenfuß, D3–D24. Saturn-Uranus-Mittel. – Gehirnkongestionen, Gehirnkrämpfe von Mingitis, Delirium tremens, Epilepsie, Chorea, Rückenmarkslähmung, Cerebrospinalmeningitis, Poliomyelitis, Intercostalneuralgie, Lumbago, Psoitis. – Ekzeme, Herpes zoster, Pemphigusblasen, Psoriasis. Muskelrheumatismus. – Folgen von Alkoholismus.

Rhododendron chrysanthum: Gelbe Alpenrose, D0–D12. – Saturnmittel. – Wirkt vorzugsweise auf die Gelenke und Muskeln und ist daher in erster Linie ein Gicht- und Rheumamittel. Harnsaure Diathese, Gicht, Rheuma, Neuralgien. – Hodenverhärtung und Hodengeschwülste, Wasserbruch (Hydrocele).

Sambucus nigra: Schwarzer Holunder, D0–D9. – Venusmittel. – Blutwallungen, starke Schweiße, Wechselfieber. – Schnupfen, Heiserkeit, Laryngitis, Larynxkrämpfe, Spasmus glottidis, Krupp, Keuchhusten.

Sanguisorba officinalis: Wiesenknopf, D0–D12. – Blutungen passiver Art, besonders im Klimakterium, Tumoren des Uterus, Metritis chronica. – Varicen und Ulcera cruris. – Sonnenmittel.

Secale cornutum: Mutterkorn, D3–D30. – Uranusmittel, wirkt besser in niederen Potenzen. – Krämpfe, Epilepsie, Tetanus, Trismus, Geistesstörungen, Wahnideen, Tobsucht, Manie, Lähmungen, Tabes dorsalis, Paralyse, Myelitis, Wadenkrämpfe, Fingerkrämpfe, Zuckungen, Magenkrampf, Sphinkterkrampf. – Blutungen im Klimakterium, Gangraena senilis, Arteriosklerose, Raynaud'sche Krankheit, Diabetes mellitus.

Senega: Senegawurzel, D1–D10. – Marsmittel. – Wirkt auf die Schleimhautorgane und die Schleimhäute der Respirationsorgane. – Laryngitis, Bronchitis chronica, Lungenemphysem, Pneumonie, Phtisis, Keuchhusten.

Silicea: Kieselsäure, D3–D30. – Mondmittel. – Wird innerlich und äußerlich angewendet und wirkt innerlich in höheren Potenzen nachhaltiger als in niederen. – Es wirkt besonders auf das Knochen-, Haut- und Drüsensystem. – Schwindel, Furcht, fixe Ideen, geistige Unfähigkeit, Folgen von geistiger Überanstrengung, Gedächtnisschwäche, Schlafsucht, Krämpfe, Epilepsie, Migräne, Kopfgicht und Kopfrheuma, Pachymeningitis. – Motorische Schwäche der Muskeln und Gelenke, Spinalirritation, Trigeminusneuralgie, chronische Rückenmarksentzündung, Tabes dorsalis. – Entzündung des Zellgewebes, Panaritien, Phlegmone, Geschwüre, Furunkel und Karbunkel, Dacryo cystitis, Hordeolum, Chalacion, Hygroma, Überbeine, Tumor albus genu, Sarkome und Carzinome, Drüsentumoren, Adenome. – Skrofulöse, Rachitis, Lymphadenitis, Lymphangitis, Lymphosarkom, Parotitis, Ranula, Sialadenitis. – Karies der Knochen und Zähne, Nekrose der Knochen und Osteomyelitis, Periostitis, Coxitis, Gelenktuberkulose, Gelenkrheuma. – Entzündung der Schleimhäute: des Auges (Keratitis, Hypopyon, Hordeolum, Dacryocystitis, Katarakta, Augenmuskellähmung), des Ohres (Schwerhörigkeit), der Nase (Stock- und Fließschnupfen, Ozaena), der Lunge (Pneumonie, Phtisis, Lungenabszess, Lungengangrän), des Verdauungstraktus (Magenkrampf, Diarrhoe, Ostipation, Sphinkterkrampf, Tabes meseraica). – Ekzeme, Impetigo, Furunkel und Karbunkel.

Stangum: Zinn, D3–D30. – Jupitermittel. Wirkt hauptsächlich auf die Atmungsorgane, die Schleimhäute, die Verdauungsorgane und das Nervensystem. – Erschöpfung und Nervenzerrüttung, Schlaflosigkeit und Neurasthenie, Hysterie und Hypochondrie, Migräne, Krämpfe, Epilepsie. – Laryngitis tuberculosa, Phtisis pulmonum, Asthma pituitosum. – Dyspepsie, Magenkrampf, Prolapsus ani, Wurmkrankheiten. – Fluor albus, Prolapsus Uteri.

Stellaria media: Vogelmiere, D0–D3. – Rheumamittel. Wird auch äußerlich als Tinktur und Linament gebraucht zu Einreibungen. Mondmittel.

Sticta pulmonaria: Lungenflechte, D0–D3. – Merkurmittel, wirkt vornehmlich auf die Luftwege, in zweiter Linie auch auf die Nerven. – Bronchitis, Heufieber. – Schnupfen, Asthma, Keuch- und Krampfhusten, Grippe und Influenza, Krupp. – Hysterie, Hyperaesthesie.

Stramonium: Stechapfel, D3–D30. – Uranusmittel. – Wirkt auf Gehirn, Psyche, Rückenmark und Genitalien. – Kongestionen, Hirnreizungen, Manien, Halluzinationen, Delirien, Krämpfe, Delirium tremens, Chorea minor, Hydrophobie, Meningitis, Tabes dorsalis. – Erhöhter, bis zur Manie gesteigerter Geschlechtstrieb, Satyriasis und Nymphomanie, Uteruskrämpfe, Priapismus.

Strychninum phosphoricum: phosphorsaures Strychnin, D6–D120. – Marsmittel. – Wirkt auf das Nervensystem. – Veitstanz, Epilepsie, Lähmungen, Neuritis infolge Alkoholismus. – Nervöse Dyspepsie. Folge von geistiger Überanstrengung und Neurasthenie.

Sulfur: Schwefel, D3–D300. – Marsmittel, ist eines der unentbehrlichsten und wohltätigsten Polychreste. – Kopfweh, Schwindel, Schlafsucht, Delirien, Koma, Epilepsie, Gedächtnisschwäche, fixe Ideen, Melancholie, Hydrocephaloid. – Rückenmarksschwäche, Spinalirritation, chronische Myelitis, Paraplegie, Folgen von Onanie oder sexuellen Exzessen. – Chlorose, Anämie, Leukämie. Klimakterium. – Wechselfieber. – Dyskrasien, chronische Blei- und Quecksilbervergiftung. Chronische Lues. – Lungentuberkulose. – Magen-, Darm- und Leberkrebs. – Skrofulöse, Rachitis, Knochenverkrümmungen, Caries der Knochen, Knochenfraß, Coxitis, Osteomyelitis, Osteomalacie, Osteonekrosis, Osteochondritis, Lumbago, Rheuma, Ischias, Hygroma, Synovitis, Neuralgien. – Furunkel und Karbunkel, Ekzeme, Impetigo, Ichthyosis, Erysipelas, Herpes zoster, Panaritien, Fußschweiß, Frostbeulen. – Schleimhautreizungen: des Auges (Blepharitis ciliaris, Konjunktivitis, Keratitis, Katarakta, Hordeolum, Chalazion), des Kehlkopfs (Nasenkatarrh, Kehlkopfkatarrh, Krupp, Diphtherie, Bronchitis), der Lunge (hektisches Fieber, Pneumonie, chronisches Asthma, Tuberkulose), des Verdauungstraktus (Pfortaderstauungen, Leberanschoppung, Obstipation, Hämorrhoiden, Diarrhoe, Paedatrophie, Prolapsus ani, Hernien), der Blase (Cystitis chronica, Enuresis nocturna, Nierenbeckenkatarrh) und der Geschlechtsorgane (Balanitis, Tripper, Phimosis, Hodenentzündung, Para- und Perimetritis, Dysmenorrhoe, Pleuritis, Peritonitis, Ascites, Perityphlitis.

Sulfur jod.: Jodsaurer Schwefel, D3–D120. – Wirkt auf Haut, Drüsen und Schleimhäute. – Ekzeme, Geschwüre, Bartflechte, Ichthyosis, Elephantiasis. – Tonsillitis chronica, Lymphdrüsenschwellungen, Lymphangiom, Lymphangitis, Lymphosarkom, Lymphomyom. Rachenkatarrh, chronisch, Zungenentzündung, chronisch, Ozaena. Typhlitis chronica. Dickdarmkatarrh. – Venusmittel.

Symphytum officinale: Schwarzwurzel, D0–D3. – Saturnmittel. – Wirkt innerlich als Knochenmittel, äußerlich bei Beinbrüchen, Knochenverlegungen u. dgl. Fördert die Callusbildung. Knochenbrüche, Knochenhautentzündung. Verlegung der Knochen, Sehnen und Gelenke durch Fall, Stoß oder Quetschung. – Wirkt sich besonders äußerlich als Tinktur sehr gut.

Taraxacum leontodon: Löwenzahn, D0–D3. Jupitermittel. – Ausgesprochenes Lebermittel, das aber auch sehr günstig auf die Gallenabsonderung einwirkt. Leberschwellung, Hepatargie, Hepatitis, Hepatozirrhose, Diabetes, Polyurie, Cholämie, Cholecystitis. – Milzaffektionen.

Teucrium scorodonia: Wilder Gamander, D0–D3. – Marsmittel. – Lungen-, Knochen- und Hodentuberkulose.

Urtica urens: Brennnessel, D0–D8. – Marsmittel. – Äußerlich die Tinktur unverdünnt oder zur Hälfte mit Wasser verdünnt gegen Verbrennungen ersten Grades, gegen Nesselfieber (Urticaria) und gegen Kopfschmerzen. Gleichzeitig innerlich in 3. oder 4. Potenz. Außerdem innerlich bei Haut- und Bauchwassersucht, harnsaurer Diathese, Gicht und Rheuma, Obstipation, Enuresis und Nierenbeckenkatarrh sowie Milztumor nach Infektionskrankheiten.

Veratrum album: Weiße Nießwurz, D3–D120. – Sonnenmittel. – Gehört zu den Polychresten. Wirkt auf Geist und Psyche, Cerebrospinalsystem (Gehirn und Rückenmark), Blutgefäßsystem, Nervensystem, Herz, Sinnes-, Respirations- und Verdauungsorgane. Tiefe Potenzen sehr zweckmäßig bei Cholera anzuwenden, sonst besser mittlere und höhere Potenzen. – Angst, Furcht, Delirien, Manien (Nymphomanie), Epilepsie, Veitstanz, Meningitis, Poliomyelitis, Muskelkrämpfe, Collapsus, Wadenkrämpfe. – Keuchhusten, Glottiskrampf, Asthma cardiacum, Bronchospasmus, Bronchiolitis. – Kolik, Diarrhoe, Obstipation, Ileus, Miserere, Cholera asiatica und nostras, Ruhr, Brechdurchfall. – Herzneurose, Pericarditis, Endocarditis. – Anämie, Leukämie, Chlorose. – Wechselfieber.

Zincum metallicum: Zink, D2–D200. – Jupitermittel. Wirkt hauptsächlich auf Geist und Psyche, auf das Nervensystem, die Blutzirkulation und auf den Nervus vagus (Lungen-, Magennerv). Schwindel, Gedächtnisschwäche, Apathie, Schwäche- und Ohnmachtszustände, Lähmungen, Krämpfe, Delirien, Meningitis, Chorea minor, Hysterie, Apoplexie, Delirium tremens, Hypochondrie, Irrsinn, Paralysis agitans, Multiple Sklerose, Koordinationsstörungen, spinale Lähmungen, Speiseröhrenkrampf, Schreibkrampf, Wadenkrampf, Lidkrampf, Magenkrampf usw. – Trigeminusneuralgie, Brachialneuralgie, Zahnneuralgie, Ovarialgie, Ischias. – Asthma, Krampf- und Keuchhusten. – Angina pectoris. – Diarrhoe, Kolik, Obstipation, Darmkrämpfe, Dysenterie, Entzündung des Colon aszendens und deszendens. – Leberschwellung. – Fluor albus, Dysmenorrhoe.

Zizia aurea: Goldzizie, D0–D10. – Wirkt auf das Nervensystem. – Merkurmittel. – Hysterie und Hypochondrie, Veitstanz und Epilepsie, Konvulsionen und Krämpfe, Vulvismus, Vaginismus, Regelkrämpfe.

Zu dieser astrologischen Arzneimittellehre oder Astralpharmazie vergleiche der Leser das alphabetische Fremdwörterverzeichnis, welches dem II. Teile dieses Werkes angegliedert ist.

Wir haben oben in den Abschnitten 6 und 13 gesehen, dass sowohl die Planeten wie auch die Tierkreiszeichen ihre festbestimmte »physiologische Zahl« haben, die mit ihrem elementaren Zustand in Verbindung steht und für die biodynamische und physiologische Wirksamkeit derselben von größter Bedeutung ist. Um den Überblick zu erleichtern und dem Leser überflüssiges

Nachschlagen zu ersparen, mögen die »physiologischen Zahlen« hier nochmals zum Abdruck gelangen. Es kommen in Betracht:

Für die Planenten

1. Sonne = plus 1	6. Jupiter = plus 3
2. Mond = minus 12	7. Saturn = plus/minus 0
3. Merkur = plus/minus 0	8. Uranus = plus 4
4. Venus = minus 7	9. Neptun = minus 5
5. Mars = plus 5	

Für die Tierkreiszeichen

1. Widder = plus 7	7. Waage = minus 7
2. Stier = minus 7	8. Skorpion = plus 3
3. Zwillinge = plus/minus 0	9. Schütze = plus 5
4. Krebs = minus 14	10. Steinbock = plus/minus
5. Löwe = plus 13	11 = Wassermann = plus 4
6. Jungfrau = plus/minus 0	12. Fische = minus 4

Wir haben ferner gesehen, dass die »physiologische Zahl« *Null* den Punkt der Ausgeglichenheit, des Kräftegleichgewichts, darstellt und dass dieses Kräftegleichgewicht umso empfindlicher gestört wird, je mehr die physiologische Zahl sich vom Nullpunkt entfernt, dass also das Kräftegleichgewicht den idealsten Gesundheitszustand darstellt.

Es ist nur folgerichtig, wenn wir allen den einzelnen Planeten und Tierkreiszeichen unterstellten Organismen, mögen sie dem Menschen-, Tier-, Pflanzen- oder Mineralreich angehören, dieselbe »physiologische Zahl« zuerteilen, die dem Planeten bzw. dem Tierkreiszeichen zukommt, welchem der betreffende Organismus untersteht. So kommt allen Tieren, Pflanzen und Steinen, die dem Mars unterstehen, dessen physiologische Zahl plus 5 zu. Der Leser wolle sich hierbei nicht an der Bezeichnung »Organismus« stoßen.

Gemeint ist hiermit jede auf der materiellen Ebene befindliche Individualität, mag sie dem Menschen-, Tier-, Pflanzen- oder Mineralreich angehören, und mag sie sich in festem, flüssigem, gasförmigem oder ätherischem Aggregatszustande befinden. Wenden wir dies auf die Arzneimittel an, so finden wir, dass alle Arzneimittel, die der Sonne unterstellt sind, die physiologische Zahl »plus 11« haben. Die dem Mond unterstellten haben die Zahl »minus 12«, die dem Merkur unterstellten »plus/minus 0«, die der Venus subsumierten »minus 7«, die dem Mars subordinierten »plus 5« usw. Es ist dann die Aufgabe des Arztes, durch Auswahl des richtigen Mittels in Bezug auf die physiologische Zahl das Kräftegleichgewicht wiederherzustellen.

Es ergibt sich aber bereits aus diesen Andeutungen, dass unsere oben im Abschnitt 6 ausgesprochene Behauptung, Krankheit sei *Störung des Gleichgewichtes der Kräfte*, also Polarität, Heilung dagegen *Wiederherstellung des Gleichgewichts* und mithin Auflösung der Polarität, unbedingt richtig sein muss.

23. Der Mond und seine Einflüsse auf das Einnehmen von Medizinen und auf den Krankheitsverlauf

Über das Einnehmen von Arzneien hat Raphael in seiner MEDICAL ASTROLOGY eine Reihe von Aphorismen veröffentlicht, von denen die wichtigsten hier wiedergegeben werden sollen.

»Das Einnehmen von Medizinen geschieht am besten, wenn der Mond in den Zeichen Krebs, Jungfrau oder Fische steht.«

Dagegen sollen Medizinen und Drogen nicht eingenommen werden, wenn sich der Mond in den Zeichen Widder, Stier, Löwe, Steinbock oder Wassermann befindet. Günstig zum Einnehmen von Abführmitteln ist die Zeit, da der Mond und der Herrscher des Aszendenten unter dem Horizont stehen. Dagegen nimmt man zweckmäßig Brechmittel, wenn Mond und Aszendent über dem Horizont sich befinden.

»Die Augen sollen nicht mit Arzneien behandelt werden, solange der Mond in einem Erdzeichen seinen Stand hat oder von der Sonne schlecht aspektiert wird.«

Wenn es sich um eine akute, also eine nicht chronische Krankheit handelt, werden die wichtigsten Veränderungen in dem Befinden des Patienten dann eintreten, wenn der Mond sich von der Stellung, die er zu Beginn der Krankheit (Decumbitur) einnahm, in einem Winkelabstand von 45, 90, 135 oder 180 Grad befindet. Da sich eine akute Krankheit in der Regel nicht über die Dauer von 28 Tagen hinaus zu erstrecken pflegt, so sind der 7., 14. und 21. Tag immer als kritisch anzusehen. Weniger kritisch, aber auch sehr beachtenswert, sind der 10., 18. und 24. Tag. Ist auch am 28. Tage die Krise noch nicht behoben, so besteht die Gefahr, dass die Krankheit chronisch wird.

Ergibt sich die Notwendigkeit einer Operation, so soll niemals sofort operiert werden, wenn der Mond zu dieser Zeit sich innerhalb 17 Grad von der Sonne entfernt befindet oder wenn er in dem Zeichen steht, das den Körperteil oder das Organ beherrscht, das operiert werden soll. Vielmehr soll man lieber noch 2–3 Tage warten, bis der Mond wieder eine günstigere Position eingenommen hat. Auch Erholungsreisen und Badereisen sollen erst dann angetreten werden, wenn sich der Mond in guten Aspekten zur Radixstellung der Sonne und des Mondes befindet und von keinem der Übeltäter durch schlechte Aspekte verletzt wird.

24. Therapie und Astrologie. – Allopathie, Homöopathie, Isopathie und Biochemie. Komplexhomöopathie und Komplexbiochemie

Es ist eine der vornehmsten und wichtigsten Pflichten aller Eltern, besonders dann, wenn sie zarte oder schwächliche Kinder haben oder wenn der Verdacht besteht, dass für bestimmte Krankheiten eine »erbliche Belastung« vorhanden sei, z. B. für Tuberkulose,

Krebs, Lupus, Geschlechtskrankheiten usw., sobald als nur irgend möglich die Horoskope der Kinder von einem wissenschaftlich geschulten Astrologen ausarbeiten und namentlich auf die Krankheitsdispositionen hin untersuchen zu lassen. Geschieht dies, so kann beizeiten der Herd für spätere Krankheiten, Epidemien und Seuchen beseitigt werden und unseren Kindern, der heranwachsenden Jugend, den kommenden Generationen bleibt unendlich viel Leid, Kummer und Sorge erspart. Denn die Horoskopie zeigt die drohenden Krankheiten von der Wiege bis zur Bahre an, gestattet rechtzeitige Vorbeugung und ermöglicht zum mindesten eine starke Linderung des Leidens, wenn nicht gar dessen rechtzeitige Beseitigung. Ja, noch mehr! Durch rechtzeitige Stellung des Horoskops und durch sorgfältige Feststellung der Mängel und Schwächen der jeweils in Betracht kommenden Konstitution, durch Ermittlung der »physiologischen Zahl« und des »physiologischen Nullpunkts« lässt sich eine allmähliche Besserung und Höherentwicklung der Konstitution und des Körpers erreichen, insbesondere wenn man sich dann noch der astrologischen Pharmazie und Diätetik bedient und auch die Chromotherapie (vgl. Abschnitt 26) noch hilfsweise heranzieht.

Sind durch die astrologische bzw. astromedizinische Diagnose erst einmal die krankheitserzeugenden Faktoren aufgedeckt, steht es erst einmal fest, ob Mars oder Saturn im Einzelfalle als die Krankheitserzeuger infrage kommen, ob es sich um eine tonische oder atonische Krankheit handelt, so sind damit auch die allgemeinen und besonderen Richtlinien gegeben, nach denen die Heilwirkung erfolgen kann. Die Therapie selbst kann natürlich auf den mannigfaltigsten Grundlagen beruhen, seien diese allopathische, homöopathische, isopathische, biochemische, komplexhomöopathische, komplexbiochemische oder elektrohomöopathische, mögen sie auf der physikalischen Therapie, dem Naturheilverfahren, der Farbentherapie, der Pendel- oder Spiegelmagie, dem Heilmagnetismus oder dem Couéismus beruhen.

In der Schulmedizin besteht noch heute ein kaum überbrückbarer Gegensatz zwischen der allopathischen und der homöopathischen Therapie. Was aber versteht man unter Allopathie und unter Homöopathie, und welche Gegensätze kommen hier infrage? Schon Paracelsus, der berühmteste und zweifellos erfolgreichste Arzt des Mittelalters, kannte diese Gegensätze, verstand es aber meisterhaft, sie zu vereinen und jeden zu seiner Zeit in Geltung zu setzen. In seinen Unterlassenen Schriften finden wir den Satz: »Man darf nicht allein mit entgegengesetzten Mitteln operieren, wie die Alten, sondern man muss auch mit ähnlichen Mitteln heilen wollen. Nicht allein: Contraria contrariis, sondern auch: Similia similibus!«

Wenn wir heute diese beiden Therapien kennzeichnen wollen, so können wir sagen: Homöopathie ist die Bezeichnung für eine Heilmethode, die zu Ende des 18. Jahrhunderts von Dr. Samuel Hahnemann proklamiert wurde und zu großen Umwälzungen auf dem Gebiete der medizinischen Wissenschaft sowie zu einem Schisma zwischen den Vertretern dieser Wissenschaft geführt hat. Die Schulmedizin stand damals auf einem sehr tiefen Niveau, und ihre Hauptmittel waren der Aderlass sowie einige Purgier- und Brechmittel. Auch als im Jahre 1831 der Ausbruch der Cholera erfolgte, wurde von allopathischer Seite der Aderlass als das souveräne Mittel gegen Cholera gepriesen, und dieser Umstand veranlasste Dr. Hahnemann zu den schärfsten Protesten und zu einem völligen Bruch mit der Allopathie. Er wurde der Neubegründer der Homöopathie, die ihren Grundzügen nach ja bereits bis auf Hippokrates zurückgeht, der den Lehrsatz aufgestellt hat: »Die Beschwerden der Kranken werden geheilt durch ihnen entgegengesetzte Behandlungsweisen. Dies gilt für jede Krankheit. Ein anderer Weg ist dieser: Die Krankheit entsteht durch Einflüsse, die den Heilmitteln ähnlich wirken, und der Krankheitszustand wird beseitigt durch Mittel, die ihm ähnliche Erscheinungen hervorrufen.«

Der innere Gegensatz zwischen Allopathie und Homöopathie ist aber der folgende: Unter Allopathie (vom griechischen *allos*, d. h. anders, andersgeartet, entgegengesetzt) versteht man die Therapie, die sich zum Zwecke der Heilung solcher Mittel bedient, welche durch eine den Krankheitserscheinungen entgegengesetzte

Wirkung diese beseitigen sollen. Der Allopath vertritt den Standpunkt: »Contraria contrariis«, d. h. die angewendeten Heilmittel müssen eine entgegengesetzte Natur besiegen, als die Krankheit sie besiegt. Wenn z. B. jemand an Durchfall leidet, so verordnet der Allopath ein Mittel, das Verstopfung erzeugt. Dagegen ist an und für sich nichts einzuwenden unter der Voraussetzung, dass hierdurch die Krankheit vollkommen behoben wird. Dies ist aber bei der allopathischen Behandlung nur selten der Fall, da bei ihr in der Regel nur die äußeren Erscheinungen, die sogenannten Symptome des Leidens verschwinden, *dagegen nicht die krankheitserregenden Ursachen.* Ein zweiter Nachteil der Allopathie ist der, dass sie durch massige Dosen zu heilen versucht und sich hierbei gegebenenfalls auch giftiger Substanzen, wie z. B. Quecksilber, Arsenik, Atropin, Belladonna, Digitalis, Morphium usw., bedient. Diese Gifte üben naturgemäß eine schlimme und schädliche Nachwirkung auf den Organismus aus und führen sehr oft zu den sogenannten Medizinalvergiftungen bzw. zum Arzneisiechtum.

Die Homöopathie vertritt gegenüber der Allopathie den Standpunkt »Similia similibus curantur«. Sie ist also die Therapie, die sich zum Zwecke der Heilung solcher Mittel bedient, welche in ihrer Wirkung den Krankheitserscheinungen ähnlich oder verwandt sind (*homoios* bedeutet ähnlich oder gleichartig, d. h. verwandt). Sie verordnet auch nicht massige Dosen, konzentrierte Lösungen, sondern prozentuale Verdünnungen bzw. Verreibungen. Eine Verdünnung oder Verreibung im Verhältnis von 1 : 9 nennt man die erste Dezimalpotenz, eine solche von 1 : 99 die zweite, eine solche von 1 : 999 die dritte usw. Diese Dezimalpotenzen sind heute am meisten üblich. Es gibt aber auch Zentesimalpotenzen, bei denen die erste Verdünnung 1:99 beträgt, die zweite 1:9999, die dritte 1:999999 usw.; diese pflegt man aber nur selten anzuwenden.

Eine Abart der Homöopathie ist die **Isopathie** (vom griechischen Wort: *isos*, d. h. gleich). Sie heilt Gleiches durch Gleiches, wie die Homöopathie Ähnliches durch Ähnliches kuriert. Der Isopath heilt beispielsweise den Lungenkranken durch sein eigenes, entsprechend potenziertes Sputum (Auswurf) oder eine Strychninvergiftung durch Strychnin in 25. oder 30. Dezimalpotenz. Diese Methode beruht auf dem Gesetz des Polwechsels der hochverdünnten Lösungen, nach welchem ein Gift bzw. eine schädliche Substanz, wenn man aus ihr nach homöopathischen Grundsätzen hochpotenzierte Lösungen oder Verreibungen herstellt, gegen sich selbst als Gegengift wirkt. Nehmen wir beispielsweise Arsenik, das in der Urtinktur als schweres Gift wirkt, und fangen an, es nach homöopathischen Grundsätzen zu verdünnen, so wird es als Gift immer weniger und weniger wirksam, je mehr die Verdünnung fortschreitet, und schließlich kann man die Verdünnung so weit fortsetzen, dass überhaupt keine Vergiftungserscheinungen mehr auftreten, die Lösung also unwirksam oder indifferent erscheint. Wir sind dann am Nullpunkt oder Indifferenzpunkt angelangt, wo die schädlichen Wirkungen gleich null sind. Wollte man nun hier mit der Allopathie den Schluss ziehen, es sei zwecklos, mit der Verdünnung weiter fortzufahren, weil ja hier bereits die Wirkung gleich null sei, so wäre dieser Schluss unbedingt verfehlt. Er verstieße namentlich auch gegen das mathematische Gesetz, nach welchem die Null die Pforte oder der Durchgangspunkt ist, der von den positiven zu den negativen Größen führt. Wenden wir dieses Gesetz auf den vorliegenden Fall an, so gelangen wir zu dem Ergebnis, dass, wenn wir eine positive Kraft oder ein positiv wirkendes Prinzip immer schwächer und schwächer werden lassen, bis es endlich gleich null ist, und wenn wir die Schwächung auch über den Nullpunkt hinaus fortsetzen, diese Kraft auch jenseits des Nullpunktes wirksam bleibt, jedoch unter Umdrehung der bisherigen Zielstrebigkeit in der Art, dass ein Polwechsel eintritt, die bisher positive Kraft also nunmehr negativ wirkt und demgemäß eine neue Kraftwirkung darstellt, die entgegengesetzte Wirkungen äußert als vordem. Mit anderen Worten: Aus dem Gift ist ein Gegengift, aus der schädlichen Substanz ist ein Arcanum geworden!

Prüfen wir nun das bisher Gehörte vom astrologischen Standpunkt aus. Wir wissen, dass alle Planeten, wenn sie stark verletzt sind, spezifische krankmachende Wirkungen äußern. Wir wissen auch, dass allen Planeten hinsichtlich der Regulierung der menschlichen Körperfunktionen bestimmte Aufgaben zugeteilt sind. Die Sonne ist das Zentralorgan der Vitalität, Kraftzentrale und Erzeugerin der Lebensenergien. Der Mond reguliert die Zirkulation der Körperflüssigkeiten und gleichzeitig alle Perioden und Zyklen des menschlichen Organismus, namentlich des weiblichen Körpers (Menstruation), sowie den periodischen Ablauf der Krankheitsphasen. Merkur ist der Regulator der geistigen Zirkulation, der Gehirn- und Nerventätigkeit, des Gehörs, der Sprache und der Bewegung. Venus ist der Repräsentant der Fortpflanzung und der Regulator der inneren Sekretion. Auch das Venensystem ist ihr unterstellt. Mars stellt die männliche befruchtende Kraft dar. Ihm untersteht die Produktion der Körperwärme durch Blutoxydation und durch Muskeltätigkeit. Ferner stehen unter seinem Einfluss die Muskeltätigkeit, die Nieren, die inneren Brustdrüsen, die männlichen Zeugungsorgane und die Galle, ferner die Haare und die Nägel. Jupiter ist der zweite Lebenserhalter neben der Sonne und regiert als zweites Lebensorgan die Leber. Außerdem obliegt ihm die Regulierung des Blutkreises sowie die Speisung der Gewebezellen. Er beherrscht auch das arterielle Blut, die Bildung der roten Blutkörperchen und die Bereitung des Glykogens. Saturn ist der Planet der Kälte und der Erstarrung. Während Mars das zentrifugale, nach außen strebende, also ausdehnende, Prinzip vertritt, stellt Saturn das zentripetale, nach innen strebende, sich zusammenziehende, kristallisierende Prinzip dar. Er bewirkt also Hemmung der Sekretion, Verhärtung, Verkalkung, Ablagerung von Mineralstoffen, Gicht, Rheumatismus, Harn- und Nierengries, Blasen- und Gallensteine. Es unterstehen ihm das Skelett sowie die Zähne und Gelenke und die Haut. Uranus hat starken Einfluss auf das Zentralnervensystem. Ihm unterstehen die Krämpfe, paroxysmalen Tachykardien, Epilepsie, Manie, Tobsucht, Zuckungen, elektrische Schläge und dgl. Die Krankheiten des Neptun sind vorwiegend überphysischen Ursprungs und drücken sich physisch aus als Schlafsucht, Lethargie, Ekstase, Süchtigkeit, insbesondere Morphinismus, Kokainismus, Nikotinismus, Alkoholismus usw., ferner als Hysterie, Katalepsie, Halluzinationen, Wahnideen, dämonische Besessenheit usw. usw.

Wir wissen endlich, dass allen Planeten bestimmte **Mineralien, Pflanzen und Heilkräuter** unterstellt sind. Nehmen wir nun beispielsweise eine Scharlacherkrankung an. Scharlach ist eine Krankheit des Mars. Die Schulmedizin kennt gegen Scharlach u. a. folgende Heilmittel: Acidum muriaticum (Salzsäure), Ailanthus glandulosa (Götterbaum), Apisin (Bienengift), Arum triphyllum (Zehrwurzel, namentlich bei verstopfter Nase, geschwollenem Mund, rissigen Lippen und aufgedunsenem Gesicht), Belladonna (Tollkirsche), Hydrastis canadensis (Kanadische Gelbwurzel) und Stramonium (Stechapfel), namentlich, wenn Aufregung, Zittern und Krämpfe vorhanden sind. Von diesen Mitteln stehen Acidum muriaticum, Ailanthus, Apisin und Belladonna unter Mars, Arum triphyllum unter Venus, Hydrastis unter der Sonne und Stramonium unter Uranus. Für die astrologische Medizin scheiden demnach Arum triphyllum und Stramonium aus, denn sie kommen weder nach der allopathischen noch nach der homöopathischen Therapie infrage und haben anscheinend auch nur die Aufgabe, gegen gewisse Nebenerscheinungen zu wirken (Arum gegen Nasenverstopfung, die unter Venus steht, und Stramonium gegen Zittern und Krämpfe, die dem Uranus unterstellt sind). Acidum muriaticum, Ailanthus, Apisin und Belladonna entsprechen der homöopathischen Therapie, desgleichen auch Hydrastis.

Acidum muriaticum, Ailanthus, Apisin und Belladonna sind homöopathische Mittel, müssen aber, wenn sie wirksam sein sollen, in niedrigen Potenzen verabreicht werden, da sie in Hochpotenz nach dem Gesetz des Polwechsels ihre Wirkung umdrehen, also in entgegengesetzter, d. h. schädlicher Richtung wirken würden.

Nehmen wir ein anderes Beispiel: Arteriosklerose (Arterienverkalkung). Sie ist eine Saturnkrankheit. Die am meisten üblichen Mittel sind: Aurum jodatum, Baryum carbonicum (kohlensaures Bayrum), Cactus grandiflorus (Königin der Nacht), Strontium carbonicum (kohlensaures Strontium), Kalium jodatum (Jodkalium), Secale comutum (Mutterkorn) und Jodum (Jod). Von diesen Mitteln unterstehen Baryum, Strontium, Kalium, Jod und Secale dem Saturn, Cactus grandiflorus dem Mars und Saturn, Aurum jodatum der Sonne und dem Saturn. Die Erstgenannten entsprechen also der homöopathischen Heilweise, während Aurum jodatum und Cactus grandiflorus sowohl für die Allopathie wie auch für die Homöopathie Verwendung finden können. Da es sich bei der Arteriosklerose um eine chronische Krankheit handelt, sind nicht die tiefen Potenzen angebracht, die man im Allgemeinen nur bei akuten Erkrankungen anzuwenden pflegt, sondern die mittleren Potenzen (6–20.). Dagegen dürfen auch hier die hohen Potenzen nicht in Anwendung kommen, da dies einen Verstoß gegen das Gesetz des Polwechsels bedeuten würde.

Wenn wir die gebräuchlichen Werke über homöopathische Arzneimittel- und Arzneiwirkungslehre nachschlagen und uns über die hier infrage kommenden Mittel gegen Scharlach bzw. gegen Arteriosklerose informieren, so finden wir sowohl bei Acidum muriaticum, Ailanthus, Apisin, Belladonna und Hydrastis canadensis wie auch bei Baryum, Strontium, Kalium jodatum und Jodum den Vermerk, dass diese Mittel am wirksamsten in niedrigen und mittleren Potenzen sind. Die Schulmedizin ist also aufgrund langjähriger experimenteller Versuche zu denselben Resultaten gelangt, die uns die astrologische Medizin ohne Weiteres aufgrund logischer Konklusionen liefert, wenn wir uns nur vorurteilslos mit ihr beschäftigen und uns nicht absichtlich vor ihren Erkenntnissen verschließen, wie es ein großer Teil der heutigen Ärzteschaft sehr zum Nachteil der medizinischen Wissenschaft und der armen Kranken jetzt noch tut.

Aus der obigen Darstellung ersehen wir, dass Hippokrates mit seiner Ansicht im Recht war, wenn er behauptete, dass als Grundmethoden weder der Allopathie noch der Homöopathie entraten werden könne.

Wir gehen nunmehr zur **Biochemie** über. Was ist Biochemie? Wörtlich übersetzt die Lebenschemie, d. h. die Lehre von den chemischen Vorgängen und Veränderungen im menschlichen Organismus. Sie geht davon aus, dass unser Körper aus einer ungeheuren Anzahl von winzig kleinen Zellen besteht, die einen eigenen Stoffwechsel und eine eigene Lebenstätigkeit besitzen. Ihre

Ernährung und Erhaltung erfolgt durch eine geringe Anzahl von anorganischen Stoffen. Solange diese in dem erforderlichen Mengenverhältnis im Organismus vorhanden sind, ist dieser gesund. Die Gesundheit des Körpers beruht also auf einer richtigen und sachgemäßen Ernährung und der ordnungsmäßigen Zuführung der 12 sog. Funktionsmittel, welche den Stoffwechsel und den Blutkreislauf entsprechend regeln und in Funktion erhalten. Sind infolge einer Ansammlung von verbrauchten Stoffen (Selbstgiften) die Zellen nicht fähig, genügend Nahrung aufzunehmen, so werden sie arbeitsunfähig, ihre Widerstandskraft erlahmt und der Organismus wird von Krankheit befallen. Eine Besserung bzw. Heilung ist nur möglich, wenn den Zellen die fehlenden Stoffe zugeführt oder die im Übermaß vorhandenen beseitigt werden. Dies ist der Grundgedanke der Dr. Schüßler'schen Biochemie. Diese basiert also auf der Virchow'schen Lehre: »Leben ist Tätigkeit der Einzelzellen.« Und sie erkennt ihren zwölf Funktionsmitteln nicht nur chemische und physikalische, sondern auch biochemische und demgemäß physiologische Wirkungsweisen zu. Das aber, was auch sie noch nicht erkannt hat, ist die Tatsache, dass auch die sog. anorganische Natur belebt ist, dass es in dem Kosmos überhaupt nichts Unbelebtes gibt, dass also sämtlichen Naturreichen, dem mineralischen, pflanzlichen und tierischen (nicht nur dem menschlichen) Körper, Seele und Geist innewohnen, dass mithin das Problem des Lebens und das der Gesundheit nicht nur ein physikalisch-chemisch-physiologisches, sondern auch ein psychologisch-spirituelles ist. Jedes Atom, jedes Molekül und jede Zelle sind also nicht nur ein elektromagnetisches Kraftfeld, nicht nur ein Energiereservoir, sondern auch ein Zentrum vitaler, psychologischer und spiritueller Kräfte und mithin eine Manifestation, eine Offenbarung der Gottheit, die sich in ihren drei Erscheinungsformen als Weltseele, als Weltgeist und als Weitenkörper (Kosmos) offenbart.

1. Calcium fluoratum
2. Calcium phosphoricum
3. Ferrum phosphoricum

4. Kalium chloratum
5. Kalium phosphoricum
6. Kalium sulfuricum
7. Magnesium phosphoricum
8. Natrium muriaticum
9 Natrium phosphoricum
10. Natrium sulfuricum
11. Silicea
12. Calcium sulfuricum

Von diesen Funktionsmitteln stehen vom astrologischen Standpunkt aus die Mittel unter Nr. 6 unter der Sonne, zu Nr. 12 unter dem Monde, zu Nr. 5 und 7 unter Merkur, zu Nr. 4 und 9 unter Venus, zu Nr. 3 und 8 unter Mars, zu Nr. 10 und 11 unter Jupiter und zu Nr. 1 und 2 unter Saturn.

Über die einzelnen Mittel ist im Allgemeinen Folgendes zu sagen:

1. Calcium fluoratum (Fluorcalcium) findet sich in den Knochen und den Zähnen sowie in allen elastischen Geweben des Körpers. Es ist auch in der Knorpelsubstanz der Glaslinse des Auges enthalten. Trübungen des Auges, die auf Mangel an Fluorcalcium beruhen, sind demnach durch Zuführung dieses Mittels heilbar. Im Übrigen findet Fluorcalcium Anwendung bei Zahnkrankheiten, Knochengeschwülsten, Hämorrhoiden, Krampfadern, Arteriosklerose, Erschlaffung des Unterleibs, Magenerweiterung, harten und eitrigen Drüsen sowie bei Verlagerungen und Senkungen der Gebärmutter.

2. Calcium phosphoricum (phosphorsaurer Kalk) bildet den Hauptbestandteil der Knochen und Zähne. Durch Kalkarmut des Blutes entstehen englische Krankheit, Knochenkrankheiten, Rückgratverkrümmungen usw. Dieses Funktionsmittel wirkt demnach auch als Kräftigungsmittel, namentlich in der Kinderpraxis und wird gern verordnet bei schlechtem Zahnen, Knochenschwäche und Rachitis. Ferner bei zu häufigen Perioden der Frauen sowie bei Blutarmut und Bleichsucht der jungen Mädchen.

3. F e r r u m   p h o s p h o r i c u m (phosphorsaures Eisen) ist außerordentlich wichtig für das Blut. Es dient zur Übertragung von Sauerstoff, ohne den kein Stoffwechsel stattfindet, zumal er nichts anderes als ein Verbrennungsprozess ist. Ferrum phosphoricum ist ferner anwendbar bei Fieber sowie im ersten Stadium der Entzündungen, insbesondere bei Lungen- und Brustfellentzündung, endlich auch bei Gicht und Rheuma.

4. K a l i u m   c h l o r a t u m (Chlorkalium) ist in den Zellen enthalten und ist das Hauptmittel bei allen Entzündungen im zweiten Stadium. Es ist das gegebene Mittel bei allen Katarrhen, bei Belag der Zunge, der Mandeln oder der Rachenhöhle, bei Husten und Schnupfen, Diphtherie, Lungenentzündung und Hautausschlägen.

5. K a l i u m   p h o s p h o r i c u m (phosphorsaures Kali) bildet die mineralische Grundlage des Muskelfleisches und kommt ferner in den Gehirn-, Nerven- und Blutzellen vor. Es ist daher ein gutes Nerven- und Gehirnmittel und wichtig für das gesamte Nervensystem, für die roten Blutkörperchen und die Muskeln. Es wird demgemäß bei allen Nervenkrankheiten und Neurosen, bei Hypochondrie, Hysterie, Melancholie, Platzangst, bei Schwindelanfällen und Schwächezuständen, bei Gehirnleiden und Lähmungserscheinungen, bei Wochenbettfieber sowie bei übelriechenden Ausflüssen in Anwendung gebracht.

6. K a l i u m   s u l f u r i c u m (schwefelsaures Kali) steht in Beziehung zur Oberhaut, wird vorzugsweise verordnet bei Hautausschlägen, Ekzemen u. dgl., bei Katarrhen, wenn die Absonderung gelbschleimig ist, bei Abschuppungen der Haut nach Infektionskrankheiten (Scharlach), bei Weißfluss der Frauen, Kopfgrind (Tinea capitis) und Entzündungen im dritten Stadium.

7. M a g n e s i u m   p h o s p h o r i c u m (phosphorsaure Magnesia) kommt im Gehirn, den Nerven, dem Rückenmark, den Blutzellen, Muskeln, Knochen und Zähnen vor und macht die Knochen gegen Bruch widerstandsfähig. Dieses Mittel ist deshalb angezeigt bei Kopf- und Gesichtsschmerzen (Trigeminusneuralgie), bei nervösem Zahnweh, bei Krampfkrankheiten, Kolik, Blähungsbe-

schwerden, Schlagfluss und bei allen Schmerzen, die schießend, bohrend oder stechend sind und durch Wärme oder Druck gebessert werden. In akuten Fällen ist es in heißem Wasser zu geben, da es dann schneller wirkt.

8. Natrium muriaticum (Chlornatrium oder Kochsalz) ist sehr stark im Blut vertreten und dient als Regulator des Wassergehaltes unseres Körpers. Es ist daher auch wichtig für die Verdauung im Magen. Therapeutisch ist es angezeigt bei Erkrankung der Schleimhäute, bei sog. hydrämischen Zuständen (wässerige Beschaffenheit des Blutes), bei Verwässerung des Bindegewebes, der Muskel- und Sehnensubstanz (Nierenentzündung), bei Blutarmut, Bleichsucht, Speichel- und Tränenfluss, Verlust des Geruchs und Geschmackes sowie bei Stuhlverstopfung.

9. Natrium phosphoricum (phosphorsaures Natrium) findet sich in den Blutkörperchen, Nerven, Gehirnzellen und Muskeln und hat die Eigenschaft, die im Körper vorhandene überschüssige Milchsäure durch Zerlegung in Kohlensäure und Wasser unschädlich zu machen. Es findet daher Anwendung bei saurem Aufstoßen, Sodbrennen, Erbrechen und sauer riechenden Durchfällen. Da es die Harnsäure in Lösung hält, wird es ferner bei Rheumatismus häufig angewendet. Ferner leistet es gute Dienste bei Lymphdrüsengeschwulst und chronischem Rachenkatarrh. Es ist endlich das spezifische Mittel bei Harnsäurekrankheiten.

10. Natrium sulfuricum (schwefelsaures Natron, bzw. Glaubersalz) findet sich hauptsächlich in den Körperflüssigkeiten und hat, wie das Kochsalz, die Eigenschaft, Wasser anzuziehen und den Körper zu entwässern. Wo dieses Salz im Organismus fehlt, entsteht eine allgemeine Verwässerung des Körpers und Überladung des Blutes mit Harnsäure. Deshalb ist es das spezifische Mittel bei allen Leberleiden, bei Gelbsucht, Gallensteinleiden, Zuckerharnruhr, Wassersucht, Malaria und typhösen Erkrankungen. Auch bei Leukämie findet es häufig Anwendung.

11. Silicea (Kieselsäure) gibt allen Geweben Festigkeit und ist vorzugsweise enthalten in der Haut, im Bindegewebe, in den Haaren und Nägeln. Sie spielt deshalb bei der Haar- und Nagelbil-

dung eine große Rolle und eignet sich besonders bei skrofulöser und rachitischer Körperbeschaffenheit. Es ist das Hauptmittel gegen alle Eiterungsprozesse, weil es den Eiterausfluss befördert, ferner bei verhärteten Geschwüren und Geschwülsten und bei übelriechendem Fußschweiß. Auch bei Schwächezuständen und namentlich bei Erschöpfung des Nervensystems, bei Kopfschmerzen und Schlaflosigkeit findet es häufig Anwendung. Ferner spielt es eine bedeutende Rolle bei Lungenschwindsucht und Tuberkulose sowie bei Krebs.

12. Calcarea sulfurica (schwefelsaurer Kalk) findet sich besonders in der Galle und in der Leber und wirkt günstig ein auf Eiterungsprozesse und Abszesse sowie speziell auf eiterige Fisteln, wenn es im Wechsel mit Silicea gegeben wird.

Außer diesen zwölf anorganischen Grundstoffen finden sich, allerdings in sehr kleinen Mengen, noch Mangan und Jod im menschlichen Körper vor, und zwar Mangan im Blut, Jod in der Schilddrüse.

Da Landois im LEHRBUCH DER PHYSIOLOGIE (1921) der Meinung ist, dass auch diese Stoffe organische Bindungen im Körper eingehen, so können auch sie mit einer gewissen Berechtigung den sogenannten »Funktionsmitteln« zugerechnet werden.

Alle diese Funktionsmittel werden gewöhnlich in der 6. Verreibung eingenommen, Silicea und Ferrum phosphoricum auch in der 12. Verreibung. In akuten Fällen ist alle 2–3 Stunden einzunehmen, bei gefährlichen und schnell verlaufenden Krankheiten alle 10–15 Minuten, und zwar jeweilig eine Messerspitze voll oder 2 Tabletten oder 3–5 Körner eines Mittels.

Wir können nunmehr zur Komplexhomöopathie und Komplexbiochemie übergehen. Das grundlegende Werk für die **Komplexhomöopathie** ist das von Theodor Krauß (Regensburg) DIE GRUNDGESETZE DER KOMPLEXHOMÖOPATHIE, zu dem der praktische Arzt Dr. med. Joh. Dingfelder in München das Vorwort geschrieben hat. Krauß steht schon sehr auf okkultem Boden; dies gilt besonders von seiner Konstitutionslehre, zu deren Begründung er auf Paracelsus, Hahnemann, Grauvogl und Matthei Bezug nimmt. Auch das Gesetz von der Umdrehung der Pole ist ihm bekannt. Er bespricht es und prägt es um in den Satz: »Jede Arznei ist ihr eigenes Gegenmittel oder Gegengift, indem die Wirkung der schwachen die Wirkung der starken Dosis aufhebt. … In homöopathischer Weise verdünntes Schlangengift (Lachesis) wirkt als Gegenmittel gegen Schlangenbisse, in derselben Weise auch verdünntes Bienengift (Apisin) gegen Bienenstiche usw.« Auf Seite 48ff. behandelt er die eigentliche Komplexhomöopathie und prägt Seite 50 den Satz: »Die Kräfte homöopathisch gewählter und homöopathisch verdünnter (dynamisierter) Arzneien verändern sich nicht durch Mischung, sondern gehen harmonisch vereinigt nebeneinander her (parallel).« Sodann sagt er Seite 65: »Ein jedes komplexhomöopathisches Heilmittel ist demnach eine Zusammensetzung solcher Arzneien, welche durch eine Zweck- (physiologische) Gemeinschaft oder -Gruppe von anatomisch oder histologisch verwandten Organen sowohl auf die Regelung deren Tätigkeitszweckes örtlich (organisch oder lokal) als auch auf den Gesamtorganismus einwirken.«

Auf Seite 67 stellt er sodann folgenden Lehrsatz auf: »Jedes komplex-homöopathische Mittel wirkt in seiner Zusammensetzung aus einzelnen Arzneien zunächst (primär):

1. auf bestimmte Organe oder Gewebe, also örtlich organisch,
2. sekundär (reflektorisch) auf die mit diesem Organ oder Gewebe in Zweck- und Arbeitsgemeinschaft oder Verwandtschaft stehende Organgruppe,
3. universell (oder konstitutionell) durch dieselbe auf den Gesamtorganismus infolge der gegenseitigen Beziehungen der einzelnen Teile unter- und gegeneinander und in letzter Linie durch den gemeinsamen Stoffwechsel.«

Entsprechend den Grundwirkungen und den Spezialwirkungen der einzelnen Mittel kennt Krauß folgende Gruppen von Komplexmitteln:

1. *Stoffmittel* für den niederen Stoffwechsel (Umformung der Nahrungsmittel bis zur Bildung der Lymphflüssigkeit, soge-

nannte Verdauung) und als Ergänzungsmittel hierzu das *Laxativ* und die *Lymphmittel* Nr. 1 und 2,

2. *Adermittel* für den höheren Stoffwechsel (die Entwicklung des Blutes aus der Lymphflüssigkeit) und als eine besondere Klasse der Adermittel die *Brustmittel* als Heilmittel für die Atmungsorgane,

3. die *Fiebermittel* als eine weitere Unterart der Adermittel insofern, als sie als die Nervenmittel der Blutkreislauforgane anzusehen sind,

5. die *Wurmmittel* als eine Unterart der Stoffmittel, insofern sie auf den Darm wirken und die Verdauung regeln sowie den Darm von lästigen Parasiten zu befreien berufen sind,

6. die *Gewebemittel* als Mittel gegen Dyskrasie, Skrofulöse, Rachitis, Tuberkulose, Krebs, Brand, Knochenfraß, Wucherungen, Zerstörungen, Zerfall, Schwund usw.,

7. die *Vererbungsmittel* als Konstitutionsmittel im weitesten Sinne des Wortes und zugleich als „gemischte[44] Mittel insofern als sie gewisse Gemeinsamkeiten mit den Stoff-, Ader-, Vererbungs- und Wurmmitteln aufweisen,

8. die auf spagyrischem Wege hergestellten sogenannten *elektrischen Fluida* (vgl. auch die von dem italienischen Arzt Grafen Mattei sowie von dem deutschen Arzt Dr. Zimpel hergestellten vegetabilisch-elektrischen Heilmittel). Diese beruhen auf dem Axiom, dass alle Kraftschwingungen des sichtbaren und unsichtbaren Lichtes, der irdischen und kosmischen Elektrizität, des Magnetismus und aller jener Kräftewesenheiten des Alls, die Reichenbach unter dem Sammelnamen des »Od« begreift, in dem Organismus der Pflanze Eingang finden und dort aufgespeichert werden, sodass also die Pflanzen in diesem Sinne Akkumulatoren der lebendigen Kräfte des Alls sind und die auf spagyrische Art zubereiteten komplexhomöopathischen Pflanzen-Essenzen die radioaktiven Kräfte der Erde und des Weltalls in konzentrierter Form enthalten. Es leuchtet ein, dass diesen auf spagyrische Art hergestellten elektrischen Fluida oder Elektrizitätsmitteln eine ganz beson-

dere Heilwirkung innewohnt und dass sie als Arcana im wahrsten Sinne des Wortes anzusehen sind.

Ebenso wie aus der Homöopathie eine Komplexhomöopathie entstanden ist, hat sich auch aus der Biochemie eine **Komplexbiochemie** entwickelt. Da bei einer Krankheit nicht immer nur ein Stoff fehlt, der zu ersehen ist, sondern oftmals mehrere, da zuweilen auch Ablagerungen (Fremd- oder Selbstgifte) zu beseitigen sind, so müssen oft mehrere Mittel zur Anwendung kommen. Da aber das Einnehmen mehrerer Mittel (oft 6–8 oder gar noch mehr) im Wechsel meist sehr umständlich ist, so werden auch Komplexmittel hergestellt, die sog. bikomplexen Heilmittel, und oft mit größerem Erfolg eingegeben als die Einzelmittel im Wechsel ihn zeitigen können. Die bikomplexen Heilmittel stellen eine neue Arzneiform und eine exakte Dosierung der biochemischen Mittel dar und sind für die Anhänger der Biochemie deshalb so wertvoll, weil auf jeder Packung eine kurze und prägnante Charakteristik des betreffenden Mittels angegeben ist, sodass sich jeder sofort selbst in übersichtlicher Weise über den Wirkungskreis des betreffenden Mittels orientieren kann. Es werden 3–4mal täglich oder nach Bedarf alle 2–3 Stunden je 2–3 Tabletten genommen.

Im Übrigen dürfte es jedermann einleuchten, dass, wenn die Zugehörigkeit der einzelnen Funktionsmittel zu den einzelnen Planeten bekannt ist, auch die Zusammensetzung von bikomplexen Mitteln auf astrologischer Grundlage keine unüberwindlichen Schwierigkeiten mehr bieten kann.

25. Astrologie und Hygiene

Wenn es richtig ist, dass das Horoskop uns die Stärken und Schwächen unserer Konstitution, d. h. unserer körperlichen Verfassung und namentlich unserer Krankheitsdispositionen, enthüllt, so sind wir zweifellos in der Lage, durch gewisse Maßnahmen bzw. Ge-

genmaßnahmen Vorkehrungen zu treffen, die es uns ermöglichen, entweder die krankhaften Dispositionen ganz im Keime zu ersticken oder wenigstens ihre schädlichen Folgen auf ein Minimum zu reduzieren. Dies kann geschehen durch vernunftgemäße Diät, durch einen möglichst soliden Lebenswandel, insbesondere durch Befriedigung des naturgemäßen Schlafbedürfnisses, ferner durch Enthaltsamkeit von Alkohol und Nikotin sowie von narkotischen Mitteln, des Weiteren durch turnerische und sportliche Betätigung, durch Gymnastik, namentlich Atemgymnastik, und endlich durch seelische und geistige Kultur (innere Reinigung). Wem die Erkenntnis in Fleisch und Blut übergegangen ist, dass alle Krankheiten zuerst im Mentalkörper entstehen und erst von da aus durch den Astral- und Ätherkörper in den physischen Körper gelangen, der stellt in puncto »astrologische Hygiene« die »innere Reinigung« an die erste und oberste Stelle, der weiß, dass Leidenschaften aller Art, Hass, Rachsucht, Neid, Lieblosigkeit, Ärger, Wut, Beleidigung, Schmähsucht, Keifsucht, Eifersucht, Missgunst, Unzufriedenheit, Zanksucht, Tadelsucht, Liebesleidenschaft, Schürzenjägerei, Geilheit, Liebeshörigkeit usw. negativ wirkende und daher sehr gefährliche Kräfte sind, die sich letzten Endes gegen die eigene Persönlichkeit wenden und das eigene Mark, die eigene Lebenskraft verzehren. Darüber mehr zu sagen ist hier nicht der Ort. Sapienti sat!

Was die astrologische Diätetik betrifft, so ist sie so wichtig, dass ihr in diesem Handbuch ein besonderer Abschnitt gewidmet worden ist (vgl. den folgenden Abschnitt 26). Wir haben es hier also zu tun mit einem Gesundheitsschutz

a) durch vernunftgemäße Lebensweise,

b) durch turnerische und sportliche Betätigung.

Behandeln wir zunächst den Punkt zu a), so lassen sich hier für jeden Aszendenten einige positive und negative Durchschnittsregeln aufstellen, die erstens mit seinen konstitutionellen Krankheitsdispositionen, zweitens mit seinem Temperament und drittens mit seiner Polarität (vgl. Teil II im Kaptiel 9dieses Handbuchs) im Zusammenhang stehen. Was zunächst die aszendentalen Beziehungen betrifft, so lässt sich hier Folgendes sagen:

Aszendent Widder: Jede nervöse Überreizung, jede Überarbeitung und namentlich jede geistige Überanstrengung sind grundsätzlich zu vermeiden. Der Widder muss die ihm angeborene Anlage zur Ruhelosigkeit dadurch bekämpfen, dass er sich zur Ruhe zwingt. Auch seiner Leidenschaftlichkeit, seiner Neigung zu leichtem Aufbrausen und zu Zornausbrüchen, muss er Herr werden. Ferner muss er stets für ausreichenden Schlaf sorgen und daher tunlichst früh zu Bett gehen. Theodor Krauß weist in seinen GRUNDGESETZEN DER KOMPLEX-HOMÖOPATHIE, 1925, Seite 71 ff. ausdrücklich darauf hin, wie wichtig der *Schlaf* für den menschlichen Organismus ist. Er betont hier, dass die Nahrungsstoffe allein nicht genügen, unsere Arbeitsverluste im täglichen Leben zu ersetzen, dass vielmehr der Schlaf, und zwar der Nachtschlaf, besonders der vor Mitternacht, eine besondere Kraftquelle für unseren Körper darstellt, deren wir unter keinen Umständen zu entraten vermögen. Und in der Tat weiß jeder, der sich einmal etwas eingehender mit okkulter Physiologie befasst hat, dass tatsächlich, während alle andern Organe unseres Körpers ruhen oder doch wenigstens auf eine stark verlangsamte Tätigkeit zurückgestellt sind, eine geheimnisvolle Pforte unseres Organismus, das Sonnengeflecht, sich weit öffnet, um im wahrsten Sinne des Wortes Ströme von Kraft einzulassen und in unserem Körper anzusammeln. Dieses Nervenzentrum, das einen mit vielen Ganglienknoten versehenen Teil des Sympathikus bildet, spielt also hier die Rolle eines Akkumulators, indem es während des nächtlichen Schlafes die magnetischen und elektrischen Ausstrahlungen des Erdkörpers und des Weltenraumes auffängt, aufsaugt und aufspeichert, um diese Kraftströme sodann während der folgenden Tagesstunden allmählich wieder an den Körper abzugeben. Es ist auch dem Wissenden kein Geheimnis, dass das Sonnengeflecht diese seine kräfteerneuernde Tätigkeit vorzugsweise und mit größter Intensität in der Zeit zwischen 10 ½ Uhr abends und 1 ½ Uhr nachts ausübt und dass der Mensch deshalb gerade während dieser Zeit sich im Schlaf zustande und in liegender Stellung befinden soll. Für den Widder-Typ sind alle Alkoholika vom Übel, ebenso alle erhitzenden und aufreizenden

Getränke und Speisen. Das gilt ganz besonders von Likören und schweren Weinen. Turnen und Sport sind hier unbedingt erforderlich, damit der Körper sich gründlich auszuarbeiten in der Lage ist und die ihm angeborene Überaktivität nicht nach der falschen Seite hin sich auswirken lässt. Auch häufige kalte Bäder sind hier dem Körper sehr ersprießlich.

Aszendent Stier: Der Stier-Typ ist in der Regel sehr stark und kräftig und neigt zur Fettsucht und zu weitgehendster Bequemlichkeit. Für ihn lautet daher das Gebot: Möglichst wenig essen und möglichst viel Bewegung! Er sollte dem Fleischgenuss tunlichst schon in frühester Jugend entsagen und sich so viel als möglich auf Rohkost beschränken. Tägliche Spaziergänge, häufige warme oder heiße Bäder mit nachfolgendem kaltem Abbrausen sowie namentlich tägliche Atemgymnastik sind dringend erforderlich. Da der Stier für Wurmkrankheiten disponiert ist, muss er auch öftere Darmspülungen vornehmen und alle 6–8 Wochen eine Wurmkur durch Einnehmen von Wurmmitteln machen. Ferner ist es für ihn dringend erforderlich, dass er alle 14 Tage einen Tag lang völlig fastet. Im sexuellen Verkehr ist insofern große Vorsicht zu beobachten, als der Stiergeborene sehr zu sexueller Ansteckung neigt und für Geschlechtskrankheiten besonders disponiert ist. Da er auch für Halskrankheiten sehr inkliniert, so ist der Hals besonders zu schützen, und bei einer Diphtheritis- Epidemie tut er gut, sich sofort durch tägliches Trinken von Milch oder Kaffee mit Knoblauch sowie durch Einreiben der Hals- und Nasenpartie mit Knoblauch tunlichst zu schützen. Alkohol, namentlich Liköre und schwere Weine, sind auch hier vom Übel.

Aszendent Zwillinge: Der Zwilling hat die hyperästhetisch-sanguinische Konstitution und neigt zu Überempfindlichkeit (Hyperästhesie) der Nerven sowie zu Bronchial- und Lungenleiden und zu Asthma. Für ihn ist möglichst viel Aufenthalt an frischer Luft erforderlich, doch soll er sich nicht zu viel bewegen, sondern sich möglichst ruhig verhalten und sich unter allen Umständen zur Ruhe zwingen. Auch hier ist jede geistige Überarbeitung, jede Irritation der Nerven und jede Aufregung zu vermeiden. Da beim

Zwillings- und beim Jungfrau-Typ die geistige Konstitution besonders stark ist und oft sogar die physische und psychische Konstitution überwiegt, so müssen alle Zwillings- und Jungfrau-Geborenen einen ganz besonders soliden und ruhigen Lebenswandel führen, ausgesprochen natur- und vernunftgemäß leben und Ausschweifungen aller Art grundsätzlich vermeiden. Körper, Seele und Geist müssen hier in dauernder Harmonie miteinander stehen. Das sogenannte »seelische Gleichgewicht« spielt hier eine außerordentlich bedeutsame Rolle. Das Gewissen, der Regulator des seelischen und geistigen Gleichgewichts, ist hervorragend fein organisiert und stark reaktionsfähig, wird von einem starken Rechtsbewusstsein getragen und kann, wenn es irgendwelche Erschütterungen erfahren hat, den physischen und seelischen Gesundheitszustand stark beeinflussen. Die Gefahr geistiger und seelischer Depressionen liegt hier besonders nahe. Auch psychische Krankheiten können hier sehr infrage kommen. Besonders verhängnisvoll können geschlechtliche Ausschreitungen wirken, da sie das gesamte Nervensystem in Unordnung bringen können, während z. B. beim Widder-, Stier- und Löwe-Typ Exzesse auf sexuellem Gebiet nicht besonders stark ins Gewicht fallen. Auch Alkohol und Nikotin sowie alle narkotischen Mittel sind hier unbedingt zu meiden. Ersterer wirkt ungünstig auf die Nerven, während das Rauchen der Lunge schädlich ist. Der Zwillings-Typ tut gut, nicht ganz fleischlos zu leben, da ihm gemischte Kost besser bekommt als rein vegetarische Kost. Doch soll die fleischlose Kost überwiegen und zu dem Fleischgenuss im Verhältnis von 4 zu 3 stehen, sodass also an drei Tagen in der Woche Fleischkost und an vier Tagen fleischlose Kost eingenommen werden soll. Der Zwillingstyp soll früh aufstehen und früh zu Bett gehen. Er braucht als Erwachsener täglich mindestens 9 Stunden Schlaf, darunter mindestens 2 Stunden vor Mitternacht. Er soll täglich mindestens zweimal, abends und morgens, regelmäßig Atemübungen vornehmen. Besonders empfohlen werden hierbei die sechs rhythmischen Atemübungen, wie sie in der Mazdaznan-Atemlehre (Mazdaznan-Verlag Herrliberg) beschrieben worden sind.

Aszendent Krebs: Der Körper des Krebsgeborenen ist in der Regel ziemlich schwächlich, anfällig, blutarm und empfindlich, besonders gegen Wind und Kälte, wie überhaupt gegen Witterungseinflüsse und Witterungswechsel. Besonders empfindlich ist der Magen. Die Gefahr von Verdauungsstörungen, Katarrhen, Wassersucht, Krebs, Hypochondrie, Hysterie, Bleichsucht, Gedächtnisschwäche usw. liegt hier ganz besonders nahe. Da der Krebs fast immer unternormale Bluttemperatur hat (vgl. die Abschnitte 6 und 13), so ergibt sich für ihn die Notwendigkeit, durch kräftige und erwärmende Speisen und Getränke seine Bluttemperatur auf das normale Maß hinaufzuschrauben. Und während beim Krebs-Typ hin und wieder der Genuss von starken Weinen und gewissen Likören (namentlich Ingwer-, Wacholder- und Quittenlikör, Burgunder-, Ungar- und Südweinen) in kleinen Quantitäten durchaus förderlich wirkt, bringt er andererseits das Individuum in Gefahr, sich zu sehr an den Alkohol zu gewöhnen und mit der Zeit dem Laster der Trunksucht zu verfallen. Letzteres ist namentlich überall da zu befürchten, wo Mars im Zeichen Fische steht. Deshalb muss der Krebs-Typ einerseits vor dem Alkohol gewarnt werden; andererseits, wenn er im Einzelfalle zu den starken und konsequenten Charakteren gehört, kann er durch den Alkohol vor manchen Leiden, namentlich Magenleiden, Krebs usw., bewahrt werden. Er muss sich unbedingt viel Bewegung machen, besonders wenn er eine sitzende Lebensweise führt, und täglich mindestens zwei Stunden lang, auch bei Wind und Wetter, spazieren gehen. Tut er dies nicht, so läuft er Gefahr, mit der Zeit krebskrank zu werden, wozu er kraft seiner lymphatischen Konstitution primär disponiert ist. Ebenso droht ihm die Gefahr von Gicht-, Rheuma- und Hauterkrankungen. Ferner soll er mindestens zweimal wöchentlich im Interesse seines Unterleibs und seiner inneren Organe ein tunlichst warmes Bad nehmen mit anschließender kalter Brause. Auch er soll tunlichst gemischte Kost zu sich nehmen, sich aber an regelmäßige Mahlzeiten gewöhnen. Auch für ihn gilt der Satz: Früh aufstehen und früh zu Bett gehen! Vor allem, was mit Hypnotismus, Spiritismus und Mediumismus im Zusammenhang steht, soll er sich tunlichst hüten. Enthaltsamkeit in sexuellen Dingen!

Aszendent Löwe: Hier liegt die kardiale Konstitution vor, charakterisiert durch eine starke, natürliche Vitalität, durch kräftigen und muskulösen Körperbau und durch Neigung zu Hypertonie. Der Löwe-Typ muss also auf eine Herabsetzung seiner übernormalen Bluttemperatur Bedacht nehmen und deshalb im Essen und Trinken tunlichste Mäßigkeit und Zurückhaltung beobachten. Die gesündeste Diät ist für ihn die fleischlose. Alle erhitzenden und aufreizenden Speisen und Getränke muss er grundsätzlich meiden, ebenso jegliche Affekte, da Uranus das Gegenzeichen Wassermann beherrscht. Ebenso müssen längere Fieberzustände vermieden werden, da sie dem Herzen schädlich sind. Etwas Bewegung und etwas Sport sind hier am Platze, viel kalte Bäder und namentlich auch viel Wassertreten (Kneippkuren). Ebenso sind die Nerven hier tunlichst zu schonen, da die Gefahr von Neurosen sehr nahe liegt. Die Selbstbeherrschung spielt bei ihm eine große Rolle. Je mehr er sich selbst zu beherrschen lernt, um so besser wird er über andere zu herrschen vermögen. Er muss das geistige Prinzip vorzugsweise ausbilden, da bei ihm das körperliche und das seelische Prinzip überwiegen. Der Löwe-Typ soll möglichst keine hochgelegenen Wohnungen mieten, da übermäßiges Treppensteigen dem Herzen nachteilig sein kann. Auch bei Bergtouren soll er vorsichtig sein und dem Herzen keine Überanstrengungen zumuten.

Aszendent Jungfrau: Von diesem Typ gilt im Wesentlichen das, was für den Zwillings-Typ gesagt worden ist, gleichfalls. Es ist hier aber noch ferner zu bedenken, dass das Zeichen Jungfrau ein okkultes Zeichen ist und dass hier das Unterbewusstsein (der Nachtpol) eine große Rolle spielt. Die seelische Verfassung und der Gemütszustand üben hier einen starken Einfluss auf das körperliche Befinden aus, und der Jungfrau-Typ ist sowohl von äußeren Zufälligkeiten, materiellen und soziologischen Verhältnissen, wie auch von Witterungseinflüssen und physiologischen Perioden, persönlichen Beziehungen zu Vorgesetzten, Kollegen und Untergebenen u. dgl. m. stark abhängig. Jede ungünstige Gestaltung solcher Verhältnisse oder Beziehungen wirkt in gleichem Maße ungünstig auf die Psyche und auf die Physis ein. Der Jungfrau-Typ ist also wohl mit der empfindlichste und anfälligste Typ, da seine Psyche und somit auch seine Physis nicht nur von inneren, seelischen Vorgängen, sondern auch von reinen äußerlichen Zufälligkeiten abhängig sind. Hier spielt also das seelische Gleichgewicht eine ganz besonders große Rolle, und wenn es dauernd gestört wird, sind schwere seelische und geistige Störungen, nicht nur physische Anomalien zu erwarten. Der Jungfrau-Typ muss also die schwere Kunst der Selbstbeherrschung ganz besonders intensiv sich zu eigen machen und darf sich nur auf seine mit der Stimme des Gewissens in Einklang stehenden verstandesmäßigen Erwägungen und auf die Äußerungen des Unterbewusstseins (Nachtpols) verlassen, welch letztere ihm im Wege der Intuition zur Kenntnis gebracht werden, weshalb der Jungfrau-Typ immer gut tut, stets auf seine »innere Stimme« zu lauschen und ihr unbedingt Folge zu leisten. Im Gegensatz zum Zwillings-Typ soll sich der Jungfrau-Typ immer möglichst viel Bewegung machen, viel im Freien sein und täglich mindestens zwei Stunden spazieren gehen, wobei er zweckmäßig Atemübungen (Ausatmen, Stauen, Einatmen, Stauen) macht. Sein Lebenswandel soll ein tunlichst reiner sein. Vor »Wein, Weib und Gesang« soll er sich grundsätzlich hüten. Sie ziehen ihn seelisch, geistig und körperlich hinab. Der Jungfraugeborene ist der Typ, für den Reinheit und Reinlichkeit in allen Dingen, nicht nur im physischen, sondern auch im psychischen und mentalen Sinne, Lebensbedürfnis und Lebensnotwendigkeit sind. Der Jungfrau-Typ ist berufen, sich über die Materie zu erheben und sich ganz auf das Spirituelle einzustellen. Schon die ganze körperliche Veranlagung des Typs deutet hierauf hin. Sein Körper ist beispielsweise auf Allopathie gar nicht eingestellt und verträgt nur hochpotenzierte homöopathische Dosen. Gegen Alkohol und gegen Rauchen hat er meist eine starke Aversion, weil beides seine Geruchs- und Geschmacksnerven stark irritiert. Oft findet sich bei ihm auch ein starker Widerwille gegen sexuelle Betätigung, der durchaus nichts Unnatürliches an sich hat, sondern dem Gefühl innerer Reinheit entspringt und dem intuitiven Bedürfnis, sich von der Materie loszusagen und sich lediglich auf der spirituellen Ebene zu betätigen. Deshalb tut der Jungfrau-Typ gut, nicht zu heiraten und sich Berufen hinzugeben, in denen er sich der gesamten Menschheit nützlich machen kann. Denn das Zeichen Jungfrau ist das Zeichen des Dienens, sei es, dass man dem Staat oder einer öffentlichen Gemeinschaft oder dass man einer Idee dient. Jedenfalls handelt es sich immer darum, der Verkörperung des Willens des Weltengeistes zu dienen, und dieser Wille hat letzten Endes zum Ziele die Überwindung der Materie. Daher die vorwiegend geistige Einstellung, die sich naturgemäß auch in der Diät und in der Hygiene auswirkt. Vorwiegend fleischlose Diät unter Beschränkung auf Weizen, Hafer, Gerste, Obst, Gemüse u. dgl.; alkoholfreie Getränke, Enthaltsamkeit vom Rauchen. Unbedingte Anlehnung an die Natur. Viel Schlaf. Starkes Distanzbedürfnis. Hang zur Einsamkeit und Zurückgezogenheit. Vielfach von den Menschen missverstanden. Wird als Sonderling und Hypochonder angesprochen, ohne es zu sein. Die »innere Stimme«, das *Daimonion*, das Unterbewusstsein, der »Nachtpol« ist außerordentlich stark ausgeprägt und bildet, wenigstens bei höher gearteten Individuen, die unbedingte Richtschnur für alle Handlungen und Entschlüsse, sei es auf materiellem, psychischem oder spirituellem Gebiet. Die hygienischen und diätetischen Fragen spielen hier eine umso größere Rolle, als einerseits die Jungfrau das Zeichen für Hygiene und Diätetik ist, andererseits der Jungfrau-Typ primär für Leber- und Darmkrebs inkliniert. Im Übrigen spielt hier auch der Sympathikus eine außerordentlich große und wichtige Rolle.

Aszendent Waage: Hier herrscht die chole-nephritsche Konstitution, qualifiziert durch Störung der Ausscheidungstätigkeit des Blutes durch Nieren, Blase, Galle und Haut und demgemäß durch Inklination für Gallen-, Nieren-, Blasen- und Hautleiden. Hier gilt es, die Harnsäureleiden zu vermeiden und die Ausscheidungstätigkeit der vorgenannten Organe tunlichst zu unterstützen. Das geschieht in erster Linie durch möglichste Meidung des Alkohols. Namentlich Bordeaux- und Moselweine sowie alle Biere sind vom

Übel, noch mehr aber die Liköre. Zu meiden sind auch alle schweren Kohlarten, insbesondere Rosenkohl, Rotkohl und Weißkohl, hart gekochte Eier, faule Käse u. dgl. Viel Aufenthalt an frischer Luft. Fleißig Atemübungen machen! Oft warm baden, tunlichst 2 bis 3-mal wöchentlich. Man hüte sich ferner vor allen kosmetischen Mitteln, insbesondere Schminken, Lippenstiften, Hautsalben u. dgl., denn diese ruinieren die an und für sich sehr empfindliche Haut in Grund und Boden. Der Waage-Typ soll dagegen mindestens zweimal jährlich, und zwar jeweilig im März oder April und im September oder Oktober, eine sogenannte Blutreinigungskur vornehmen, um alle schlechten Stoffe aus dem Blut zu entfernen. Bei Hautunreinlichkeiten soll er niemals allopathische Schmiermittel gebrauchen, sondern grundsätzlich nur homöopathische Mittel, insbesondere auch homöopathische Salben, in Anwendung bringen. Ausschweifungen aller Art sind auch hier zu vermeiden. Das gilt ganz besonders von Ausschweifungen sexueller Art, aber auch vom Alkoholmissbrauch. Jede Form von Alkohol sollte gänzlich vermieden werden. Der Waage-Typ muss auch dafür sorgen, dass er seine Lenden stets warm hält. Erkältungen könnten hier zu schweren Nierenleiden führen. Die Konstitution ist nach dieser Richtung hin sehr empfindlich. Sobald Anzeichen für Steinleiden auftreten, ist sofort ein homöopathischer Arzt zu Rate zu ziehen. Operationen sollte der Waage-Typ aus guten Gründen tunlichst vermeiden. Sie könnten gerade ihn unter Umständen teuer zu stehen kommen.

Aszendent Skorpion: Er steht mit der venerisch- miasmatisch-kontagiösen Konstitution in engstem Zusammenhang. Diese zeichnet sich aus durch Neigung zur Störung des inneren Chemismus (der chemisch-biologischen Vorgänge) und durch besonders starke Disposition für Ansteckung bei infektiösen, namentlich venerischen Krankheiten, für Geschlechtsleiden, sog. Frauenleiden, Verbrennungen, Geschwüre (Rose, Karbunkel, Furunkel) u. dgl. m. Hier sind, ebenso wie beim Widder, alle aufreizenden und Speisen und Getränke zu vermeiden. Der Skorpion tut am besten, wenn er Fleischnahrung und Alkohol gänzlich meidet. Für ihn ist vegetarische Diät die einzig bekömmliche. Selterswasser und Sauerbrunnen sowie Obstsäfte und Malzgetränke sind für ihn die gesündesten Getränke. In geschlechtlicher Beziehung ist der Skorpion-Typ, ähnlich wie der Widder- und Löwe-Typ, etwas freier gestellt als die anderen aszendentalen Repräsentanten und darf sich nach dieser Richtung hin etwas mehr zumuten, aber natürlich ein gewisses gesundes Maß nicht überschreiten. Auch für ihn hat die goldene Regel von der »aurea mediocritas« entsprechende Geltung. Da er besonders stark für Fleisch-, Wurst-, Fisch- und Pilzvergiftung disponiert ist, tut er gut, alle einschlägigen Speisen grundsätzlich zu vermeiden. Bei Epidemien, Seuchen u. dgl. muss er sich ganz besonders vorsehen, da er für Ansteckungen besonders stark inkliniert. Er braucht häufige kalte Bäder und öfter kalte Klistiere, Letztere mindestens monatlich zweimal. Frauen dieses Zeichens sollen während der Dauer eines etwaigen Schwangerschaftszustandes besonders vorsichtig sein nach jeder Richtung hin und sich mindestens während der letzten sieben Schwangerschaftsmonate jedes Geschlechtsverkehrs und jedes Alkohols enthalten.

Aszendent Schütze: Er gibt die rheumatisch-neuralgische Konstitution, gekennzeichnet durch Neigung zu übermäßigen Verbrennungsvorgängen im Organismus, sodass eine übermäßige Schlackenbildung entsteht. Es ist demgemäß hier eine besondere Inklination für Gicht, Rheuma und Ischias sowie für Neuralgien und Gelenkentzündungen vorhanden, und besonders ist das Hüftgelenk gefährdet. Aber auch der ganze Nervenapparat bedarf äußerster Schonung. Ebenso ist die Lunge in steter Gefahr. Außerdem besteht hier eine starke Inklination für Sportunfälle aller Art, besonders aber beim Reitsport. Auch Jagdunfälle kommen infrage. Dies alles muss der Schütze-Typ berücksichtigen. Erkältungen können für ihn doppelt verhängnisvoll werden, einmal, weil die Gefahr von Gicht und Rheumatismus droht, und sodann, weil sie eine Gefahr für seine Lunge werden können. Auch der Alkohol birgt für ihn Gefahren, weil er die Grundlage für gichtige, rheumatische und ischiadische Erkrankungen bilden kann. Im Verkehr mit Tieren ist äußerste Vorsicht und Zurückhaltung geboten, da dem

Schütze-Typ bei schlechter Stellung des Jupiter immer Gefahren durch Tiere, namentlich durch Pferde und Hunde, drohen. — Für ihn sind allopathische Kuren ebenso schädlich wie für den Jungfrau- oder den Wassermann-Typ. Er darf sich nur auf homöopathische, isopathische und biochemische Methoden sowie auf Kaltwasserbehandlung (Kneippkuren) einlassen.

Aszendent Steinbock: Dieser hat die weitaus unangenehmste und verhängnisvollste Konstitution, nämlich die Autointoxikations- und dyskratische Konstitution, charakterisiert durch zu geringe Ausscheidung und nicht genügende Zerstörung der Abfallstoffe, wodurch übermäßige Anstauungen im Körper entstehen, die Peristaltik gehemmt wird und Koprostase sowie überschüssige Harnsäure sich bilden. Es besteht also hier ganz besondere Veranlagung zu Krebsgeschwüren aller Art, zur Bildung von Nieren-, Blasen- und Gallensteinen, zu Gelenkrheumatismus, Knochenleiden, Hauterkrankungen sowie zu Arterio- und multipler Sklerose. Der Steinbock-Typ muss also ganz besonders vernünftig und naturgemäß leben, sich aller Extravaganzen – auf welchem Gebiet es auch sei – enthalten und nach Möglichkeit ein Leben der Reinheit und Selbstbeschränkung sowie der Selbstbeherrschung leben, wenn er auf die Dauer gesund bleiben will. Die Vitalität ist hier ohnedies eine schwache, und ein Überschuss an Kräften ist nur sehr selten vorhanden. Die Nahrung soll anregend und wärmespendend sein, nicht ganz fleischlos, aber doch so, dass die vegetarische Kost überwiegt. An Getränken sind zu empfehlen malzige Getränke und Fruchtsäfte, Ingwer-, Quitten-, Vermouth- und Tokayerweine, aber sehr mit Maßen. Im Winter sind auch Grog und Glühwein zulässig, natürlich auch mit Maßen. In geschlechtlicher Beziehung ist tunlichste Zurückhaltung nötig. Andererseits ist es aber gut, wenn der Körper möglichst abgehärtet wird, namentlich gegen Kälte und Zugluft. Kosmetische Mittel sind auch hier vom Übel. Für die Psyche ist hier Kirchenmusik außerordentlich fördernd, die übrigens auch für den Jungfrau- und den Schütze-Typ ganz besonders günstig ist, während der Waage-Typ mehr auf Tanz- und Operettenmusik eingestellt ist.

Aszendent Wassermann: Dieser hat enge Beziehungen zur neuropathisch-neurasthenischen Konstitution, welche durch Neigung zu Nervenschwäche, Neurose und Neuralgie, zu Augenschwäche und Astigmatismus sowie zu gewissen Blutleiden (Anämie, Leukämie, Blutarmut, Bleichsucht usw.) qualifiziert ist. Hier spielen also namentlich die Neurosen eine große Rolle. Wo Uranus im Horoskop ungünstig gestellt ist, besteht überdies eine gewisse Neigung für körperliche Schädigungen durch Blitz, Unwetterkatastrophen, Elektrizität usw. sowie durch Unfälle bei Autofahrten oder bei Benutzung von Luftschiffen und sonstigen Luftfahrzeugen. Er tut also gut, hier äußerst vorsichtig zu sein. Allopathische Behandlungsweisen können für ihn geradezu verhängnisvoll werden. Er ist, wie kein anderer Typ, auf Homöopathie und Biochemie sowie auf naturgemäße Heilmethoden angewiesen, insbesondere auch auf Farbentherapie, Röntgenstrahlen, Heißluftbäder, Mechanotherapie, Heilmesmerismus und Atemgymnastik. Auch er soll möglichst oft die Blutreinigungskuren durchmachen und viel Atemgymnastik treiben. Auch Kneippkuren zeitigen hier gute Erfolge. Die Diät soll vorsichtig und auf reizlose Kost eingestellt sein. Vegetarische Kost wirkt erheblich besser als Fleischkost. Alkohol ist vom Übel und dasselbe gilt vom Rauchen.

Aszendent Fische: Hier ist die lymphatisch psychoneurotische Konstitution gegeben, welche einerseits durch Inklination für Entartung der Körperflüssigkeiten und dementsprechend Erweichung des Drüsengewebes und Erkrankung des Lymphsystems, andererseits durch Neigung zu Abnormitäten des Seelenlebens, Wahnideen, Halluzinationen, Somnambulie, hypnotischer und spiritistischer Mediumität, zu psychoneurotischen Zuständen (Schlafsucht, Lethargie usw.), Süchtigkeit (Morphinismus, Kokainismus, Alkoholismus usw.) und durch krankhafte Vorliebe für Drogen sowie für narkotische und analeptische Gifte (Tabak, Kaffee, Tee) gekennzeichnet ist. Der Fisch-Typ hat in der Regel sehr wenig Neigung, die erforderliche Körperpflege zu treiben, und ist nach dieser Richtung hin sehr bequem und indolent. Ferner besteht bei ihm in der Mehrzahl der Fälle eine starke Neigung für alkoholische Getränke. Auch isst er viel und legt zuweilen mehr Wert auf die Quantität als auf die Qualität des Essens. Bei seiner angeborenen Willensschwäche wird er oft ein Sklave seiner Leidenschaften und verfällt daher leicht dem Morphinismus, Kokainismus usw. Sobald er sich auf Hypnotismus und hypnotische Experimente einlässt, gerät er unwiderruflich und unrettbar unter fremden Willen und wird ein willenloses Werkzeug in der Hand seines Hypnotiseurs. Auch die Liebeshörigkeit findet hier ihre meisten Opfer, wie sich ja der Fisch-Typ nur allzu leicht in die Hörigkeit anderer zu begeben pflegt. Seine Willensschwäche wird durch Alkohol, Spiritismus und Hypnotismus nur noch bestärkt. Deshalb soll er diese Dinge meiden wie die Pest. Auch soll er mit allen Mitteln gegen seine Willensschwäche vorgehen. Da er für Lungenleiden stark disponiert ist, soll er sich ferner vor Erkältungen hüten und namentlich die Füße gut warm halten. Auch soll er gute Fußpflege treiben, da er zu Fußleiden (Fußschweiß, Hühneraugen u. dgl.) inkliniert. Auch vor Fußknöchelbrüchen und »Vertreten des Fußes« soll er sich hüten.

Gehen wir nun zu den **Einflüssen des Temperaments** über, so waren auch diese bereits den Indern, Persern, Chaldäern und Ägyptern bekannt. Diese bauten ihre Gesundheitslehre und ihre Körperpflege vollkommen auf astrologischer Grundlage auf:

a) Ist die Sonne von den Übeltätern schwer verletzt, so haben wir auf Vererbung vonseiten der Vorfahren zu schließen. Das Zeichen, in dem die Sonne steht, zeigt an, wo das überkommene Übel lokalisiert ist. Zum Beispiel haben wir auf einen organischen Herzfehler zu diagnostizieren, wenn die Sonne im Löwen verlegt ist. Es ist auch ratsam, schlechte Saturneinflüsse durch den Aufenthalt in wärmeren Klimaten zu paralysieren.
b) Wenn die Himmelslichter im Krebs oder vom Krebs aus verunglimpft werden, so müssen wir besonders auf die Qualität unserer Nahrung achten, aber auch auf die Art und Weise, wie und auf die Zeit, wann wir sie zu uns nehmen. Wenn wir alle möglichen Speisen durcheinander essen ohne Rücksicht auf ihre chemische Affinität, so dürfen wir uns nicht wundern, wenn wir

häufig von Verdauungsstörungen und Magenleiden heimgesucht werden. Ähnlich müssen wir, wenn das Zeichen Jungfrau im Horoskop stark verlegt ist, vernünftig in der Auswahl unserer Speisen vorgehen, damit wir Kolik und Gärung in den Därmen vermeiden. Und alle schweren Speisen, wie z. B. Erbsen, Bohnen, Kartoffeln, Rot- und Weißkohl, Rosenkohl, harte Eier, Käse, Schweine- und Hammelfleisch u. dgl., dürfen wir dann nicht genießen.

c) Die besten Tage zur Weckung und Hebung der Lebenskräfte sind diejenigen, an welchen der Mond in den Zeichen Stier, Löwe und Jungfrau steht. Die besten Tage für Gymnastik und Massage sind die, an denen der Mond in den Zeichen Stier oder Löwe und außerdem in guten Aspekten zur Sonne und zu Mars steht. Für die Anwendung von Vibrationsmethoden ist die Stellung des Mondes im Löwen oder Wassermann am günstigsten, falls hierbei der Mond in gutem Aspekt zu Uranus steht. Bei einer Behandlung mit Elektrizität oder Magnetismus soll der Mond in einem der feurigen Zeichen Widder, Löwe oder Schütze und in gutem Aspekt zum Uranus stehen. Wer Abführmittel einnehmen will, soll dies unter keinen Umständen tun, solange der Mond in einem der festen Zeichen Stier, Löwe, Skorpion oder Wassermann steht. Vielmehr soll er die Stellung des Mondes in den Zeichen Krebs oder Fische abwarten, die sich hierfür am besten eignen. Für das Fasten ist am günstigsten die Stellung des Mondes in dem Zeichen Stier.

Das **Temperament** des Nativen kommt auch infrage bei der Auswahl des Wohnsitzes und der Wohnung. Hierüber schreibt sehr interessant Dr. Duz in seinem Buch ASTRO-MEDIZIN UND THERAPEUTIK, wo er namentlich folgende Punkte hervorhebt:

Im Allgemeinen sind die Örtlichkeiten, die im Tal eingebuchtet liegen, wärmer als die auf Anhöhen liegenden, weil die kalten nördlichen Winde, wenn sie nicht gerade das Tal gegen Norden zu offen finden, hier keinen Zutritt haben. Die gegen Westen liegenden Örtlichkeiten sind wärmer, wenn sie gegen Osten offen sind. Die Orte an der Meeresküste sind kühl und feucht. Sind sie aber der

Südsonne ausgesetzt, dann sind sie warm und feucht. Und zwar sind die an der östlichen Küste gelegenen Ortschaften feuchter als jene an der westlichen Küste, wo die trockenen Winde vorwiegen. Es sind somit der Nordwind kalt, der Nordost kühl und trocken, der Ostwind trocken, der Südost warm und trocken, der Südwest warm und feucht, der Westwind feucht und der Nordwest feucht und kalt.

Was die Wohnung betrifft, so ist eine gegen Norden gelegene Wohnung immer ungünstig für diejenigen, die ein kalt-trockenes, also ein lymphatisch-nervöses Temperament haben, aber günstig für das warm-feuchte, also gallig-sanguinische Temperament. Eine gegen Süden gelegene Wohnung ist umgekehrt günstig für das lymphatisch-nervöse und ungünstig für das gallig-sanguinische Temperament. Liegt die Wohnung gegen Osten, so ist sie günstig für das kalt-feuchte, also das lymphatisch-sanguinische, ungünstig aber für das warm-trockene, also gallig-nervöse Temperament. Liegt umgekehrt die Wohnung nach Westen, so ist sie günstig für das gallig-nervöse, aber ungünstig für das lymphatisch-sanguinische Temperament. Vergegenwärtigen wir uns, dass das gallig-nervöse Temperament mit den Feuerzeichen, das gallig-sanguinische mit den Luftzeichen, das lymphatisch-nervöse mit den Erdzeichen und das lymphatisch-sanguinische mit den Wasserzeichen in Verbindung steht, so erhalten wir folgende Grund-sätze für die Auswahl der Wohnung: Es sollen wählen Leute mit den Aszendenten Widder, Löwe und Schütze eine nach Westen gelegene, Leute mit den Aszendenten Zwillinge, Waage und Wassermann eine nach Norden gelegene, Leute mit den Aszendenten Stier, Jungfrau und Steinbock eine nach Süden gelegene und Leute mit den Aszendenten Krebs, Fische und Skorpion eine nach Osten gelegene Wohnung.

Gehen wir nun zu den aus der **Polarität** sich für den Einzelnen ergebenden Regeln über. Wir haben oben gesehen (vgl. Abschnitt 5), dass die Polarität mit der Stellung der einzelnen Gestirne in negativen oder positiven Zeichen im Zusammenhang steht. Positiv gestellte Menschen sind tonisch veranlagt, negativ gestellte atonisch. Der tonische Mensch wird vorwiegend von tonischen Krankheiten, der atonische überwiegend von atonischen Krankheiten heimgesucht. Nach den Grundsätzen der Allopathie kommen für den tonischen Menschen atonische und für den atonischen Menschen tonische Heilmittel infrage. Hierbei ist aber das Gesetz von der Umdrehung der Pole zu beachten. Nach den Grundsätzen der Homöopathie kommen für den tonischen Menschen tonische und für den atonischen Menschen atonische Mittel infrage, gleichfalls unter Beachtung des Gesetzes von der Umdrehung der Pole. Aber nicht nur tonisch bzw. atonisch wirkende Heilmittel kommen für diese Regel infrage, sondern auch tonisch bzw. atonisch wirkende Diät sowie tonisch bzw. atonisch wirkende Hygiene. Und diese *Diät* bzw. diese *Hygiene* stehen vorwiegend unter der Signatur der Allopathie. Der tonisch veranlagte Mensch soll atonisch wirkende Diät beobachten und atonisch wirkende Hygiene treiben. Die umgekehrte Regel dagegen gilt für den atonischen Menschen. Für ihn eignen sich nur tonische Diät und tonische Hygiene. Geht man nur vom Aszendenten aus, so sind tonisch veranlagt alle Menschen mit den Aszendenten Widder, Zwillinge, Löwe, Waage, Schütze und Wassermann, atonisch alle Menschen mit den Aszendenten Stier, Krebs, Jungfrau, Skorpion, Steinbock und Fische. Ein Widder-Typ z. B. ist tonisch veranlagt und demgemäß nach den vorstehenden Ausführungen auf atonische Diät und atonische Hygiene eingestellt. Er muss also alle erhitzenden und aufreizenden Speisen und Getränke meiden und sich an die Speisen bzw. Getränke halten, welche eine entgegengesetzte Wirkung auslösen. Für ihn eignet sich also von vorneherein der Fleischgenuss überhaupt nicht. Pflanzen, Gemüse, Obst usw. sollen, soweit sie für ihn als Nahrung infrage kommen, unter einem der negativen Planeten Mond, Venus oder Neptun – allenfalls auch unter einem der neutralen Planeten Merkur oder Saturn –, stehen. Es kommen also für ihn u. a. in Betracht Gurken, Melonen, Endivien, Lattich, Kürbis, Kohl, Kresse, Kümmel, Saxifraga, Runkelrübe, Wegerich, Quitte, Schlehe, Artischocken, Datteln, Bananen, Brombeeren, Preiselbeeren, Pfirsiche, Birnen, Kirschen, Pflaumen u. dgl. m. Was die Hygiene betrifft, so sind für ihn nicht heiße, also tonische, sondern kalte, also atonische Bäder geboten. Ruhe (also Atonie) ist für ihn zweckmäßiger als Bewegung (Tonizität). Jede Überaktivität (tonische Betätigung) ist für ihn vom Übel. Für ihn empfiehlt sich weit mehr eine gewisse Passivität (Atonie).

Ganz anders beim Krebs-Typ. Dieser ausgesprochen atonische Typ braucht tonische Nahrung, also solche, die unter Sonne, Mars oder Jupiter steht, insonderheit Oliven, Mandeln, Lorbeer, Safran, Tormentill, Senf, Wacholder, Reis, Getreide, Wein, Schwarzwurzel, Rettich, Radieschen, Linsen, Flieder, Anis, Spargel, weiße Rüben, Boretsch, Körbelkraut, Kastanien, Datteln, Feigen, Aprikosen, Salbei, Zichorie, Nüsse, Himbeeren, Enzian, Wacholder, Aloe, Kapern, Koriander, Knoblauch u. dgl. m. — Der Ruhezustand und der der Bequemlichkeit sind für ihn nicht angebracht. Er muss sich möglichst viel Bewegung machen, muss Sport treiben, spazieren gehen, Atemübungen machen usw. usw. Für ihn ist Aktivität, ja auch Überaktivität, geboten und im Interesse seiner Gesundheit notwendig. Für ihn sind heiße Bäder weit nützlicher als kalte. Für ihn empfiehlt sich Heißlufttherapie, Mechanotherapie u. dgl., Gymnastik in jeder Form, Bewegung in jeder Form.

Die genaueste Auskunft über die Veranlagung des Einzelnen, speziell darüber, ob sie tonisch oder atonisch ist, gibt letzten Endes die »physiologische Zahl«, die sich aus jedem Horoskop genau errechnen lässt.

Es bleibt jetzt nur noch einiges zu sagen über den Wert sportlicher Betätigung. Diese wird in heute bereits stark überschätzt. Es bleibt dabei aber zu berücksichtigen, dass die Jetztzeit ganz einseitig materiell eingestellt ist. Psychische und spirituelle Werte, Idealismus und Spiritualismus stehen heute sehr niedrig im Kurs. Dies beweist schon der ungeheure Rückgang der Moral und Ethik seit dem Beginne des unseligen Weltkrieges. Der Materialismus steht auf der Höhe seiner Macht und feiert Orgie über Orgie. So fasst man natürlich auch das Prinzip der Höherentwicklung rein einseitig vom materiellen Standpunkt aus und glaubt, durch eine »Ertüchtigung« des Körpers der momentanen Misere Herr werden zu können. Man vergisst dabei aber, dass der Mensch nicht nur ein Klumpen Materie, sondern dass er eine aus der Göttlichen Dreieinigkeit entsprungene menschliche Dreieinigkeit ist, die aus Körper, Seele und Geist besteht und nach Maßgabe des alten Wortes »Wie oben, so unten« eine Entsprechung der Göttlichen Dreieinigkeit »Weltengeist, Weltenseele und Weltenkörper« bildet. Wenn man also »ertüchtigen« will, so darf man sich hierbei nicht auf den untersten der drei vorgenannten Komponenten, den Körper, beschränken, sondern man muss auch auf eine Ertüchtigung der beiden höheren Komponenten, Seele und Geist, Bedacht nehmen. Das mag vorweg bemerkt sein. Zu bedenken ist aber überdies, dass der Sport in seiner heutigen Form durchaus nicht nur den Zweck verfolgt, den Körper zu stählen und so ein gesundes Geschlecht heranzuziehen, sondern die Haupttriebfeder ist heute die Sucht nach Ruhm, das Streben, sich vorzudrängen und wo möglich, öffentlich genannt zu werden. »Rekorde brechen« ist die Losung. Ob der Körper die Überanstrengung, die man ihm zumutet, aushält oder nicht, danach wird nicht gefragt. Seele und Geist sind also bei dieser Art von Sport überhaupt nicht beteiligt. Für den Kundigen liegt es daher auf der Hand, dass der Sport in der Form, wie sie heute gang und gäbe ist, weder für den Geist noch für die Seele noch für den Körper vorteilhaft ist. Denn besten Falles »ertüchtigt« er den Körper, aber meist in recht einseitiger Weise, und dann noch in der Mehrzahl der Fälle auf Kosten der psychischen und spirituellen Energien. Der Sport kann sehr wohl für die heranwachsende Jugend als ein Mittel zur Ertüchtigung in Betracht kommen, aber dann muss er als das aufgefasst werden, was er heute nicht ist, als ein Mittel zur körperlichen, seelischen und geistigen Höherentwicklung. Dann muss der Ausübung dieses Sports eine gründliche Kenntnis der okkulten Atemlehre und Atemgymnastik vorausgehen!

26. Astrologie und Diätetik

Schon im Abschnitt 25 ist darauf hingewiesen worden, dass vernunftgemäße Diätetik nur eines von vielen Mitteln ist, um diejenige Gesundheit und Reinheit zu erzielen, deren der Mensch bedarf, um seine Aufgabe, bestehend in innerer und äußerer Höherentwicklung, auch nur annähernd erfüllen zu können. Verwendet man gehörige Sorgfalt auf Hygiene und Diät, so kommt das in erster Linie dem physischen Körper zugute, indirekt aber auch dem Lebensleib und dem Empfindungsleib. Denn aus je reinerem und besserem Material der physische Körper aufgebaut ist, um so reiner und höher geartet sind der Lebens- und der Empfindungsleib. Aber es genügt keineswegs, dass man nur auf die Diät und die Hygiene achtet. Es ist vielmehr unbedingt erforderlich, was auch im Abschnitt 24 bereits betont wurde, dass man rein in Gedanken und Wünschen bleibt und dass man alle Gedanken und vor allem den Willen auf das Reine, Gute und Schöne, auf das Göttliche, richtet. Geschieht dies nicht, bleiben der Begierden- und der Gedankenleib unrein, so nützen auch die beste Diät und die beste Hygiene nichts. Denn diese beziehen sich lediglich auf den physischen Leib, also auf die Materie, während Lebens- und Empfindungsleib sowie der Mentalkörper leer ausgehen. Deshalb lehrte uns Christus, der Höchstinitiierte, das »Gebet des Herrn«, in welchem es heißt: »Und führe uns nicht in Versuchung, sondern erlöse uns vom Übel.« Die sieben Bitten dieses Gebetes entsprechen den sieben Körpern des Menschen, den sieben Himmeln und den sieben »Geistern vor dem Thron Gottes« (sieben Planeten). Wenn wir also einen inneren und äußeren Höherstieg, eine innere und äußere Wiedergeburt (Erneuerung) anstreben, so ist es zwar durchaus richtig, wenn wir mit dem physischen Körper beginnen und die materiellen Hilfsmittel in Betracht ziehen, durch die er verbessert und zu einem möglichst geeigneten Instrument des Geistes gemacht werden kann; wir dürfen dabei aber auch nicht die geistigen und seelischen Hilfsmittel außer Betracht lassen. Die Reinigung muss also eine vollständige sein, eine solche, die Körper, Seele und Geist zugleich erfasst. Es ist also nicht nur die Wissenschaft von der Hygiene und von der Ernährung allein, die uns helfen kann, sondern wir müssen auch Geist und Seele methodisch dazu erziehen, sich von dem Materiellen mehr und mehr abzuwenden und sich auf die höhere, die geistige Ebene, zu konzentrieren. Deshalb sagt Schiller mit Recht:

Wo du auch wandelst im Raum, es knüpft dein Zenit und Nadir
An den Himmel dich an, dich an die Achse der Welt.
Wie du auch handelst in dir, es berühre den Himmel der Wille,
Durch die Achse der Welt gehe die Richtung der Tat!

Wenden wir uns nunmehr unserem Gegenstand, der Lehre von der Ernährung des Menschen, oder der Diätetik, zu, so haben wir zunächst die Frage zu beantworten: Welche Nahrung ist die beste? Und die Antwort auf diese Frage kann nur lauten: »Diejenige, welche uns die längste Zeit hindurch gesund erhält und die Todeszeit möglichst weit hinausschiebt.« Wir abstrahieren hierbei von dem aus jedem Horoskop leicht ersichtlichen Falle, in welchem es sich um einen durch Karma bedingten sogenannten »unnatürlichen Tod«[4] (durch Mord, Unfall usw.) handelt. Wir abstrahieren auch von denjenigen Fällen, in denen es sich um Tod durch eine bestimmte Krankheit (Krebs, Wassersucht, Lungentuberkulose, Diphtherie usw.) handelt, und prüfen lediglich die Todesursache bei einem »Tode infolge Altersschwäche«. Welches ist hier die Todesursache? Die Ärzte und Chemiker sind sich hierüber bereits einig und sagen mit Recht: »Die stetig fortschreitende Verkalkung des Körpers:« Mit dem zunehmenden Alter findet eine allmähliche Zunahme der Dichtigkeit und Festigkeit der Knochen, Knorpel, Sehnen und Gewebe, der Haut und der inneren Organe (Magen, Leber, Lunge usw.) statt. Die Gelenke werden starr und trocken und verlieren an Beweglichkeit. Das Nervensystem, das Rückenmark, das Herz, das Gehirn, die Muskeln usw. nehmen an diesem Verdichtungsprozess teil und werden derber und fester. Auch die Blut- und Kapillargefäße verdichten sich, verlieren an Elastizität, verengern sich immer mehr und verhindern zuletzt den normalen Kreislauf des Blutes. Der Körper verliert immer mehr seine frühere Kraft und Elastizität und wird starr, langsam und unempfindlich, bis der Tod schließlich dem Leben seine natürliche Grenze setzt. Vom rein physischen bzw. chemisch-biologischen Standpunkt aus erfolgt also letzten Endes der Tod durch eine dauernde Zunahme von phosphorsaurem, kohlensaurem und schwefelsaurem Kalk, also durch erdige Bestandteile, welche die flüssigen Bestandteile des Blutes in konstanter und zweckbewusster Zielsicherheit mehr und mehr überwuchern und schließlich vernichten. Das heißt also, dass das Blut ebenso wie es der Träger des Lebens ist, auch als Träger des Todesprinzips anzusehen ist, und zwar insofern, als es, wie durch Blutanalysen ohne weiteres nachgewiesen werden kann, erdige Substanzen mit sich führt. Ja, es ist sogar eine ganz bekannte Tatsache, dass das Arterienblut bedeutend mehr erdige Bestandteile mit sich führt als das Venenblut. Da nun das Blut selbst immer von neuem ergänzt wird, so werden auch seine erdigen Substanzen immer von neuem ergänzt. Und wie die Ergänzung des Blutes durch die Ernährung erfolgt, so geschieht auch die Ergänzung der erdigen Substanzen durch die Ernährung. Von der Beschaffenheit der dem Körper täglich zugeführten Speisen und Getränke ist also der Mehr- oder Mindergehalt des Blutes an erdigen Bestandteilen abhängig; und deshalb ist es außerordentlich wichtig, dass der Mensch nur solche Nahrung zu sich nimmt, welche die möglichst geringste Menge von erdigen Bestandteilen enthält und gleichzeitig die Tätigkeit der Verdauungs- und Ausscheidungsorgane möglichst steigert. Denn durch die letzteren werden die erdigen Substanzen wenigstens zum größten Teil wieder ausgeschieden. Die Verdauungs- und die Ausscheidungstätigkeit aber werden begünstigt durch Bewegung, durch heiße Bäder und durch Fasten. Andererseits aber werden sie gehemmt durch zu reichliches Essen und Trinken und durch Mangel an Bewegung. Die richtige Fragestellung in der Diät lautet also nicht: »Wie viel muss man essen?«, sondern: »Mit wie wenig kommt man aus?«: Da frisches, nicht destilliertes Wasser viel Kalk enthält, ist sein Genuss nicht zu empfehlen. Anders verhält es sich mit destilliertem Wasser, da hier die erdigen Bestandteile entfernt sind. Anders verhält es sich auch mit dem Baden in heißem Wasser; durch heiße Bäder werden vermittelst der Haut reichliche Erdbestandteile aus dem Körper ausgeschieden. Insofern ist also das Wasser ein Wohltäter der Menschheit. Aber Wasser, das nur gekocht worden ist, jedoch nicht destilliert, enthält gleichfalls erdige Bestandteile und ist deshalb zu Nahrungszwecken nicht besonders geeignet. Dasselbe gilt von Kaffee, Tee, Grog und Suppen, die mit Wasser gekocht worden sind. Dagegen ist Milch eines der vorzüglichsten Nahrungsmittel, und zwar namentlich auch vom okkulten Standpunkt aus. Nicht umsonst spricht der geniale Dichter von der »Milch der frommen Denkungsart«. Man soll sie aber nie so trinken, wie man ein Glas Wasser trinkt, sonst bildet sie im Magen einen großen und unverdaulichen Käseklumpen. Man soll sie vielmehr in kleinen Schlucken langsam und in gewissen Intervallen schlürfen. Auch soll man sie nicht nur als süße Milch in gekochtem oder ungekochtem Zustande genießen, sondern sie in allen nur möglichen Formen als Sahne, Buttermilch, Sauermilch, Joghurt, Kefir usw. zu sich nehmen. Ebenso ausgezeichnet wie Milch sind die Getreidearten, insbesondere Hafer und Weizen, und zwar nicht nur vom biologischen, sondern auch vom okkulten Standpunkt aus. Sie sind – im Verein mit Reis – gewaltige Gegengifte gegen die im menschlichen Organismus erzeugten Selbstgifte. Auch die Zitrone ist sehr wichtig für den menschlichen Körper, da sie ein mächtiges antiseptisches Mittel ist. Ferner sind fast unentbehrlich als prophylaktische (Vorbeugungs-)Mittel bei ansteckenden Krankheiten, Epidemien und Seuchen die Zwiebel und der Knoblauch, die auch einen starken Schutz gegen die lästigen Darmschmarotzer (Würmer) bilden.

Was im übrigen die Ernährungsfrage betrifft, so kann im allgemeinen gesagt werden, dass frisches Gemüse und reife Früchte die größte Quantität an Nährstoffen und die geringste Quantität an erdigen Substanzen enthalten. Tierische Nahrung soll tunlichst ganz vermieden werden. Der Vorgeschrittene weiß, dass das Tier sein jüngerer Bruder ist und dass es in der Jupiterperiode dem

Menschenreich angehören wird. Wer also ein Tier tötet oder eine solche Tötung sanktioniert, kann auf dem Pfad der Entwicklung nicht weit fortschreiten; er bleibt bereits in den ersten Etappen zurück. Dagegen sind Nahrungsmittel, die von Tieren hervorgebracht werden, wie z. B. Milch, Butter, Käse, Honig usw., diesem Odium nicht unterworfen. Zucker wird vielfach als gesundheitsschädlich, namentlich als verderblich für die Zähne, bezeichnet. Dies ist vollkommen unzutreffend. Er ist schädlich nur dann, wenn bestimmte Krankheiten, wie z. B. Gallenleiden, Zuckerkrankheit usw., vorliegen, oder wenn man schlechte Zuckerbonbons lange im Munde herumlutscht, wie es die heranwachsende Jugend gern tut. Man soll den Magen langsam und allmählich an Zucker gewöhnen, aber man soll dem sog. Rohrzucker unbedingt den Vorzug geben vor dem sog. Rübenzucker. Ersterer ist ein hochwertiges und wohltätiges Nahrungsmittel, das geeignet ist, die Konstitution erheblich zu verbessern. Auch Traubensaft ist ein ideales Nahrungsmittel insofern, als er das Blut verdünnt, den Appetit anregt und die verstopften Kapillargefäße wieder öffnet, wenn der Verkalkungsprozess noch nicht allzu weit vorgeschritten ist. Es kann hier nicht im Einzelnen auf die Nahrungsmittel und Nahrungsmittelkomplexe, ja nicht einmal auf die Hauptnahrungsmittel und Hauptkomplexe eingegangen werden. Dagegen sei auf die unten folgende Tabelle hingewiesen. Diese gibt die fünf wichtigsten chemischen Bestandteile der Nahrungsmittel nämlich:

1. den Stickstoff- oder Eiweißgehalt,
2. die Kohlenwasserstoffverbindungen bzw. den Zuckergehalt,
3. den Fettgehalt,
4. den Wassergehalt und
5. den Gehalt an Asche.

Stickstoff oder Eiweiß ist der Haupterbauer von tierischen Zellen, also von Fleisch, enthält aber außerdem auch einige erdige Bestandteile.

Zucker ist der hauptsächlichste Krafterzeuger, für den Organismus also besonders wichtig.

Das Fett erzeugt Wärme und gleichzeitig auch Kraftenergien.

Das Wasser ist das Hauptlösungsmittel.

Die Asche endlich enthält sehr viele mineralische Bestandteile und verstopft durch diese den Organismus, ist also für den Letzteren außerordentlich schädlich.

Tabelle der Nährwerte

Nahrungsmittel	1. Eiweiß %	2. Zucker %	3. Fett %	4. Wasser %	5. Asche %	6. Kalorien Anzahl
I. Früchte:						
Aepfel getrocknet	1,8	66,0	2,2	28,0	2,0	1180
Aepfel frisch	0,3	10,8	0,3	63,3	0,3	190
Aprikosen getrocknet . . .	4,5	62,5	1,2	29,5	2,3	1125
Bananen	0,8	14,3	0,4	48,0	0,5	260
Birnen	0,5	12,7	0,3	76,0	0,5	230
Datteln getrocknet	1,8	70,5	2,5	13,9	1,3	1275
Dattelpflaumen	0,8	31,5	0,5	66,2	1,0	550
Feigen getrocknet	4,2	74,2	0,2	19,0	2,4	1280
Erdbeeren	0,8	7,0	0,6	85,8	0,8	150
Himbeeren	1,0	12,5	0,2	85,7	0,6	220
Orangen	0,5	8,5	0,2	63,2	0,6	150
Trauben	1,0	14,5	1,1	58,0	0,4	295
Wassermelonen	0,2	2,6	0,4	37,5	0,3	50
Zitronen	0,6	6,0	0,5	62,5	0,4	125
II. Nüsse:						
Brasilnüsse	8,6	3,4	33.6	2,7	2,2	1485
Kastanien frisch	5,2	35,3	4,5	37,0	1,2	915
Kastanien getrocknet . . .	8,0	56,2	5,4	4,6	1,8	1385
Lampertsnüsse	7,8	6,2	31,3	1,6	1,3	1430
Paranüsse	5.2	6.2	33,2	1,5	0,9	1465
Walnüsse schwarze	7,2	3,0	14,5	0,5	0,8	730
Walnüsse englische	7,0	6,7	26,7	1,0	0,6	1250

Nahrungsmittel	1. Eiweiß %	2. Zucker %	3. Fett %	4. Wasser %	5. Asche %	6. Kalorien Anzahl
III. Getreide:						
Buchweizenmehl	6,4	77,6	1,3	13,5	1,2	1605
Erdnüsse	19,5	18,5	29,0	7,0	2,0	1775
Grahammehl	13,6	71,2	1,6	11,5	2,1	1645
Hafermehl	16,6	66,0	7,4	7,8	2,2	1800
Maismehl	9,2	75,4	1,8	12,6	1,0	1635
Weizenmehl	12,0	71,6	1,4	12,0	1,0	1638
Reis	8,0	79,0	0,2	12,2	0,6	1620
IV. Brot:						
Schwarzbrot	5,5	47,0	1,6	43,6	2,3	1040
Roggenbrot	9,0	53,0	0,6	35,8	1,6	1200
Weizenbrot	9,0	53,2	1,4	35,2	1,2	1180
Grahambrot	8,8	52,2	1,8	35,6	1,6	1190
Schlüterbrot	8,6	50,0	1,5	35,0	0,9	1170
V. Hülsenfrüchte:						
Bohnen getrocknet	22,5	58,5	1,9	13,4	3,7	1520
Erbsen getrocknet	24,5	62,0	1,0	9,5	3,0	1560
Linsen getrocknet	23,0	63,5	1,0	9,0	3,5	1530
VI. Gemüse:						
Kartoffeln	1,5	14,5	0,1	63,0	0,9	290
Kohl	1,2	5,0	0,2	78,0	0,6	120
Pastinaken	1,2	10,5	0,5	66,0	1,8	220
Salat	1,0	2,5	0,1	80,0	1,4	65
Spinat	2,0	3,0	0,5	92,0	2,5	100
Sellerie	1,0	2,5	0,1	75,4	1,0	70
Steckrüben	1,0	5,5	0,2	62,3	1,0	120
Gelbe Rüben (Karotten)	1,2	20,3	0,2	45,5	0,8	330
Rote Rüben (Beten)	3,5	15,5	0,3	55,7	1,0	310
Zwiebeln	1,5	9,0	0,3	63,0	0,2	200
Knoblauch	2,0	22,0	0,7	52,3	0,2	300
VII. Zucker:						
Honig	0,2	82,5	0,1	12,2	0,0	1450
Konfekt	1,6	90,0	0,4	4,5	0,5	1600
Ahornsyrup	0,8	75,2	0,2	14,5	0,3	1220
Melasse	0,6	72,4	0,1	17,4	0,5	1200
Rohrzucker	0,7	84,9	0,2	13,3	0,9	1700
Rübenzucker	0,3	77,5	0,2	18,0	1,0	1300
Schokolade	12,5	40,5	32,5	5,0	0,5	4500
Kakao pulverisiert	21,0	38,0	29,2	4,5	7,3	2020
Kakaobohnen	6,0	31,5	57,7	3,8	1,0	2700
Marzipan	14,5	80,5	2,5	2,0	0,5	3250

Die Tabelle die Anzahl von Kalorien an, welche jedes einzelne Nährmittel enthält. Eine Kalorie ist eine gewisse Wärmeeinheit, und je mehr Wärmeeinheiten ein Nahrungsmittel enthält, um so zweckmäßiger und wertvoller ist dieses Nahrungsmittel für unseren Gesamtorganismus. Wir müssen also, wenn wir ein Nahrungsmittel auf seine Qualität prüfen wollen, zunächst und in erster Linie die Anzahl der Kalorien feststellen. Nun verbraucht aber nicht jeder Mensch dieselbe Anzahl von Kalorien. Vielmehr muss der Verbrauch von Kalorien in einem angemessenen Verhältnis stehen zu den Kraftenergien, die der Einzelne bei seinen täglichen Arbeitsleistungen abgibt. So braucht ein Mann

- mit besonders schwerer körperlicher Arbeit 5400 Kalorien,
- ein Mann mit mäßig schwerer körperlicher Arbeit 4200 Kalorien,
- ein Mann mit mäßig leichter Arbeit 3000 Kalorien,
- ein Mann mit sitzender Lebensweise 2700 Kalorien,
- eine Frau mit leichter Arbeit 2400 Kalorien.

Wenn die Tabelle die Quantität der einzelnen chemischen Substanzen anzeigt, so ist hierbei zu bedenken, dass nicht alle diese Quantitäten vom Körper absorbiert werden, sondern dass ein Teil derselben wieder ausgeschieden wird.

So verdauen wir z. B. von den Gemüsen nur etwa 82 % der Eiweißbestandteile, 90 % des Fettes und 95 % der Kohlenwasserstoffverbindungen, von den Früchten nur etwa 84 % der Eiweißbestandteile, 90 % des Fettes und 90 % der Kohlenwasserstoffverbindungen.

Aus der vorstehenden Tabelle ergibt sich, was oben bereits hervorgehoben wurde, dass Rohrzucker, Schokolade, Marzipan, Honig usw. die bei Weitem und nahrhaftesten Speisen sind, andererseits aber auch, dass Kakao in pulverisiertem Zustande eines der gefährlichsten Nahrungsmittel ist, die es überhaupt gibt, und dass vor Genuss von Kakao in dieser Form gar nicht dringend genug gewarnt werden kann. Wer Kakao genießen will, kaufe ihn in Form der Kakaobohnen, die nur 1 % Asche (d. i. erdige Bestandteile) enthalten, während der pulverisierte Kakao 7,3 % dieser gesundheitsschädlichen Bestandteile in sich birgt. Man sieht ferner, dass den Gemüsen nur verhältnismäßig geringe Kalorien innewohnen, was aber selbstverständlich nicht gegen die Gemüse spricht. Man sieht hier auch ferner, dass der Nährwert der Kartoffel im Allgemeinen erheblich überschätzt wird. Die Früchte und Nüsse sowie ganz besonders die Getreidearten haben fast durchweg einen erheblich höheren Nährwert als die Kartoffeln. Wir sehen, dass wir mit getrockneten Datteln und Feigen und mit Brasilnüssen einen Mann mit sitzender Lebensweise vollkommen zu ernähren vermögen, ja, auch einen Mann mit mäßig schwerer körperlicher Arbeit. Nehmen wir nun noch Getreide, Brot und Hülsenfrüchte hinzu, so sehen wir, dass bereits diese aus wenigen Komplexen von vegetarischen Nahrungsmitteln bestehende Kost vollkommen hinreicht, um selbst den hungrigsten Schwerarbeiter satt zu machen. Da für viele Familien die Essensfrage nicht nur eine Gesundheits-, sondern auch eine Geldfrage ist, so kann man mit Fug und Recht behaupten, dass eine vernünftige Regelung der Diätfrage, insbesondere in dem oben angedeuteten Sinne: »Mit wie wenig kommt man aus?« zugleich auch eine vernünftige Regelung der Geldfrage in sich begreift. Freilich, wer seinen Magen als Götzen anbetet, der wird dieses Problem weder nach der einen noch nach der anderen Seite richtig zu lösen verstehen.

Nun ist aber in der Diätfrage noch etwas Weiteres sehr zu beachten, was von vielen leicht übersehen wird, was aber besonders für die geistigen Arbeiter, für die Intellektuellen, von ganz besonderer Wichtigkeit ist, und das ist die Frage der Ernährung des Gehirns und des mit ihm in Verbindung stehenden Nervensystems. Es ist nämlich festgestellt worden, dass das Gehirn eine ziemlich erhebliche Menge Phosphor enthält und dass sich Phosphor ausschließlich im Gehirn vorfindet. Aus dieser Tatsache folgert man mit Recht, dass der Phosphor das spezifische Element ist, das durch seine Verbindungen bzw. durch seine chemisch-biologischen Wirkungen den Menschen befähigt, Gedanken zu fassen und zum Ausdruck zu bringen. Und es ist denn auch durch zahlreiche Experimente nachgewiesen worden, dass die Phosphormengen im Gehirn im Verhältnis stehen zu dem Intellekt des einzelnen Individuums, und dass scharfe Denker dagegen sehr viel Phosphor im Gehirn aufweisen. Es ist daher von großer Wichtigkeit, dass alle, die in geistigen Berufen stehen, ihrer Gehirnsubstanz vorwiegend Phosphor zuführen. Die meisten Früchte und Gemüse enthalten ein gewisses Maß an Phosphor, und zwar findet sich der Letztere hauptsächlich in den Blättern und Stengeln. Besonders phosphorhaltig sind Zwiebeln, Knoblauch und Salbei. Es enthalten 100.000 Teile von

Pastinakenblättern	1785	Teile Phosphorsäure
Karottenblättern	963	Teile Phosphorsäure
Leinsamen	880	Teile Phosphorsäure
Rübenblättern	690	Teile Phosphorsäure
Trockenen Karottten	395	Teile Phosphorsäure
Bohnen	292	Teile Phosphorsäure
Erbsen	190	Teile Phosphorsäure
Rüben	182	Teile Phosphorsäure
Buchweizen	170	Teile Phosphorsäure

Der Knoblauch enthält rund 1900, die Zwiebel rund 1800, die Weintraube rund 1850 Teile Phosphor. Auch im Zuckerrohr ist Letzterer enthalten, aber nicht im raffinierten Zucker. Diese kleine Zusammenstellung wird vielleicht für manchen geistigen Arbeiter die Veranlassung dazu bieten, dass er hinsichtlich seiner Ernährung gewisse Reformen eintreten lässt und sich auf diesem Gebiet anderweitig orientiert.

Es bleibt nunmehr noch übrig, die Diätfrage **vom astrologischen Standpunkt** aus noch einmal zu erörtern. Dies kann auf verschiedene Art und Weise geschehen. Legen wir die Polarität zugrunde, so gibt die »physiologische Zahl« den Ausschlag. Weist sie auf eine tonische Veranlagung des Betreffenden, so sind alle schweren und erhitzenden Speisen und Getränke zu vermeiden. Fleischnahrung ist in solchem Falle gänzlich unzweckmäßig, was namentlich von Schweine-, Hammel- und Gänse- sowie von Putenfleisch zu gelten hat, die in diesem Falle direkt vergiftend wirken können. Aber auch hinsichtlich der vegetarischen Nahrung darf ein gewisses Maß von Kalorien nicht überschritten werden. Die Speisen (Früchte, Cerealien usw.) sollen tunlichst den weiblichen, atonischen Planeten, d. h. also dem Mond, der Venus und dem Neptun, unterstellt sein. Liköre und schwere Weine dürfen überhaupt nicht getrunken werden. Zulässig sind nur Moselweine, Fruchtsäfte und Sauerbrunnen. Eier und alle schweren Gemüse- und Kohlarten sind nicht angebracht, ebenso sind Fette (Butter, Schmalz u. dgl.) tunlichst zu vermeiden und auch Zucker und ähnliche Dinge dürfen nicht zu häufig genossen werden.

Umgekehrt ist es beim atonischen Typ. Hier muss der Mangel an roten Blutkörperchen ersetzt und die unternormale Bluttemperatur durch erhitzende, kräftige Speisen, die tunlichst der Sonne, dem Mars oder dem Jupiter unterstellt sind, auf einen normalen Stand gebracht werden. Fleischgenuss ist hier nicht verpönt, falls der Betreffende bisher Fleischesser gewesen ist. Im Übrigen sind hier möglichst kalorienreiche Speisen zu genießen. Auch sind hin und wieder ein Glas Vermouth, Ingwer, Burgunder oder Tokayer dem Körper durchaus zuträglich, bei ausgesprochenen Krebs-Typen sogar notwendig. Auch englisches Ale sowie gehaltreiche Münchener und sonstige bayerische Biere sind zulässig.

Betrachten wir die Frage vom Standpunkt der Temperamente aus, so haben wir die im Vorhergehenden skizzierten Unterschiede noch weiter auszubauen. Es kommen dann zwei tonische und zwei atonische Temperamente zu unterscheiden. Zu den Ersteren gehören das gallig-nervöse und das gallig-sanguinische, zu den Letzteren das lymphatisch-nervöse und lymphatisch-sanguinische Temperament. Für die beiden tonischen Temperamente scheidet der Fleischgenuss ohne Weiteres aus. Das gallig-nervöse als das hitzigere Temperament wählt zweckmäßig solche Speisen aus, die dem Mond und der Venus unterstellt sind, das gallig-sanguinische dagegen solche Speisen, die dem Merkur, Saturn oder der Venus unterstehen. Den beiden lymphatischen Temperamenten ist der Fleischgenuss gestattet, und zwar sollte das lymphatisch-nervöse sich auf

Geflügel und Fische beschränken, während das lymphatisch-sanguinische alle Fleischarten genießen darf, jedoch aus gewissen Gründen gut tut, Schweine- und Hammelfleisch zu vermeiden. Was die Früchte, Cerealien usw. betrifft, so entfallen auf das lymphatisch-sanguinische Temperament mehr die unter Sonne und Mars stehenden und auf das lymphatisch-nervöse Temperament mehr die dem Jupiter, der Venus oder dem Merkur unterstellten Speisen. Es sei hierbei ausdrücklich bemerkt, dass das »Temperament« im vorstehenden Sinne identisch ist mit dem »Naturell«. Dieses und das Temperament stehen in innigem Zusammenhang. Wer ganz sicher gehen will, lasse sich stets die »physiologische Zahl« aus seinem Horoskop berechnen. Ist diese einwandfrei festgestellt, dann lassen sich nicht nur Diät und Hygiene genau bestimmen, sondern auch die Heilmittel, welche »die Konstitution des Betreffenden zu korrigieren« imstande sind. Wir haben oben gesehen, dass das Blut nicht nur der Träger des Lebens ist, sondern auch der Träger des Todes, dass Leben und Gesundheit also lediglich oder doch überwiegend von der Beschaffenheit des Blutes abhängig sind. Es bewahrheitet sich hier das Bibelwort: »Aus Erde bist du gemacht, zur Erde sollst du wieder werden.« Allerdings gilt dieses hier in übertragenem Sinne. Aber gerade darum hat es auch um so größere Bedeutung. Denn wenn die Erneuerung des Blutes und seine Ergänzung mit der Nahrung und der Diät in engstem Zusammenhang steht, dann ist eine der wichtigsten Lebensfragen die der Durchführung einer natur- und zweckmäßigen Diät!

27. Die Farbentherapie

Schon in den ältesten Zeiten spielte die Farbenlehre eine bedeutende Rolle in den mystischen und heiligen Schriften der Kulturvölker des Altertums, namentlich in der Esoterik der Inder, Ägypter, Perser und Chaldäer, Griechen und Römer. Aber auch im Mittelalter und in den vergangenen Jahrhunderten haben sich viele der besten Köpfe mit der Farbenlehre beschäftigt. Erinnert sei besonders an Tycho de Brahe, Paracelsus, Bacon v. Verulam und Agrippa von Nettesheim. Bekannt ist auch die Farbenlehre unseres Altmeisters Goethe, die freilich von den meisten nicht verstanden wird, weil sie eben auch auf okkulter Basis beruht, und alles »Okkulte« bekanntlich von der »exakten« Wissenschaft nicht begriffen und daher verpönt wird. Das Licht war stets das Symbol der Gottheit. In der Genesis lesen wir: »Und Gott sprach: Es werde Licht! Und es ward Licht. Und Gott sah, dass das Licht gut war. Da schied Gott das Licht von der Finsternis und nannte das Licht Tag und die Finsternis Nacht.« Und im Evangelium des Johannes, Kapitel 1, Vers 4 und 5 steht für den Kundigen: »In ihm (dem Wort) war das Leben, und das Leben war das Licht der Menschen. Und das Licht scheinet in der Finsternis, aber die Finsternis hat es nicht begriffen!« Und so spricht die Bibel denn auch von »Kindern des Lichts« und von »Kindern der Finsternis«. Wie die Gottheit, das Höchsterhabene Wesen, die Quelle und der Ursprung alles geistigen Lichtes ist, so ist in unserem Planetensystem die Sonne die Quelle und der Ursprung alles physischen Lichts, womit natürlich nicht gesagt sein soll, dass die Sonne, die Zentral- und zugleich die höchste Instanz unseres Planetensystems, nur physisches Licht zu erzeugen vermöchte. Im Gegenteil, ihre Emanationen, ihre Kraftäußerungen haben zugleich physikalische, chemische, physiologische, psychologische, mentale und spirituelle Wirkung, sind also dynamische Kraft auf allen drei Betätigungsgebieten, dem geistigen, seelischen und materiellen Plan. Deshalb spricht Jesus mit Recht von dem »Licht des Lebens«. Denn in seiner höchsten Potenz ist es »Urgeist«, ist es göttliche Allmacht und Allwissenheit, göttliche Schöpfungs- und Zeugungskraft. In den mittleren Oktaven ist es physiologische, in den unteren Stufen aber chemische und dynamische Kraft.

Wir wissen, dass das Sonnenlicht (Sonnenspektrum) in sieben Farben zerfällt, nämlich rot, orange, gelb, grün, hellblau, dunkelblau und violett. Wir wissen ferner, dass alles in der Materie sich in steter Schwingung oder Vibration befindet und dass die einzelnen

Erscheinungen in der Materie sich lediglich durch die Zahl und Größe der einzelnen Schwingungen unterscheiden. So empfinden wir Schwingungen von 18–40.000 in der Sekunde als Klang, Schall oder Ton, Schwingungen von 392 Billionen in der Sekunde als rote, solche von 785 Millionen in der Sekunde als violette Farbe. Für Schwingungen unter Rot und über Violett ist das menschliche Auge nicht mehr empfindlich. Zwischen Rot und Violett nun liegen die anderen Farben in der oben angegebenen Reihenfolge. Da nun unserem Planetensystem sieben aktive Gestirne angehören – daher die eminente Bedeutung der Zahl 7 –, nämlich Sonne, Mond, Merkur, Venus, Mars, Jupiter und Saturn (vergl. Dr. Asboga, Astromagie, Heft 1, Seite 54 f., 61 f.), so steht jedem dieser Gestirne eine bestimmte Farbe zu, während Weiß als die Synthese und Zusammenfassung aller Einzelfarben des Sonnenspektrums angesehen wird. Über die Subsumierung der einzelnen Farben unter die einzelnen Gestirne herrscht jedoch keine Übereinstimmung.

Frank Glahn teilt in seiner ERKLÄRUNG UND SYSTEMATISCHEN DEUTUNG DES GEBURTSHOROSKOPS, 3. Aufl. 1930, S. 427 f., der Sonne Orange, dem Mond Grün, dem Saturn Blau, dem Jupiter Indigo, dem Mars Rot, der Venus Gelb und dem Merkur Violett zu. In den »Magischen Briefen« (Heft 4: Astrologie und Magie, Seite 43) werden der Sonne Orange, dem Mond Grün, dem Merkur Gelb, der Venus Blau, dem Mars Rot, dem Jupiter Indigo und dem Saturn Violett zugeteilt.

Ernst Tiede, ASTROLOGISCHES LEXIKON, weist der Sonne Orange, dem Mond Gelb, dem Merkur Violett, der Venus Grün, dem Mars Rot, dem Jupiter Hellblau und dem Saturn Dunkelblau zu. Nach Max Heindel, DIE BOTSCHAFT DER STERNE, ist die Einteilung folgende: Sonne Orange, Mond Grün, Merkur Violett, Venus Gelb, Mars Rot, Jupiter Blau und Saturn Indigo. Otto Poellner subsumiert im ASTROLOGISCHES LEHRBUCH, Orange unter die Sonne, Gelb unter den Mond, Grün unter Saturn, Dunkelblau unter Jupiter, Rot unter Mars, Hellblau unter Venus und Violett unter Merkur. Dr. Asboga, »Astromagie« (Heft 3, Seite 88) Orange unter die Sonne, Violett unter den Mond, Gelb unter Merkur, Hellblau unter Venus, Rot unter Mars, Dunkelblau unter Jupiter und Grün unter Saturn. Nach Dr. Feerhov, MEDIZINISCHE ASTROLOGIE, Seite 137, steht Rot unter Mars, Grün unter Saturn, Hellblau unter Venus, Dunkelblau unter Jupiter, Violett unter Mond, Gelb unter Merkur und Orange unter Sonne. Dr. Feerhov geht also in dieser Beziehung konform mit Dr. Asboga. Es bestünde vielleicht die Möglichkeit, die chaldäische Reihenfolge der Planeten auf die Farbenzugehörigkeit anzuwenden. Wir kämen dann auf folgende Reihenfolge: Sonne – Orange, Venus – Gelb, Merkur – Grün, Mond – Hellblau, Saturn – Dunkelblau, Jupiter – Violett und Mars – Rot. Dieser Subsumption konnte man zum Teil wohl zustimmen; doch würden die Kombinationen Venus-Gelb, Merkur-Grün und Mond-Hellblau sicher von mancher Seite starken Widerspruch herausfordern. Wir werden im Verlauf der weiteren Erörterungen noch einmal auf diesen Punkt zurückkommen.

Wie wir oben gesehen haben, besitzen die Emanationen bzw. Kraftäußerungen der Sonne nicht nur physikalische und chemische, sondern auch physiologische, psychologische, mentale und spirituelle Wirkungen. Was von der Sonne gilt, das gilt aber gleichermaßen für die Planeten, und was für das weiße, die einzelnen Spektralfarben in sich vereinigende Sonnenlicht gilt, das gilt gleichermaßen für die sieben Einzelfarben des Sonnenspektrums. Auch diese haben nicht nur physikalische und chemische Wirkungen, sondern ihre Licht- und Farbeneffekte wirken auch auf die physiologischen und biologischen Lebensprozesse, auf die Gemütsstimmungen, das Triebleben, die Leidenschaften sowie das Seelen- und Geistesleben des Menschen ein. Sie beeinflussen also dessen Gesundheitszustand, Stimmung, Nervensystem, Blutkreislauf, Stoffwechsel, Hautfunktionen, Drüsentätigkeit usw., vermögen also als Heilfaktoren eine gewisse Rolle in der Medizin und speziell in der Astromedizin zu spielen. Die Farbentherapie (Chromotherapie) hat sich noch nicht überall Eingang verschafft und kämpft noch um ihre Existenzberechtigung, wird sich aber mit der Zeit ebenso durchsetzen wie die Homöopathie trotz schärfster Bekämpfung sich gegen die Allopathie durchgesetzt hat. Ein gewisser Teilsieg ist auch hier bereits erfochten insofern, als auch das ultraviolette Licht, das namentlich gegen Lupus mit großem Erfolg angewendet wird, bereits allgemein in der Therapie angewendet wird. Man hat aber auch mit anderen Farben schon weitgehend Versuche gemacht und aufgrund der gewonnenen Resultate den Grundriss eines Systems der Chromotherapeutik oder Farbenheilkunst aufgebaut.

So hat man festgestellt, dass Rot sehr beunruhigend auf psychisch Kranke wirkt, während Blau die entgegengesetzte Wirkung hat. Rot ist zweifellos die Farbe des Mars, speziell das Blutrot, das Zinnoberrot und das Rubinrot. Es ist die Farbe der Steigerung der Vitalität, der Erwärmung des Blutes, der Steigerung der Pulsfrequenz und der Blutzirkulation, der Belebung, Anregung und Kraftvermehrung. Es wirkt anreizend auf die Haut- und Drüsentätigkeit sowie auf den Stoffwechsel. Der französische Astronom Camille Flammarion hat festgestellt, dass Pflanzen, speziell auch Gemüsepflanzen, unter rotes Glas gesetzt, erheblich schneller wachsen als unter gewöhnlichem Sonnenlicht und auch bedeutend kräftiger gedeihen. Eine bekannte Tatsache ist es auch, dass Blumen, die unter rotem Glase gezogen werden, einerseits ein schnelleres und kräftigeres Wachstum zeigen und andererseits auch mehr Farbenpracht aufweisen als solche, die nur dem Sonnenlicht ausgesetzt werden. Rot befördert also zweifellos das Wachstum, erhöht die Blutzirkulation und kräftigt den Organismus, und die Rotlichtbestrahlung hat dementsprechend einen ausgesprochenen tonischen Charakter, wie er ja auch in der Astromedizin dem Mars zugesprochen wird. Sie erscheint daher geboten bei allgemeiner Körperschwäche, bei Blutarmut und Bleichsucht, bei Unterernährung und Schwächezuständen, bei Verdauungsschwäche und Obstipation, bei Wassersucht, Gallen-, Nieren- und Blasensteinen, Lungentuberkulose sowie bei Rekonvaleszenz. Auch bei Pocken, Flechten, Kopfgrind, Hautjucken (Pruritus), Herpes und Krätze (Scabies) sowie bei Frostschäden ist sie angebracht, dagegen nicht bei Lupus, Rose (Erysipelas), Gürtelrose (Herpes zoster), bei Geschwüren sowie bei Furunkeln, Karbunkeln und Fingerentzündungen (Panaritien), auch nicht bei Fieberzuständen.

Den Gegensatz zu Rot bildet Blau. Diese beiden Farben spielen überhaupt in der Farbentherapie weitaus die wichtigste Rolle. Blau ist die Farbe der Herabminderung der Vitalität. Es vermindert die Lebenskraft und die Pulsfrequenz sowie die Durchblutung und wirkt abkühlend, kältend, beruhigend, schmerzstillend, antipyretisch und antiphlogistisch, dämpft jede Aufregung und wirkt beruhigend auf die Nerven; auch ist es ein gutes Mittel gegen Schlaflosigkeit. Die Blaulichtbestrahlung hat demnach Anwendung zu finden bei Fieber, Entzündungen, Geschwüren, Schmerz- oder Reizzuständen, Schlaflosigkeit, Säfteübermaß, Kongestionen, Blutüberfülle, Blutungen, Furunkeln und Karbunkeln, Panaritien, Masern, Scharlach, Brandwunden, gewissen Hautkrankheiten, namentlich Rose (Erysipelas), Gürtelrose (Herpes zoster), Nesselsucht usw., ferner bei Insektenstichen, Schlangenbissen, Ruhr, Typhus, Cholera u. dgl. m. Dagegen darf das Blaulicht keine Anwendung finden bei Schwächezuständen und in der Rekonvaleszenz sowie bei allen atonischen Krankheiten. Denn Blau ist eine ausgesprochene atonische Farbe und hat spezifisch atonische Wirkungen. Es muss sonach auch einem atonischen Planeten unterstehen. Hinsichtlich der Frage, welcher Planet hierbei infrage kommen kann, mögen zunächst folgende Erwägungen angestellt werden: Aus dem bisher Gesagten können wir bereits den Schluss ziehen, dass alle Farben, welche jenseits von Grün liegen, also Hellblau, Dunkelblau und Violett, als *negative, atonische* Farben infrage kommen, die diesseits von Grün aber als *positive tonische* Farben.

Denn wir kennen drei tonische und drei atonische Planeten. Die Ersteren sind Mars, Sonne und Jupiter, die Letzteren Mond, Saturn und Venus. Die stärkste Tonizität zeigt Mars, die stärkste Atonie der Mond. Mars und Mond sind demnach die stärksten Antipoden, was ja auch durch die Regeln der Astrologie bestätigt wird. Dem Gegensatzpaar Mars-Mond folgt die Polarität Sonne-Saturn. Auch diese Gegensätzlichkeit wird durch die Lehren der Astrologie bestätigt. Es verbleibt somit als drittes Widerpartpaar die Polarität Jupiter-Venus, die beiden glückbringenden Planeten, der eine männlich, der andere weiblich. Und als gänzlich neutraler Planet, der weder ausgesprochen tonisch noch unbedingt atonisch wirkt, bliebe Merkur übrig. Es erhielten demnach: Mars das Rot, Sonne das Orange, Jupiter das Gelb, Merkur das Grün, Venus das Hellblau, Saturn das Dunkelblau und Mond das Violett. Zieht man nun noch das Gesetz der Entsprechungen heran, so erhalten die Sonne: Orange-Uranusfarbe; der Mond: Violett-Dunkelblau; Merkur: Grün-Gelb; Venus: Hellblau-Rot; Mars: Rot-Hellblau; Jupiter: Gelb-Grün und Saturn: Dunkelblau-Violett. Diese Einteilung entspricht durchaus den bisher bekannten Grundsätzen der Astromedizin.

Die tonischen Planeten Mars, Sonne und Jupiter regieren sämtlich feurigen Zeichen, nämlich Widder, Löwe und Schütze, und zwar ist Mars der Planet der Superoxydation. Die Sonne aber ist das organisierende Prinzip unseres Planetensystems, Mittelpunkt und Urgrund der Vitalität und Spenderin aller Lebens- und Wärmeenergien. Und Jupiter endlich repräsentiert das Wachstums- und Lebensbereicherungsprinzip. Er ist der zweite Lebenserhalter neben der Sonne und regiert als zweites Lebensorgan die Leber. Ihm obliegt vornehmlich die Speisung der Gewebszellen und der Nervenzellen (Nervenknoten, Ganglien); auch beherrscht er das arterielle Blut und dessen Kreislauf, geregelt durch den Herzmuskel. Durch Vermittlung des Zeichens Zwillinge steht ihm schließlich auch ein starker Einfluss auf das Nervensystem zu (Gesetz der Entsprechungen). Und zwar betrifft dieser speziell das sog. sympathische oder Ganglienнervensystem, den Sympathikus, d. h. den Teil des Nervensystems, welcher im Gegensatz zu den Gehirn- und Rückenmarksnerven die unwillkürlichen Tätigkeiten des sog. vegetativen Lebens regelt. Nach dem Gesagten leuchtet es ohne Weiteres ein, dass dem Mars als dem Planeten der übernormalen Lebensenergien das lebenssteigernde *Rot*, der Sonne als dem Zentrum der normalen und gesunden Lebensenergien das lebenerzeugende und lebenerhaltende *Orange* und dem Jupiter als dem sekundären Lebensprinzip das vegetative und nutritive *Gelb* zustehen muss, wobei zu berücksichtigen ist, dass Orange eine Mischung zwischen Rot und Gelb darstellt. Ferner unterliegt es hiernach keinem Zweifel, dass das *Grün als die neutrale Farbe* anzusehen ist, die zwischen den *tonischen* Farben Rot, Orange, Gelb und den *atonischen* Farben Hellblau, Dunkelblau und Violett die Mitte hält. Hierbei ist wiederum zu berücksichtigen, dass Grün eine Mischung zwischen Gelb und Blau darstellt. Grün stellt also den Übergang dar von der letzten tonischen zur ersten atonischen Farbe. Es selbst ist als Farbe weder tonisch noch atonisch. Es nimmt also unter den Farben dieselbe Stellung ein wie Merkur unter den Planeten. Es bleibt hiernach nichts anderes übrig, als das *Grün dem Merkur* zu unterstellen.

Aus den bisherigen Deduktionen ergibt sich weiter, dass die *infraroten* Farben dem Mars unterstehen und die *ultravioletten* dem Mond. Bei den Farbenmischungen und den einzelnen Farbabtönungen kommt es darauf an, welche Farbe vorherrschend ist.

Weiß ist, wie oben bereits gesagt wurde, keine Farbe, sondern eine Farbensynthese; es ist also keine einfache Farbe, sondern eine zusammengesetzte. Es repräsentiert das Sonnenlicht als solches, ist also nicht, wie man allgemein annimmt, dem Monde, sondern in erster Linie der Sonne unterstellt, soweit es als Farbe infrage kommt, in zweiter Linie allerdings auch dem Mond, da dieser ja der Reflektor des Sonnenlichtes ist. Weiß kann deshalb auch niemals zu den sog. Grundfarben im chromotherapeutischen Sinne gehören. Als solche kommen vielmehr lediglich Rot und Blau in Betracht, und zwar ist Rot die tonische, Blau die atonische Grundfarbe.

Man nennt in der Chromotherapie die langwelligen roten, orangefarbigen und gelben Lichtstrahlen, die in gewissem Maße chemische Zersetzungen verhindern, die *kalorischen*, die kurzwelligen blauen, violetten und ultravioletten Strahlen aber, die kühlend und chemisch zersetzend auf den physischen Körper und seine Funktionen einwirken, die *aktinischen* Strahlen. Erstere stärken den Anabolismus (die lebenerweckenden und lebenerhaltenden Kräfte), Letztere den Katabolismus (die lebenszerstörenden Energien). Rot, Orange und Gelb befördern also den Anabolismus, Blau, Indigo und Violett den Katabolismus.

Nach diesen Feststellungen können wir in der Erörterung der Wirkungen der einzelnen Farben fortfahren.

Die zweite *tonische* Farbe ist Orange. Es ist die Farbe der Lebenserzeugung und der Lebenserhaltung, des generativen und vitalistischen Prinzips. Es wirkt stärkend und belebend auf den Organismus, aber nicht so intensiv wie das Rot, sondern gemäßigter. Es befördert die Blutzirkulation und wirkt günstig auf Hirn, Rückenmark, Herz, Augen und die motorischen Nerven, bessert das Allgemeinbefinden, beseitigt Bleichsucht und Blutarmut und bringt Hilfe und Besserung bei Lähmungen und Krämpfen. Man wendet daher das Orange-Licht an bei Mattigkeit, Schwäche, Blutarmut, Bleichsucht, Melancholie, Herzschwäche, Rückenmarksleiden, Augenleiden, die auf Sehschwäche beruhen, bei Veitstanz, Epilepsie, Rückenmarkschwindsucht, Magenschwäche, Verdauungsstörungen, chronischer Stuhlverstopfung u. dgl. m.

Die zweite atonische Farbe ist *Dunkelblau.* Seine Wirkungen sind im aktinischen Sinne noch stärker als die des Hellblau. Je tiefer das Blau ist, umso intensiver seine Wirkungen. Es eignet sich namentlich beim Vorliegen ausgesprochen tonischer Krankheiten als Therapie (Fieber, Entzündungen usw.).

Die dritte tonische Farbe ist *Gelb.* Es wirkt günstig bei Leber- und Milzleiden, bei Magen- und Darmleiden, bei Vollblütigkeit (Plethora), Blutkongestionen, Nasenbluten, Basedow'scher Krankheit, Hals- und Nasenpolypen, Kropfleiden, Lungenerweiterung, Fettherz, Tumoren und Sarkomen, Lipomen, Myomen und Zysten, bei Nervenschwäche und Neurasthenie, Neuralgie und Neuroparalyse, Hypochondrie und Hysterie, Ischias und Malum oxae (rheumatische Erkrankung des Hüftgelenks). Auch bei Eiterungen sollen hier gute Erfolge erzielt worden sein.

Die dritte atonische Farbe ist *Violett.* Es ist die Farbe des Mondes. Die violetten und ultravioletten Strahlen wirken günstig bei Lupus und Krebs, bei Gemütsleiden und psychischen Krankheiten. Diese Beleuchtung muss aber sehr vorsichtig angewendet werden, weil das violette Licht sehr starke mediale Fähigkeiten auslöst und mit transzendentalen Kräften in Verbindung bringt, die sich oft sehr ungünstig auswirken können. Auch ist die violette Bestrahlung der Haut wenig zuträglich und bewirkt leicht Zerstörungen des

Zellgewebes, wenn nicht die erforderliche Sorgfalt angewendet wird.

Das neutrale *Grün* ist noch wenig erforscht. Nach den bisher angestellten Versuchen (vgl. 0. Ganser, Die Chromotherapie) soll grüne Belichtung bei Entzündungen, Geschwülsten und Geschwüren, bei Erkältungen und Katarrhen, bei Rheuma und Gicht, bei Luftröhren- und Bronchialkatarrh u. dgl. m. gute Erfolge gezeitigt haben.

Es empfiehlt sich übrigens in allen Fällen, in denen man die Chromotherapie anwendet, nicht nur die Farbenbelichtung vorzunehmen, sondern die Patienten auch entsprechend belichtetes Wasser trinken zu lassen.

Ferner soll mit der Chromotherapie auch die Chromohygiene Hand in Hand gehen, d. h. man soll einerseits die Nahrungsmittel entsprechend belichten, andererseits den Gesetzen der Chromotherapie in dem engeren Milieu der Wohnung bzw. des Hauses tunlichst zur Geltung verhelfen durch richtige Licht- und Farbenverteilung, durch richtige Auswahl der geeigneten Tapeten, Gardinen, Teppiche usw. und durch Herstellung der richtigen Farbenharmonie und Farbensymphonie auf den Fluren und in den gesamten Wohnräumen. Denn Harmonie befördert auch hier den Anabolismus, Disharmonie aber den Katabolismus. Die Farben der einzelnen Räume richten sich einerseits nach ihrer Zweckbestimmung, andererseits nach der Art der Tätigkeit, die daselbst vorgenommen wird, nach der täglichen Aufenthaltszeit und nicht zuletzt nach den Horoskopen derjenigen Persönlichkeiten, die sich vorzugsweise darin aufhalten. Von vorneherein mag bemerkt werden, dass die Farbe der Tapeten der Deckenanstrich sowie die Farbe der Vorhänge einerseits mit dem Zweck des Zimmers, andererseits mit den dasselbe vorzugsweise benutzenden Persönlichkeiten weitgehendst harmonieren muss. Im Einzelnen kann hinsichtlich der Farben im großen Ganzen Folgendes gesagt werden:

Das *Wohnzimmer* soll einen tunlichst farbenfreudigen, froh stimmenden, sonnenhaften und lichtvollen Eindruck hervorrufen. Geeignete Farben sind Orange mit Altgold, Rosa mit Grün, Lachsfarben mit Silber, Neurot mit Hellgrau u. dgl. m.

Für das *Esszimmer* eignen sich besonders Burgunderrot mit Gold, Orange mit Altgold, Goldbraun mit Gold, Hellbraun mit Grün und Dunkelbraun mit Gold.

Das *Arbeitszimmer* verlangt, falls es sich um konzentrierte geistige Tätigkeit handelt, Blau mit Gold, Blau mit Gelb, Blau mit Grün, Blau mit Altgold, Blau mit Neurot, Blau mit Lachsfarbe, Orange mit Altgold, Orange mit Grün, Orange mit Goldbraun, Gelb mit Grün und dergleichen mehr – Falls der Betreffende stark auf Mystik und Okkultismus eingestellt ist und in wissenschaftlicher Weise sich mit Esoterik beschäftigt, können auch die Farben Violett-Rot, Violett-Blau, Violett-Grün oder Violett-Goldbraun infrage kommen.

Das *Zimmer der Frau* wird zweckmäßig in Hellblau-Lachsfarbe, Hellblau-Rosa, Neurot-Silber, Neurot-Grau, Helllila-Silber, Reseda-Rosa oder Neurot-Weiß gehalten.

Für das *Kinderzimmer* sind helle, freundliche, froh stimmende Farben zu wählen, insbesondere Weiß-Rosa, Weiß-Grün, Weiß-Blau, Weiß-Gelb, Weiß-Orange, Rosa-Reseda, Rosa-Hellblau, Rosa-Hellgrün, Weiß-Gold, Rosa-Gold u. dgl. m.

Das *Schlafzimmer* endlich erfordert Rot-Blau, Rosa-Hellblau, Rosa-Reseda, Lachsfarbe-Hellblau, Neurot-Weiß, Neurot-Silber oder Blau-Gold. Natürlich müssen die Möbel, Deckenbezüge, Sessel, Portieren usw. mit diesen Farben im Einklang stehen.

Zweckmäßig ist es auch, durch Herstellung der oberen Fensterscheiben in Buntglas sowie durch Anwendung farbiger Glühbirnen oder entsprechende Verhängung der Lampen mit Seidenschirmen den betreffenden Räumen die zweckentsprechende farbige Beleuchtung zu geben, die natürlich mit den Tapeten, Möbeln, Decken usw. im Einklang stehen muss. So würde die Beleuchtung für das Esszimmer goldbraun oder orange, für das Herrenzimmer blau oder gelb oder orange, für das Damenzimmer rot, rosa oder hellblau, für das Kinderzimmer rosa, hellgelb, hellblau oder orange, für das Schlafzimmer rot, blau oder grün sein können, je nach der übrigen Ausstattung.

Es mag darauf hingewiesen werden, dass man in England und

Amerika aus den Gesetzen der Chromotherapie und Chromohygiene schon vielfach die erforderlichen Konsequenzen gezogen hat. Bei uns vermögen derartige Erkenntnisse nicht so rasch durchzudringen, da unsere »exakte Wissenschaft« besonders viel Zeit braucht, um das Trägheitsgesetz zu überwinden.

28. Die Spiegelmagie

Die Spiegelmagie war bereits im Altertum bekannt und Kiesewetter bringt hierüber in seiner GESCHICHTE DES OKKULTISMUS interessante und belehrende Belege. Dass den Spiegeln geheimnisvolle Kräfte innewohnen, kann ernstlich nicht bestritten werden. Man hat daher die Spiegel verwendet einerseits zur Gedankenkonzentration, andererseits auch zu Heilzwecken, zum Wahrsagen und zu anderen magischen Künsten. Es ist aber hierbei zu berücksichtigen, dass, wer magischer Kräfte sich bedienen will, der gesamten weißen Magie kundig sein muss, d. h. die Gesetze des Alls und die Ordnung aller Dinge, wie sie von Gott in ihrem Stande geordnet sind, vom obersten bis zum untersten kennen muss.

Das gilt bereits von der Herstellung magischer Spiegel, bei der eine Menge von Formvorschriften und Beschwörungen vorgeschrieben sind. Niemand darf bei der Herstellung der Spiegel zugegen sein, niemand außer dem Hersteller in den Spiegel hineinsehen. Nun ist es allerdings nicht unbedingt notwendig, dass man sich immer nur magischer Spiegel bedient; man kann auch mit einfachen Spiegeln gewisse Erfolge erzielen; aber die Erfolge sind hier immer ungewiss, und sie hängen meist von der geistigen und seelischen, speziell der ethischen Beschaffenheit des Experimentators bzw. des Kranken ab. Immerhin ist es von Interesse, zu wissen, dass auch in der Spiegelmagie eine Möglichkeit der Heilung von körperlichen und seelischen Leiden begründet ist. Wer sich hierüber genauer informieren will, lese die Schriften von Para Maya DIE MACHT DER SPIEGEL und von H. Juergens: SPIEGELPRAXIS

UND SPIEGELMAGIE. Ersterer schildert S. 11 f. die Kombination einer Spiegelmagie mit einer Farbentherapie zum Zwecke der Heilung von Krankheiten, namentlich auch von seelischen Leiden und von psychischen Krankheiten im Entstehungsstadium. Er geht davon aus, dass das Spiegelbild des Menschen die gleiche odische Ausstrahlung besitzt wie sein Körper, dass der Mensch also bei der notwendigen Konzentration es vermag, sich durch das Spiegelbild selbst zu magnetisieren und, was noch wichtiger ist, sich besonders stark wirkende Autosuggestionen zu geben, die dadurch eine doppelte Wirkung erlangen, dass das Spiegelbild die gleiche odische Ausstrahlung besitzt wie der Mensch selbst. Diese Kraftwirkung wird logischerweise noch gesteigert, wenn außer dem Kranken selbst noch ein psychologisch und physiologisch wertvoller Heiler zur Unterstützung des Ersteren tätig ist. Nach dem geschilderten Kombinationsverfahren nun wird der Kranke, um ihn von seinen Übeln zu heilen, längere Zeit in einer Reihe verschiedener Zimmer untergebracht, die durch ihre ganze Einrichtung und namentlich durch eine gewisse Kombination von Farben und Spiegeln den Charakter mystischer Räume erhalten haben. Entsprechend den sieben »astralen Signaturen« (Sonne, Mond, Merkur, Venus, Mars, Jupiter und Saturn) kommen sieben solcher Räume infrage, und zwar richtet sich die Farbe dieser Räume nach den Farben der entsprechenden Planeten, wobei im Allgemeinen der Sonne gelb (orange), dem Mond silberfarben, dem Merkur hellgrün, der Venus rosa, dem Mars blutrot, dem Jupiter purpurrot und dem Saturn schwarz (auch dunkelgrün) unterstellt wird. Hierbei wird die folgende Reihenfolge eingehalten:

1. Zimmer: schwarz. Vier Spiegel im Kreuzgang. Grubenlampe mit flackernder Talglichtkerze. Düsteres, unheimliches Licht.
2. Zimmer: gelb. Wacholderräucherung. Drei Spiegel, die ein Trigon bilden. Als Beleuchtung eine hell leuchtende Sonne.
3. Zimmer: hellgrün. Räucherung von Wacholderbeeren, Dill und Asa foetida. Vier Spiegel, die sich in der Mitte jeder Wand befinden. Beleuchtung: Ampel mit Wachskerze.

4. Zimmer: rot. Starke Zimmerwärme. Schwefelräucherung. Spiegel in der Fußbodenmitte. An der Decke ein aus roten Flammen gebildetes Dreieck.
5. Zimmer: silberfarben. Kalte, ozonhaltige Luft. In Fußboden- und Deckenmitte großer runder Spiegel. Als Beleuchtung vier weiße Scheiben mit milchigem Licht, die gleichmäßig am Mittelspiegel der Decke angeordnet sind.
6. Zimmer: rosa. An Decke und Boden großer viereckiger Spiegel mit Einfassung von rosa Rosen. Der Deckenspiegel von rosa Lichtern umgeben.
7. Zimmer: blau. Räucherung von Kirchenspezereien. Viereckige Decken- und Bodenspiegel. Blaues Licht um alle Spiegel.

Näheres vgl. Seite 17 im Buch von Para Maya. Außerdem gibt Para Maya noch folgende nützliche Hinweise:

I. Ein kleiner, runder, hohlgeschliffener Spiegel von 3–5 cm Größe, in der Hand getragen, leistet gute Dienste bei nervösen Zuständen, Ängstlichkeit, Schwindel, Platzangst etc.; er wirkt wie ein Magnet, der alles Schwere und Ängstigende aufsaugt.
II. Augenschmerzen vergehen verhältnismäßig rasch, wenn man sich das Auge im Spiegel besieht. Falls dies noch nicht hilft, halte man einen hohlgeschliffenen Doppelspiegel vor das schmerzende Auge.
III. Magenverstimmungen oder Verdauungsbeschwerden kann man dadurch zur Heilung bringen, dass man einen 3—5 cm großen länglichen oder viereckigen Spiegel, und zwar möglichst einen Doppelspiegel, auf den Magen legt.
IV. Frauen, die unterleibsleidend sind, sollen einen schmalen, langen Spiegel auf den Fußboden legen und mit entblößtem Unterleib möglichst oft darüber hinwegschreiten, aber nur in einer Richtung. Dabei sollen sie längere Zeit über dem Spiegel stehen bleiben.
V. Ein starker Blitzschutz wird erreicht, wenn ein großer Stern aus starkem geschliffenem Spiegelglas oder eine große Silber-

glaskugel auf dem Hause (dem Dachfirst) angebracht wird. Eine solche Spiegelungsvorrichtung wirkt besser als der beste Blitzableiter.

VI. Bösartige Tiere sind durch Spiegel zu zähmen, und zwar besser als durch Schreckmittel. Die Tiere werden durch die Spiegelwirkung hypnotisiert und bekommen dabei jenen starren Blick in den Augen, den man an hypnotisierten Personen wahrzunehmen pflegt.

29. Die Pendelmagie

Die Lehre von der Pendelmagie hängt auf das Engste mit der bekannten Odlehre von Reichenbachs und den sogenannte N-Strahlen Prof. Blondlots zusammen. Der Gebrauch des Pendels kann bis in das graueste Altertum zurückverfolgt werden. Die erste wissenschaftliche Abhandlung verdanken wir Galilei (1564–1642), der durch die Schwingungen des Kronleuchters im Dom zu Pisa zu seinen Untersuchungen über das Pendel veranlasst wurde. Später beschäftigten sich u. a. auch Athanasius Kircher (1601–1680), Kaspar Schott, Hofrat Prof. Dr. J. W. Ritter, Schelling und Franz v. Baader mit dem Pendel. Auch Goethe, dessen Universalgeist keine Grenzen der Erkenntnis anerkannte, hat sich in seinen WAHLVERWANDTSCHAFTEN ausführlich mit dieser Materie beschäftigt. Im Jahre 1861 veröffentlichte Prof. J. K. Bähr in Dresden sein Standardwerk DER DYNAMISCHE KREIS, in welchem er die Schwingungen des Pendels auf das Genaueste untersuchte und beschrieb. Dieses Werk ist für die heutige Pendellehre grundlegend geworden. Auch Freiherr v. Reichenbach hat sich in seiner ODISCHEN LOHE (1861) eingehend mit dem Pendel beschäftigt. Nach ihm sind noch zu nennen: Dr. med. Adam Voll, DIE WÜNSCHELRUTE UND DER SIDERISCHE PENDEL, Robert Blum: ENTSCHLEIERTE MYSTERIEN, Fr. Kallenberg: P-STRAHLEN, DAS NEULAND DES SIDERISCHEN PENDELS, Dr. R. Leuenberg und Leo v. Siegen:

Der siderische Pendel als Anzeiger menschlicher Charaktereigenschaften, Haberstrumpf: Untersuchungen über die verschiedenen Bewegungsarten des siderischen Pendels und deren Ursachen sowie Frank A. Glahn: Radio der Natur. Reichenbach kommt in seinen Schriften zu dem Schluss, dass allen Körpern eine bestimmte Emanation eigen ist, die ihr Gewicht nicht vermindert, durch Glas hindurchgeht und auch auf größere Entfernungen so starke Wirkungen ausübt, dass sie motorische Effekte vollbringt, d. h. die Bewegungen des Pendels beherrscht. Er betont hierbei ausdrücklich, dass beim Pendeln die Mitwirkung der Augen von größter Bedeutung ist, und dass die Tatsache unleugbar feststeht, dass beim Pendeln mit dem Blick der Augen etwas im Zusammenhang steht, was materielle Wirkungen ausübt, insofern es zur Bewegung toter Pendel maßgebend mitwirkt. Andererseits stellt Prof. Bähr fest, dass jeder Stoff seine besonders gerichteten Schwingungen hat, die alle zusammen das Bild der Windrose ergeben. Das von ihm entworfene Schema ist sehr kompliziert, zumal er 2400 verschiedene Körper untersucht und für jeden eine bestimmte Richtung findet. Er konstruiert seinen »dynamischen Kreis« folgendermaßen:

Der dynamische Kreis

0 Grad = Wasserstoff, Gold 45 Grad =« Silber, Eidotter 50 Grad = Sonnenlicht 90 Grad = Palladium	Positive Elemente, Keime, Nahrungsmittel der Embryonen, Blüten, Pistillen, Aromatische Öle, Äther
135 Grad = Eiweiß 180 Grad = Schwefel	Negative Elemente. Milch, Butter, Kasein, Zucker, Cerealien, Stärke, Nahrungsmittel, fette und flüchtige Öle, Wein, Kohlensäure- und Natronverbindungen, Schwefelverbindungen der Elemente des 1. Quadranten
225.Grad = Eierschale, Speichel 270 Grad = Stickstoff, Schwefel	Oxyde der Elemente des 1. Quadranten. Geschwefelte Elemente des 2. Quadranten. Verbindungen mit Kiesel, Kalk, Kali, Baryum, Strontium, Natron. Salze, Extraktivstoffe, Narkotika, Harze, Wachs, Spirituosen, Essig, Tabak, starke Gewürze

315 Grad = Platinoxyd 360 Grad = Sauerstoff	Jod, Chlor, Brom, Oxydhydrate, Säuren der negativen Elemente des 2. Quadranten, Ton-, Beryll- und Zirkon-Erden, Mineralfarben, Edelsteine, Nahrungsstoffe der Pflanzen, Alkaloide, Exkremente, Gifte

Hiernach liegen das Sonnenlicht und die Edelmetalle im I. Quadranten, die Nahrungsmittel im 2. Quadranten, die Reizstoffe und Stimulantien im 3 Quadranten. und die Gifte im 4. Quadranten. Es pendeln ferner im

1. Quadranten: Diamant 5 Grad, Natrium 22 ½ Grad, Magnesium 60 Grad, Zink 67 ½ Grad, Silicium 80 Grad.
2. Quadranten: Bor 95 Grad, Lithium 97 ½ Grad, Uran 100 Grad, Kalium 110 Grad, Baryum 115 Grad, Strontium 117 ½ Grad, Iridium 120 Grad, Kupfer 120 ½ Grad, Beryllium 122 ½ Grad, Zinn 125 Grad, Zirkonium 127 ½ Grad, Aluminium 130 Grad, Titan 132 ½ Grad, Platin 135 Grad, Cerium 137 ½ Grad, Nickel 142 ½ Grad, Molybden 142 ½ Grad, Kobalt 145 Grad, Antimon 147 ½ Grad, Blei 150 Grad, Mangan 152 ½ Grad, Calcium 155 Grad, Eisen 157 ½ Grad, Wismuth 160 Grad, Chrom 162 ½ Grad, Cadmium 165 Grad, Tellur 167 ½ Grad, Arsenik 167 ½ Grad, Wolfram 170 Grad, Selenium 172 ½ Grad, Phosphor 175 Grad;
3. Quadranten: Schwefel 180 Grad, Stickstoff 270 Grad und Quecksilber 270 Grad;
4. Quadranten: Jod 310 Grad, Brom 355 Grad, Chlor 357 ½ Grad und Sauerstoff 360 Grad.

Die basischen und sauren Verbindungen und deren Hydrate liegen immer 180 Grad voneinander entfernt, so z. B. Eisen 157 ½ Grad, Eisenoxyd 337 ½ Grad, Kupfer 112 ½ Grad, Kupferoxyd 292 ½ Grad.

Funktionsmittel nach Dr. Schüßler pendeln wie folgt

1. Silicea = 60°
2. Natrium phos. = 90°
3. Kalium sulf. = 90°
4. Magnesium phos. = 120°

5. Kalium chlor. = 150°
6. Ferrum phos. = 180°
7. Natrium mur. =240°
8. Natrium sulf. = 270°
9. Fluor calcium = 300°
10. Kalium phos. = 330°
11. Calcarea phos = 360°

Bähr legt großen Wert darauf, dass man stets im magnetischen Meridian stehe, d. h. mit dem Gesicht nach Süden gerichtet sei, und dass stets mit der rechten Hand gependelt wird. Berührt die linke Hand die rechte, so kommen die Bewegungen des Pendels zum Stillstand. Zwischen Männern und Frauen herrschen dynamische Verschiedenheiten. Die männliche rechte gleicht der weiblichen linken Hand und umgekehrt die weibliche Rechte der männlichen Linken. Die günstigste Zeit zum Pendeln ist frühmorgens, die ungünstigste spätabends und unmittelbar nach dem Mittagessen. Helles Wetter begünstigt die Versuche, Regenwetter und Krankheit beeinträchtigen sie.

Auch das Pendel zeigt, ebenso wie die Wünschelrute, dass der Mensch heteropolar ist. Die meisten Männer zeigen am Kopf den kreisförmigen Ausschlag, die meisten Frauen aber den elliptischen. Die Ersteren müssen also als positiv, die Letzteren als negativ angesehen werden. Kallenberg und Glahn haben nachgewiesen, dass die Fotographien und die Handschriften den gleichen Ausschlag haben, wie der betreffende Mensch selbst, and dass man somit auf Fotographien auch Krankheiten feststellen kann. Dies ist außerordentlich wichtig. Noch bedeutsamer aber ist, dass man beim Abpendeln einer Fotographie auch feststellen kann, ob die betreffende Person überhaupt noch lebt. Ist sie gestorben, so zeigt der Pendel Stillstand. Glahn weist in seinem RADIO DER NATUR auch nach, dass man nicht nur Krankheiten, sondern auch Heilmittel auszupendeln vermag. Ferner geht er mit Kallenberg darin konform, dass er dem Pendel die Eigenschaft zugesteht, angeben zu können, ob zwischen zwei Personen Zu- oder Abneigung besteht.

Nach Dr. Leuenberg und Leo v. Siegen ist das Pendel eine »primitive Strahlendruckmaschine«, d. h. eine Maschine, welche es ermöglicht, sämtliche Strahlen des Äthers zum Zweck der Erzeugung von Arbeitsleistung in Bewegung umzusetzen. Die Genannten stellen ferner die Hypothese auf: »Der siderische Pendel ist ein Empfänger und Geber unbekannter Frequenz und Länge, die er konzentriert und weiterleitet.« »Der Pendelkörper ist Antennenspitze, der Faden ist die Antennenleitung, das menschliche Nervensystem leitet zum Kohärer, nämlich dem Gehirn; der menschliche Körper liefert die nötige Energie.« Sehr zutreffend ist auch die Behauptung dieser Schriftsteller (S. 59 a. a. 0.), es gebe nur einen Urstoff in der physikalischen Welt, nämlich strahlende Energie; und diese strahlende Energie sei für das Weltall als eine Konstante zu betrachten, und durch ihre Transformation entstünden die verschiedenen Äther- und Stoffarten.

Für die vorliegende Arbeit interessieren hauptsächlich das Auspendeln von Krankheiten sowie von Heilmitteln. Nach dieser Richtung hin hat Frank Gl ahn in seinem RADIO DER NATUR sehr wichtige Angaben gemacht. Es sei hauptsächlich auf die Kapitel »Das Auspendeln von Krankheiten«, »Pendel und Medizin« und »Die biochemische Apotheke« verwiesen. Auch das Kapitel über das »Auspendeln der Speisen« verdient besondere Beachtung.

Ich möchte hierzu nur das Eine bemerken, dass ich selbst vielfach auch Krankheiten ausgependelt habe. Wenn ich einen anatomischen Handatlas zur Hilfe nahm, die betreffende Person mit der linken Hand berührte und mit der rechten ein bestimmtes Organ auf dem Handatlas auspendelte, erhielt ich mit Sicherheit die Ausschläge, die für das erkrankte Organ maßgebend waren, sobald ich über diesem Organ auf dem Handatlas pendelte.

Ferner habe ich auch vielfach Heilmittel und ebenso Lebens- und Genussmittel (Zigarren, Liköre, Wein, Bier, Kaffee u. dgl.) ausgependelt. Von Lebensmitteln wiesen die günstigsten Schwingungen auf die Cerealien und Früchte, insbesondere Weizen, Hafer, Gerste, Reis, Grieß, Äpfel, Bananen, Weintrauben, Pfirsiche, Ananas u. dgl.; ferner gewisse Gemüse und Salate, insbesondere

Kresse, Löwenzahn, Spinat, Karotten, Tomaten usw. Was die Genussmittel, speziell die Reizmittel, betrifft, so kann man in jedem beliebigen Moment durch den Pendel feststellen lassen, ob zur gegebenen Zeit für eine bestimmte Person ein bestimmtes Mittel, z. B. Wein, Tabak, Kaffee u. dgl., bekömmlich ist oder nicht. Schlägt der Pendel Kreise, so kann man ruhig das betreffende Mittel einnehmen. Natürlich kann es hierbei vorkommen, dass der Pendel dasselbe Mittel, das er vielleicht vor zwei Stunden als bekömmlich bezeichnet hat, jetzt ablehnt. Das bedeutet dann, dass der Körper dieses Mittel in ausreichender Weise inzwischen zu sich genommen hat und desselben jetzt nicht mehr bedarf. Bei mir lehnt der Pendel Liköre und Tabak in der Mehrzahl der Fälle ab. Ich habe es aber nicht nötig, erst das Pendel zu befragen, ob mir ein Mittel bekommt oder nicht; darüber klärt mich mein Körper selbst zur Genüge auf. Ebenso wie man es mit den Genussmitteln machen kann, vermag man auch bei den Heilmitteln festzustellen, ob sie im gegebenen Moment für eine bestimmte Person zuträglich sind oder nicht. Man lässt den Betreffenden seine rechte Hand in kurzer Entfernung von dem fraglichen Heilmittel hinlegen und pendelt dann zwischen Hand und Heilmittel. Schlägt der Pendel Kreise, so hat das Heilmittel gute Wirkungen, macht er Trennstriche, so soll dieses Mittel nicht genommen werden. Von Bedeutung ist dieses Axiom namentlich für die Zusammenstellung von Komplexmitteln. Jedenfalls vermag die Medizin und speziell die Therapie, aus der Pendellehre erhebliche Vorteile zu ziehen. Ein spezielleres Eingehen auf dieselbe ist aber hier nicht am Platz, da dies den Rahmen dieses Buches erheblich überschreiten würde.

30. Das Wasserheilverfahren

Aquae omnes laudent nomen Domini! Ihr Wasser alle, preiset den Namen des Herrn! Dieses Wort, das der bekannte Pfarrer Kneipp seiner »Wasserkur« als Motto gegeben hat, sei auch diesem Kapitel vorangesetzt. Denn wer auch nur einmal die Wasserheilmethode, die Hydrotherapie, seinem Körper hat zuteilwerden lassen, der hat die Segnungen dieser Methode an sich selbst empfunden.

Der Verfasser kennt sie aus eigner Anschauung, und er hat in seinem ganzen Leben so gut wie keine Krankheiten gekannt. An ihm hat sich das Wort bewahrheitet: »Geh' hin und wasche dich siebenmal im Jordan, und dein Fleisch wird wieder gesund, und du wirst rein werden.« (4. Könige, 5,10) Deshalb kann ich nur jedem raten, mag er krank sein oder nicht, das köstliche Buch von Sebastian Kneipp MEINE WASSERKUR seinem Bücherschatz und seinem Gedächtnis einzuverleiben. Er wird einen Talisman von wunderbarer Wirkung mit sich führen.

In seiner Einleitung zu dem vorgenannten Büchlein wirft Sebastian Kneipp die beiden Fragen auf: »Was ist Krankheit, und aus welcher gemeinsamen Quelle fließen alle Krankheiten?« Und ferner: »Wie erfolgt die Heilung?« Diese beiden Fragen beantwortet Kneipp dahin: Der menschliche Körper ist eines der wunderbarsten Gebilde aus der Schöpferhand Gottes. Jedes Glied passt zum Gliede, jedes Organ zum Organismus, und alle diese Einheiten verbinden sich zu einem großen, harmonischen Ganzen. Der ganze innere und äußere Mensch erscheint als eine große Symphonie des Bibelwortes: »Alles, was in mir ist, preise den Namen des Herrn!« Doch auch diese Harmonie wird aufgehoben durch die verschiedenartigsten Störungen und durch die mannigfaltigsten Disharmonien, die man mit dem Namen »Krankheiten« zu bezeichnen pflegt. Und so gehören oft Krankheiten am inneren und äußeren Körper zu dem täglichen Brot, das viele Menschen mit Willen oder mit Widerwillen essen müssen. Alle diese Krankheiten, so behauptet Kneipp, haben ihren Grund, ihre Entstehungsursache, ihren Keim im Blut, mag dieses nun in seiner Zirkulation gestört oder in seiner Zusammensetzung durch schlechte Säfte verdorben sein. Gleich wohlgeordneten Bewässerungsanlagen durchzieht das Adernetz mit seinem roten Lebenssaft den ganzen Körper, jeden Teil, jedes Organ in der ihm zuträglichen Art nährend, befruchtend und belebend. Doch nur im Maße liegt die Ordnung; jedes Zuviel und jedes

Zuwenig im Tempo des Blutumlaufs, jedes Eindringen fremdartiger Elemente stört den Frieden und die Eintracht, stört die Harmonie, setzt an deren Stelle Disharmonie und wandelt die Gesundheit um in Krankheit. Ist diese Hypothese aber richtig, so kann über die Art der Heilung kein Zweifel herrschen. Sie kann nur die zweifache Aufgabe haben, entweder das ungeordnet zirkulierende Blut wieder in seinen richtigen und normalen Lauf zurückzuführen oder die Krankheitsstoffe, welche die richtige und gesunde Zusammensetzung des Blutes stören und letzteres verderben, aus dem Blute wieder auszuscheiden. Diese zweifache Aufgabe aber vermag das Wasser zu erfüllen. Denn es ist imstande:

a) die Krankheitsstoffe im Blut aufzulösen,
b) die aufgelösten Stoffe aus dem Körper auszuscheiden,
c) das so gereinigte Blut wieder zur richtigen Zirkulation zu bringen und
d) den geschwächten Organismus zu kräftigen und zu stählen.

Die von Kneipp vorgeschriebenen Wasseranwendungen sind teils Umschläge (Aufschläge), teils Bäder, Dämpfe, Güsse, Waschungen oder Wickel. Dazu kommen als Abhärtungsmittel das Barfußgehen, das Kaltbaden der Arme und Beine und der Knieguss mit oder ohne Oberguss.

Bei den *Aufschlägen* unterscheidet Kneipp vier Arten, nämlich

1. den *Oberaufschlag,* der die ganze Brust- und Leibseite bedeckt und zur Austreibung versessener Gase dient,
2. den *Unteraufschlag,* der die Stärkung des Rückgrates und des Rückenmarks bezweckt und vorwiegend bei Rückenschmerzen und Hexenschuss gegeben wird und vom Halswirbel bis zu den Oberschenkeln reicht,
3. eine *Kombination von Ober- und Unteraufschlag,* die bei großer Hitze, bei Fieber und bei Kongestionen gegeben wird, gegebenenfalls auch bei Hysterie und Hypochondrie,
4. die *Auflage auf den Unterleib* bei Magen- und Darmbeschwerden, Krämpfen und Herzbeschwerden.

Man kann in den Fällen zu 1–4 dem Wasser auch Essig oder einen Absud von Haberstroh, Heublumen oder Zinnkraut hinzufügen. Dies wird die Wirkung des Aufschlags noch erhöhen. Die *Bäder* teilt Kneipp ein in

I. Fußbäder, und zwar

1. *kalte Fußbäder,* die vornehmlich dazu dienen, das Blut von Kopf und Brust abwärts zu leiten,
2. *warme Fußbäder* (unter Beifügung von Salz und Holzasche) für schwächliche, blutarme und nervöse Personen, speziell für Frauen, und für solche, die an Zirkulationsstörungen leiden,
3. das *warme Heublumenfußbad,* das auflösend und ausleitend wirkt und namentlich gegen kranke und schwache Füße, gegen offene Fußschäden, gegen Fußschweiß sowie bei Geschwülsten, Quetschungen, Nagelgeschwüren, Fußgicht und bei Zehenfäulnis verordnet wird,
4. das *Haberstroh-Fußbad,* gleichfalls warm, das die Auflösung aller möglichen Verhärtungen an den Füßen (Hühneraugen, Hornhaut usw.) bezweckt und bei eingewachsenen Nägeln, bei offenen, eiternden Füßen und bei scharfem Fußschweiß vorzügliche Dienste leistet.

Bei Personen, die mit Krampfadern behaftet sind, soll das Wasser nie weiter als bis zum Beginn der Waden reichen und eine Temperatur von 25 Grad nicht übersteigen.

II. Halbbäder

Diese können auf dreifache Weise genommen werden:

1. durch Stehen im Wasser derart, dass Letzteres bis an die Knie reicht,
2. durch Knien im Wasser, sodass die ganzen Schenkel mit Wasser bedeckt sind,
3 durch Sitzen im Wasser in der Weise, dass Letzteres bis zum Nabel reicht.

Alle diese Anwendungen sind stets nur in *kaltem* Wasser zu machen und dienen einerseits zur Abhärtung, andererseits zur Stärkung bei schwächlichen Personen und bei Rekonvaleszenten. Die zu 3) erwähnte Anwendung dient auch zur Stärkung des Unterleibs und, namentlich bei Frauen, zur Beseitigung von Unterleibskrankheiten. Sie ist auch sehr zu empfehlen bei Hämorrhoiden, Windkolik, Hysterie, Hypochondrie, Fluor albus u. dgl.

III. Sitzbäder

1. das *kalte Sitzbad.* Es ist speziell für den Unterleib sehr bedeutsam, leitet die Körpergase aus, stärkt die Verdauung, befördert den Stuhlgang, reguliert den Blutumlauf und ist deshalb gut gegen Bleichsucht, Blutarmut, Schlaflosigkeit, Kopfkongestionen, Nervenschwäche, Impotenz u. dgl. m.,
2. das *warme Sitzbad.* Kann in drei Formen verordnet werden:
   a) als Zinnkraut-Sitzbad,
   b) als Haberstroh-Sitzbad,
   c) als Heublumen-Sitzbad.

Ersteres dient speziell und hauptsächlich als Heilmittel bei rheumatischen Zuständen der Nieren und der Blase, bei Gries- und Steinleiden sowie bei Harnleiden.

Das Haberstroh-Sitzbad ist ein vorzügliches Heilmittel gegen Gicht und Gichtknoten, das Heublumen-Sitzbad endlich hat mehr allgemeine Wirkung und leistet gute Dienste bei der Auflösung von Anstauungen im Unterleib, bei der Behandlung von äußeren Geschwülsten und Geschwüren, bei Hautleiden, insbesondere bei Gürtelrose, ferner bei hartem Stuhlgang, bei Hämorrhoiden und bei krampfartigen sowie kolikartigen Erscheinungen.

IV. Vollbäder

Diese können als *kalte* oder als *warme* Vollbäder verordnet werden.

Die längste Dauer eines *kalten* Vollbades beträgt drei Minuten. Es darf nie genommen werden, wenn der Betreffende fröstelt oder an kalten Füßen leidet. Dagegen hat es vorzügliche Wirkung, wenn der Körper vorher stark angestrengt worden und hierdurch in Schweiß geraten ist«. Ferner hat es günstige Wirkung bei allen hitzigen Krankheiten, Fiebern u. dgl., muss aber mit großer Vorsicht verabreicht werden und soll in derartigen Fällen die Dauer einer Minute nie überschreiten.

Das *warme* Vollbad hat eine Dauer von 25–30 Minuten und eine Temperatur von 26–30 Grad. Es muss immer in der Form genommen werden, dass es mit dem *kalten* Vollbad abwechselt, und zwar 8 Minuten Warmbad, dann 1 Minute Kaltbad, dann 8 Minuten Warmbad, dann 1 Minute Kaltbad, dann 8 Minuten Warmbad, dann 1 Minute Kaltbad. Es muss also stets mit dem Kaltbad abgeschlossen werden. Das warme Vollbad in dieser Form ist besonders günstig für schwächliche, blutarme und nervöse Personen und solche, die Anlagen haben für Gicht, Rheumatismus und Ischias, für Krämpfe und Epilepsie, für Hysterie und Hypochondrie. Es verfolgt den doppelten Zweck, durch Zufuhr von Wärme die Körpertemperatur zu erhöhen und alle kranken Stoffe aufzulösen und aus dem Körper auszuleiten.

Die *warmen* Vollbäder werden bereitet:

1. als *Heublumenbäder* zur Auflösung von Anstauungen im Körper, gegen Wadenkrampf und gegen Venenentzündung,
2. als *Haberstrohbäder* bei Nieren- und Blasenbeschwerden, bei Stein- und Griesleiden sowie bei Gicht, Rheuma und Ischias,
4. als *Fichtennadelbäder* zur Stärkung der inneren Gefäße und gegen Hautleiden, desgleichen gegen Nieren- und Blasenleiden,
5. als *gemischte Bäder* zur Stärkung und Kräftigung des Körpers sowie in der Rekonvaleszenz.

V. Teilbäder

Hier unterscheidet Kneipp:

1. das *Hand- und Armbad* bei Gicht, Rheuma u. dgl.,
2. das *Kopfbad* bei Kopfleiden, Geschwüren, Flechten, Ausschlägen, Kopfrose, Kopfgrind, Schuppen, Haarerkrankungen usw.,
3. das *Augenbad* (mit Fenchel- oder Augentrost-Absud) in *kalter* Form bei gesunden, aber schwachen Augen, in *warmer* Form bei Augengeschwüren.

Auch die *Dämpfe* finden in verschiedenen Formen Anwendung,

und zwar als Kopfdampf, Fussdampf, Leibstuhldampf und als Spezialdampf auf einzelne kranke Stellen. Kneipp geht davon aus, dass jeder Körper ein gewisses Quantum Wärme haben muss, wenn er leistungsfähig sein und bleiben soll. Der gesunde Körper besitzt in sich Naturwärme genug, braucht also keine besondere Wärmezufuhr. Der kranke Körper dagegen fühlt sehr bald einen Wärmeabgang und muss diesen auf irgendeine Art ersetzen. Bei manchen Patienten genügen hierzu Umschläge und Wickelungen, bei anderen sind warme Bäder und Dämpfe erforderlich. Da der reine Wasserdampf zuweilen auf die Augen und auch auf den Magen sowie auf den Hals nicht ganz günstige Wirkungen äußert, so mischt Kneipp dem heißen Wasser stets gewisse Kräuter bei, und zwar in erster Linie Fenchel, sodann aber auch Salbei, Holunder, Minze, Schafgarbe, Spitzwegerich oder Lindenblüten. Während des Dampfes soll der Patient Augen, Nase und Mund weit öffnen und so viel Dampf einströmen lassen, wie er nur irgend vertragen kann. Unmittelbar nach beendigtem Dampf ist ein kalter Guss oder eine kalte Abreibung zu nehmen. Doch darf nach einer solchen Prozedur der Patient nicht sofort ins Freie gehen, sondern soll sich noch wenigstens eine Stunde lang im warmen Zimmer aufhalten. Auch darf ein Dampf nur in gut gewärmten Räumen vorgenommen werden.

Der *Kopfdampf* ist sehr zu empfehlen bei Erkältungen, Influenza, Grippe, namentlich bei Kopfgrippe, ferner bei Augen- und Ohrenleiden, bei gichtigen und rheumatischen Zuständen, Katarrhen, Genickschmerzen, Halsschmerzen, angeschwollenen Halsdrüsen u. dgl. m. Er wirkt am günstigsten bei einer Beimischung von Fenchel.

Der *Fußdampf* wird bei den verschiedenartigsten Fußleiden angewendet, insbesondere bei starken Fußschweißen, bei angeschwollenen Füßen, bei kalten Füßen, Nagelgeschwüren, eingewachsenen Nägeln, Hühneraugen, Wadenkrampf, ferner auch bei Bleichsucht und Blutarmut. Man setzt hier zweckmäßig einen Absud von Heublumen zu.

Der *Leibstuhldampf*, dessen Dauer 15–20 Minuten beträgt und der durch Zugabe von Zinnkrautabsud erheblich verbessert wird, falls es sich um Harnleiden handelt, hat namentlich auf den Unterleib stark ausscheidende Wirkung. Er ist daher sehr nützlich bei Magen-, Darm- und Leberleiden (Zusatz von Schafgarbe), bei Nieren- und Steinleiden (Zusatz von Haberstrohabsud) sowie bei krampfhaften oder rheumatischen Zuständen des Unterleibs, bei Blasengeschwüren und bei beginnender Wassersucht (Zusatz von Heublumenabsud).

Besondere Dämpfe auf einzelne kranke Stellen kommen namentlich in Betracht:

1. als *Augendämpfe* gegen Augenleiden (Absud von Fenchel oder Augentrost oder Schafgarbe),
2. als *Ohrendämpfe* gegen Ohrenleiden, namentlich Ohrenschmerzen, verhärtetes Ohrenschmalz und Mittelohrenentzündung (Absud von Taubnesseln, Brennnesseln oder Schafgarbe),
3. als *Halsdämpfe* gegen Verschleimungen im Halse sowie Hals- und Kehlkopfleiden (Absud von Schafgarbe, Spitzwegerich oder Brennnessel),
4. als *Hautdämpfe* gegen Insektenstiche, Hundebisse u. dgl. (Absud von Heublumen).

Was nun weiter die **Güsse** betrifft, so kommen folgende Arten von Güssen infrage:

1. Der *Knieguß*. Er hat elektrisierende, auffrischende und stärkende Kraft und eignet sich, allerdings in sehr mäßiger Anwendung, für blut- und säftearme Personen sowie für Rekonvaleszenten. Er kommt regelmäßig nur in Verbindung mit dem Oberguss vor.
2. Der *Schenkelguss*. Er hat noch stärkere Wirkung als der Knieguss und bildet dessen Fortsetzung nach dem Unterleib zu.
3. Der *Untergus* beginnt unten an den Füßen und geht hoch bis zu den Hüften. Er muss regelmäßig nach dem Fußdampf erfolgen, wenn nicht etwa das Halbbad oder das Knien in der Badewanne vorgezogen wird.
4. Der *Rückenguss* beginnt gleichfalls unten an den Füßen und geht hinauf bis zum Nacken. Die Wirbelsäule ist hierbei tun-

lichst zu schonen. Der Rückenguss wirkt besonders stärkend auf das Rückgrat ein und fördert den Blutumlauf in günstiger Weise.

5. Der *Ganz- oder Vollguss*, der die Vorderseite und die Rückenseite des Körpers gleichmäßig trifft und beim Genick bzw. beim Halse beginnt, netzt den ganzen Körper mit Ausnahme des Kopfes. Er ist besonders bei korpulenten Personen angebracht, härtet ab, steigert die Zirkulation des Blutes und ist daher günstig bei vorliegender Bleichsucht und Blutarmut sowie bei Gicht und Rheumatismus«.
6. Der *Oberguss* ist das Gegenstück zum Unterguss. Er beginnt beim rechten Unterarm, geht über den rechten Oberarm und Rücken zum linken Oberarm und endigt am linken Unterarm. Der ganze Rücken einschließlich des Rückgrats wird von ihm betroffen; auch der Hals ist tüchtig zu begießen. Der Oberguss ist stets notwendig, wenn ein Kopfdampf genommen worden ist. Er gehört mit zu den Abhärtungsmitteln.
7. Der *Armguss* beginnt vorne an den Händen und nimmt seinen Lauf bis zu den Achseln. Er wirkt sowohl als einfaches Abhärtungsmittel wie auch als Auflösungsmittel bei Stauungen der Arme oder bei Entzündungen an denselben oder auch bei Gicht und Rheumatismus. Sehr wohltätig wirkt er bei Blutarmut und Bleichsucht.
8. Der *Kopfguss* ergießt sich auf Kopf, Haupthaar, Gesicht und Augen (geschlossen) und empfiehlt sich besonders bei Augen- und Ohrenleiden.

Es bleiben nun noch die **Wickel** zu erörtern. Kneipp unterscheidet deren 8 verschiedene Arten, nämlich den Kopf-, Hals- Fuß-, Unter- und kurzen Wickel, den Schal, das nasse Hemd und den spanischen Mantel.

1. Der *Kopfwickel* erfolgt gegen alle Kopfleiden, namentlich rheumatischer Art, die durch Verkühlung, Erkältung, raschen Temperaturwechsel u. dgl. entstanden sind, ferner gegen Schuppen, trockene Ausschläge, Kopfgrind und kleinere Geschwüre auf dem Haarboden.

2. Der *Halswickel,* dessen Dauer höchstens 1–1 ½ Stunden dauern darf, wird vorzugsweise gegeben gegen Halsleiden, Halsentzündungen, Diphtherie, Schlingbeschwerden, Mumps u. dgl. Angewendet.
3. Der *Schal* stellt eine Spezialanwendung für die Brust und den oberen Teil des Rückens dar und hat eine Anwendungsdauer von 1–1 ½ Stunden. Er wirkt auflösend und ableitend bei fieberhaften Katarrhen, Verschleimungen im Halse oder auf der Brust, Brust- oder Rippenfellentzündung, Influenza oder Grippe.
4. Der *Fußwickel* dauert 1 – 2 Stunden und ist besonders da anzuwenden, wo es sich darum handelt, krankhafte Säfte aus den Füßen auszuziehen, bei Entzündungen die Hitze zu nehmen, das Blut vom Oberkörper nach unten zu ziehen oder versessene Gase aufzulösen. Auch bei Fußschweiß ist er sehr zu empfehlen. Ebenso hat er eine besonders günstige Wirkung bei Schlaflosigkeit.
5. Der *Unterwickel* dient hauptsächlich gegen Krankheiten des Unterleibs und der Füße und hat eine Dauer von 1 – 1 ½ Stunden. Schwächliche, gebrechliche, blutarme sowie ältere Leute sollen zu diesem Wickel nicht kaltes, sondern warmes Wasser verwenden. Er wirkt wärmend, auflösend und ableitend und ist besonders zu empfehlen bei Blähungen, Magen- und Darmleiden, Leberleiden, Gallen-, Nieren- und Blasenleiden, Gicht, Rheuma und Ischias, Neurosen und Krämpfen, Fußgeschwüren, offenen Füßen, offenen Beinleiden u. dgl. m. Anstatt des kalten oder warmen Wassers verwendet man hier besser Absude von Heublumen, Haberstroh und Fichtennadeln. Erstere sind vorzuziehen bei Harnbeschwerden sowie bei Gries- und Steinleiden. Haberstroh verdient den Vorzug bei Gicht und Rheuma sowie bei Gries- und Steinleiden. Fichtennadeln und Fichtenreiser eignen sich besonders zur Ausleitung von Gasen und zur Beseitigung von krampfhaften Zuständen im Unterleib.
6. Der *kurze Wickel* genießt die weiteste Verbreitung. Er wirkt,

ohne dass seine Verbindung mit anderen Wasseranwendungen erforderlich erscheint, auf den ganzen Körper, steigert die Körperwärme und zieht andererseits jede zu große Hitze aus. Schwächliche und ältere Personen sollen auch diesen Wickel warm nehmen. Er wirkt günstig und reinigend auf Galle, Nieren und Leber sowie auf den gesamten Unterleib und reinigt diesen von versessenen Winden, quälenden Gasen und verlagerten Stoffen. Er ist daher sehr gut zu verwenden gegen Magen-, Leber- und Herzleiden sowie gegen Wassersucht und gegen Lungenleiden und hat auch bei Arteriosklerose eine vorzügliche Wirkung. Bei Krämpfen und bei Kältegefühl ist immer ein warmer Wickel zu verwenden. Ferner empfiehlt es sich, bei Krämpfen ein in Essig getauchtes Tuch unter den Wickel auf den bloßen Leib zu legen.

7. Das *nasse Hemd* hat eine Dauer von 1–1 ½ Stunden und zeigt die Eigenschaft, dass es die Poren öffnet, wie ein gelindes Zugpflaster wirkt, die Krankheitsstoffe auszieht, beruhigt und krampfhafte Zustände behebt. Es wirkt demnach auch besonders günstig auf die Haut und hebt das Allgemeinbefinden des Körpers. Auch auf Nerven- und Gemütsleiden wirkt es sehr günstig ein und wird namentlich auch gegen den Veitstanz mit Vorteil verwendet. Endlich findet es Anwendung bei Hautkrankheiten sowie bei Masern und Scharlach, und zwar empfiehlt es sich hier, das Hemd in Salzwasser oder Essigwasser einzutauchen statt in gewöhnliches Wasser.
8. *Der spanische Mantel*, auch »großer Wickel« genannt, stellt eine ganze, für sich allein genügende Wasseranwendung dar, welche auf den ganzen Organismus einwirkt. Die Zeitdauer seiner Anwendung beträgt 1–2 Stunden, je nach der Korpulenz und dem Kräftezustand des Individuums. Er öffnet die Hautporen am ganzen Körper und zieht allen Unrat, allen Schleim und alle krankhaften Stoffe aus diesem heraus. Das Gebiet seiner Anwendung erstreckt sich auf wässerige und schleimige Katarrhe, Schleimfieber, Lungenleiden, Tuberkulose, Gicht, Rheuma, Ischias, Podagra, Blattern, Typhus, Gehirn-

entzündung, Herzleiden, Nervenleiden und Neurosen.

Damit sind die Kneipp'schen Wasseranwendungen erschöpft. Es mag noch ausdrücklich darauf hingewiesen werden, dass viele Menschen den Sinn und Zweck der Kneipp'schen Kuren missverstehen und durch eine zu starke, intensive, scharfe und schroffe Anwendung des Wasserheilverfahrens dessen an sich gute, ja vorzügliche Wirkung infrage stellen. Ein solcher Missbrauch der Hydrotherapie ist unter Umständen geeignet, die Letztere in Misskredit zu bringen und ihr unverdienten Schaden zuzufügen. Kneipp selbst warnt sowohl in seinem Vorwort wie auch an den verschiedensten Stellen des Textes vor einer solchen vernunftlosen und unsinnigen Anwendung der Wasserheilmethode und weist auf den Schaden hin, der hierdurch angerichtet werden kann. Und es kann gar nicht eindringlich genug gerade auf diesen Punkt hingewiesen werden, einerseits um der Gerechtigkeit willen, andererseits aber auch, um einem Manne wie Kneipp den Dank abzustatten, der ihm gebührt. Er war auf dem Gebiet der Therapie der Größten einer und verdient es neben Männern wie Tycho de Brahe, Paracelsus, Sydenham, Rademacher, Zimpel und Schüßler genannt zu werden. Ehre seinem Andenken!

31. Ausblicke

Am 21. September 1928 ist Neptun, der Lichtträger der geistigen Sonne, in das Zeichen Jungfrau übergetreten, in das Zeichen der Heilkunst, der Heilmethoden und der Heilkräuter, in das Zeichen der Medizin, der Chemie und der Pharmazie. Dieser Tag war für die gesamte medizinische Wissenschaft von größter Bedeutung. Denn Neptun wird in diesem Zeichen weittragende Reformen auf dem Gebiet der Therapie, der Diagnostik, der Arzneimittellehre und der Pharmazie bringen und der gesamten Heilkunde neue Wege weisen. Welche Richtung diese neuen Wege einzuschlagen haben, ist in diesem Buch bereits angedeutet worden.

Ich verweise in dieser Beziehung auf die gänzlich neue Lehre von der »physiologischen Zahl« und dem »physiologischen Nullpunkt«, auf die Beziehungen der Planeten zu den Krankheiten einerseits und zu den Heilpflanzen andererseits und auf das der medizinischen Wissenschaft gleichfalls noch fast ganz unbekannte Gesetz von der Umdrehung der Pole.

Welche geradezu ungeheuren Umwälzungen schon allein diese Probleme auf medizinischem und pharmazeutischem Gebiet bringen müssen, vermag in ihrem ganzen Ausmaß nur derjenige zu ermessen, der Fachmann genug ist, um sowohl die astrologischen wie auch die medizinischen und pharmazeutischen Seiten dieser Probleme bis in die kleinsten Details beurteilen zu können.

Die astrologische Medizin hat erst dann Wert und Bedeutung, wenn die obigen Probleme voll und ganz geklärt sind, wenn eine auf astrologischer Basis beruhende Arzneimittellehre vorhanden ist und wenn diese Arzneimittellehre die Gesetze von der physiologischen Zahl und dem physiologischen Nullpunkt sowie das Gesetz von der Umdrehung der Pole sich ganz und gar zu eigen gemacht hat, von diesen Gesehen ganz und gar durchdrungen worden ist und sich mit ihnen zu einer neuen großen astromedizinischen und astropharmazeutischen Wissenschaft chymifiziert hat. Welchen Fortschritt bedeutet allein die Existenz einer vollständigen und lückenlosen astralen Arzneimittellehre! Der Verfasser ist im Besitz einer solchen lückenlosen Arzneimittellehre, die jedes einzelne Mittel, das nach homöopathischer, isopathischer, biochemischer, komplexhomöopathischer und komplexbiochemischer Methode überhaupt infrage kommen könnte, umfasst und von dem Verfasser in jahrelanger Zusammenarbeit mit astrologisch versierten Ärzten zusammengestellt worden ist. Dieselbe soll in nächster Zeit gleichfalls veröffentlicht werden.

Die Astromedizin und Astropharmazie, wie sie in dem vorliegenden Werk behandelt worden sind, stellen die gesamte medizinische Wissenschaft auf vollkommen neue Grundlagen. Nicht nur die Diagnose fußt nunmehr lediglich auf astrologischer Grundlage, nämlich auf dem Ergebnis des wissenschaftlich ausgearbeiteten und den zuständigen Korrekturmethoden unterworfenen Horoskops, sondern auch die Therapie wird eine rein astrologische und gründet sich auf die Kenntnis einerseits der Zugehörigkeit der Heilkräuter zu bestimmten Planeten, andererseits der Subsumierung der einzelnen Krankheiten unter bestimmte Tierkreiszeichen und Gestirne. Eine falsche Diagnose ist also jetzt so leicht nicht mehr möglich. Denn die Astromedizin fußt auf kosmischen und mathematischen Gesetzen, bei denen ein Irrtum nicht möglich ist. Sie operiert auch nicht mit Vermutungen, sondern mit Tatsachen. Und auch die Therapie beruht nicht mehr auf Experimenten und tastenden Versuchen, sondern auf der gesetzmäßigen und natürlichen Zugehörigkeit der Heilkräuter und Arzneimittel zu den Planeten, sodass sie fast automatisch funktioniert.

Die Astromedizin ist daher die Krone aller medizinischen Wissenschaften. Und sie ist berufen, in Diagnose, Therapie und Hygiene bahnbrechend zu wirken. Endlich aber wird auch die Arzneimittellehre einer gänzlichen Reform unterzogen. Denn sie wird zu einer Herbal- bzw. Mineralastrologie und dementsprechend, mit einem Wort, zu einer Astropharmazie. Auf das Engste verknüpft mit der Astrologie ist die neue astrologische Konstitutionslehre, welche, entsprechend der Lehre der Zahlenmagie, wonach die 7 eine erhöhte 4 und die 12 eine erhöhte 7 ist, von den zurzeit vorhandenen 4 auf 7 bzw. 12 Grundkonstitutionen übergehend und diese 12 Konstitutionen zum Ausgangspunkt nehmend, eine in jeder Beziehung individuelle Behandlung der einzelnen Patienten je nach ihrer Konstitution und ihrem Temperament gewährleistet.

Hand in Hand hiermit geht die Basierung der ganzen Krankheitslehre auf der »physiologischen Grundzahl« und dem «physiologischen Nullpunkt«. Nach der Astromedizin in diesem Sinne ist »Krankheit« nichts anderes als Polarität und »Heilung«, demzufolge die Auflösung dieser Polarität, d. h. die Verwandlung der 2. in die 3. Nichts anderes hat unser Altmeister Goethe sagen wollen, als er in seinem berühmten »Hexeneinmaleins« (Faust, I. Teil) die Hexe sagen lässt:

Aus Eins mach' Zehn
Und Zwei laß' gehn
Und Drei mach' gleich.
So bist du reich.

War doch Goethe ein Rosenkreutzer und als solcher in alle Geheimnisse der Magie und der Astrologie eingeweiht!

Und so darf mit Recht gesagt werden, dass die medizinische Astrologie oder, wie man sie neuerdings zu nennen pflegt, die Astromedizin, im Begriffe steht, ganz neue Waffen zu schmieden und ganz neue Heilmittel zu produzieren, und dass somit nicht nur die gesamte medizinische Wissenschaft, sondern dass auch das ganze große Heer der Kranken einer neuen, verheißungsvollen Zukunft entgegengeht. Was uns die Astromedizin, von kundiger Hand angewendet, zu bieten vermag, ist ein neues, verheißungsvolles Evangelium, ist das Lebendig-Werden des Bibelworts: »Kommet her zu mir, alle, die ihr mühselig und beladen seid, ich will euch erquicken.«

Möge dieses Buch ein Wegweiser sein auf dem Wege, der hinaufführt zu dem Ziele, das in den vorstehenden Ausführungen gekennzeichnet worden ist und das des Schweißes der Besten und Edelsten wert ist!

32. Alphabetisches Fremdwörterverzeichnis

A

Abdomen: Bauch, Unterleib
Absentia: Geistesabwesenheit
Abulie: krankhafte Willenlosigkeit
Absorption: Aufsaugung
Accidentien: Eigenschaften, Umstände Achillessehne: Sehnenstrang, durch welchen der Wadenmuskel sich an das Fersenbein ansetzt
Adaption: Anpassung
Adenitis: Drüsenentzündung
Adenom: Drüsengeschwulst
Adenosklerose: Drüsenverhärtung
Adipom: Fettgeschwulst
Adipositas: Fettsucht
Äquator: größter Kreis der Erdkugel, von den Erdpolen überall um 90 Grad entfernt
Äquinoktialpunkte: Nachtgleichpunkte, Frühlingspunkt und Herbstpunkt. Steht die Sonne in einem dieser Punkte, so sind Tag und Nacht einander gleich.
Äther: feines und elastisches Fluidum, das nicht nur den Weltenraum und jeden leeren Raum erfüllt, sondern auch zwischen die Moleküle der Körper eingelagert ist
Aggregatszustand: Art und Weise des Zusammenhaftens der Moleküle eines Körpers, fester, flüssiger und gasförmiger Zustand
Agonie: Todeskampf
Agoraphobie: Platzangst
Akne: Hautfinne
Alamak: der Stern Gamma in der Andromeda, Fixstern mit sehr günstigen Wirkungen
Algol: der Stern Beta im Medusenhaupt, ein Fixstern mit höchst ungünstigen und katastrophalen Wirkungen
Alkoholismus: Trunksucht, Alkoholvergiftung
Alkochoden: Geber der Jahre, ist in der Astrologie der Himmelskörper, der am besten aspektiert ist und die günstigste Wirksamkeit entfaltet
Allopathie: die Heilmethode, die sich der Mittel bedient, die der Krankheit entgegengesetzte

Wirkungen hervorbringen. Gegensatz: Homöopathie und Isopathie

Almuten heißt in der Astrologie der Himmelskörper, der die meisten Würden und Stärken und den größten Einfluss hat.

Amaurosis: Schwarzer Star

Amenorrhoe: Fehlen der weiblichen Periode

Amentia: geistige Verwirrtheit, leichtere Psychose

Amnesie: Gedächtnisschwäche

Amulett: Schutzmittel, das mit gewissen magischen oder astrologischen Figuren, Charakteren oder Inschriften oder den theurgischen Namen der Planetenintelligenzen versehen ist, und das als Talisman gegen Unglücksfälle, Verwundungen, Krankheiten und dergl. dienen soll

Anämie: Blutmangel, Blutarmut

Anästhesie: Unempfindlichkeit

Analgesie: Schmerzlosigkeit

Analgetisch: schmerzstillend

Anasarka: Hautwassersucht

Anästhetisch: unempfindlich machend

Aneurysma: Schlagadergeschwulst

Angina: Halsentzündung

A. catarrhalis: Rachenkatarrh

A. pectoris: Brustkrampf

A. tonsillaris: Mandelentzündung

Antares: Stern Alpha im Skorpion, ein Fixstern mit ungünstigen Wirkungen

Antidote: Gegenmittel

Antineuralgica: Mittel gegen Nervenschmerzen

Antiphlogistica: entzündungswidrige Mittel

Antiphtisica: Schwindsuchtsmittel

Antipsorica: Ausschlagsmittel

Antipyretica: Fiebermittel

Antiscrofulosa: Mittel gegen Skrofulöse

Antiseptica: fäulniswidrige Mittel

Antispasmodica: krampfstillende Mittel

Antitoxine: gifttilgende Mittel

Aorta: große Hauptschlagader

Aortitis: Schlagaderentzündung

Apathie: Teilnahmslosigkeit

Aphonie: Stimmlosigkeit

Aphrodisie: krankhaft gesteigerter Geschlechtstrieb

Aphrodisiaka: Mittel zur Steigerung des Geschlechtstriebs

Apoplexie: Schlagfluss

Appendix: Wurmfortsatz

Arcanum: Geheimmittel

Arythmie: Unregelmäßigkeit

Arterie: Schlagader

Arteriosklerose: Arterienverkalkung

Arthritis: Gicht, Gelenkentzündung

Ascites: Bauchwassersucht

Asphyxie: Tod durch Ersticken
Aspekte: bestimmte Stellungen der Gestirne zueinander
Aspekttafel: eine Tafel, auf der man die Standorte der Gestirne verzeichnet, um dadurch einen leichten Überblick über ihre Aspekte zu erlangen
Assimilation: Verdauung
Asthma: Kurzatmigkeit
Ataxie ist Koordinationsstörung, d. h. Störung der normalen Muskelbewegung
Atavismus: Vererbung Atonie: Erschlaffungszustand Atonisch: schlaff
Atrophie: Abmagerung, schlechter Ernährungszustand
Autointoxication: Selbstvergiftung durch Bildung von giftigen Stoffen im Körper
Autosuggestion: Selbstbeeinflussung

B

Balanitis: Eichelentzündung
Balanos: Eichel
Barlow'sche Krankheit: schmerzhafte Knochenanschwellung künstlich ernährter Kinder
Basedow'sche Krankheit: Glotzaugen-krankheit, eine Kombination von Herzklopfen, Kropf und Glotzaugen
Bizeps: zweiköpfiger Oberarm- und Oberschenkelmuskel
Bilis: Galle
Biliös: gallig mit Lebererscheinungen auftretend
Blenorrhöa: Eiter-(Schleim-)fluss
Blepharitis: Augenliderentzündung
Blepharospasmus: Lidkrampf
Brachialis: zum Oberarm gehörig
Brachial-Neuralgie: Armnervenschmerz
Bright'sche Krankheit: chronische Nierenentzündung
Bronchialkatarrh: Luftröhrenentzündung Bronchitis: Luftröhrenkatarrh
Bronchospasmus: Luftröhrenkrampf
Bronchostenose: Luftröhrenverengerung
Bronzekrankheit (Addison'sche Krankheit) der Nebennieren mit dunkler Pigmentierung des Körpers
Bubo: Leistendrüsenanschwellung
Bulbörparalyse: Lähmung des verlängerten Marks
Bursa: Beutel
Bursitis: Schleimbeutelentzündung

C

Caisson-Krankheit: Taucherkrankheit
Callus: Knochenschwiele
Capillargefäße: feinste Gefäßverzweigungen

Carcinom: Krebs
Carcinose: Krebskrankheit
Cardiasthenie: nervöse Herzschwäche
Cardioneurose: nervöse Herzkrankheit
Carditis: Herzentzündung
Carotiden: Kopfschlagadern
Cerebraltyphus: Gehirntyphus
Cerebrospinalmeningitis: Genickkrampf
Cerebrum: Großhirn
Chalazion: Hagelkorn, Gerstenkorn
Cholämie: Vergiftung des Blutes durch Galle
Cholangitis: Entzündung der Gallengänge
Chole: Galle
Cholelithiasis: Gallensteinkrankheit
Cholera: Brechruhr
Ch. nostras: einheimische Ch., Brechdurchfall
Cholerine: leichter Brechdurchfall
Cholerisch: heißblütig, hitzig, jähzornig
Chorea: Veitstanz
Ch. maior: schwere Form der Hysterie
Ch. minor: gewöhnlicher Veitstanz
Chlorose: Bleichsucht
Chorioiditis: Entzündung der Aderhaut
Chromotherapie: Heilkunde vermittelst Farben Wirkung
Chronisch: dauernd, langwierig, veraltet Chylifikation: Umwandlung des Speisebreis in Milchsaft Chylus: Milchsaft, Speisesaft
Chymifikation: Magenverdauung durch Bereitung des Speisebreies
Chymus: Speisebrei
Ciliarneuralgie: stechender Schmerz im Auge
Cirrhose: Organverhärtung mit Schrumpfung
Clavigula: Schlüsselbein
Clavus: Hühnerauge, Leichdorn
Clitoris: Kitzler
Cocainismus: Kokainsucht
Coelia: Bauchhöhle Coffein: Kaffeegift
Cohäsion: Anziehung der Teile untereinander
Coitus: Beischlaf
Colitis: Dickdarmkatarrh
Collum: Hals
Colon dextrum: aufsteigender Grimmdarm
Colon sinistrum: absteigender Grimmdarm
Colorit: Hautfarbe
Colotyphus: Unterleibstyphus
Combustion: Verbrennung
Condensation: Verdichtung
Congestion: Blutandrang
Conjunktivitis: Bindehautentzündung

Contagiös: ansteckend
Contusion: Quetschung
Convulsion: Krampf, Zuckung
Convulsiv: krampfhaft
Cor: Herz
Cornea: Hornhaut
Coryza: Schnupfen Costa: Rippe
Cowper'sche Drüsen: zwei Drüsen hinter der Harnröhrenzwiebel
Coxa: Hüfte
Coxitis: Hüftgelenkentzündung
Cretinismus: angeborene Geistesschwäche Cutis: die Haut
Cystis: die Blase
Cystitis: Harnblasenentzündung
Cystospasmus: Blasenkrampf

D

Dämomanie: Besessenheit
Dakryocystitis: Tränensackentzündung
Debilität: Hinfälligkeit, Schwäche
Deformation: Verunstaltung
Deformität: Missgestalt, Missbildung
Degeneration: Entartung
Delirium tremens: Säuferwahnsinn
Dementia: Schwachsinn
Determinismus: die Lehre, nach der alle menschlichen Handlungen durch äußere oder innere schicksalhafte Ursachen bestimmt werden
Diabetes: Harnruhr
D. melittus: Zuckerkrankheit
Diätetik: Ernährungslehre
Diagnose: Erkennung und Spezifizierung einer Krankheit
Diagnostik: Lehre von der Erkennung der Krankheiten
Diarrhoe: Durchfall
Diastole: Ausdehnung
Diathese: Krankheitsanlage
Digestion: Verdauung
Dilution: Verdünnung
Diphtherie: häutige Halsbräune
Direktion: die Berechnung der Zeit, in der das Eintreten eines Ereignisses zu vermuten ist
Diurese: Harnabsonderung
Diuretica: harntreibende Mittel
Drachenkopf: der Punkt der Mondbahn, in dem der Mond von der Südseite zur Nordseite der Ekliptik übergeht
Drachenschwanz: der Punkt der Mondbahn, in dem der Mond von der Nordseite zu der Südseite der Ekliptik übergeht
Duktus: Gang, Kanal
Dysenterie: Ruhr
Dyskinesie: Bewegungsstörung
Dyskrasie: Säfteverderbnis
Dysmenorrhoe: schmerzhafter Monatsfluss
Dyspepsie: Verdauungsschwäche
Dysurie: Harnzwang

E

Effekt: Wirkung, Erfolg

Eklampsie: Krampf bei Gebärenden
Ekstase: Verzückung
Ekzem: nässende Flechte
Elastizität: Spannkraft
Elixier: Heiltrank
Emanation: Ausstrahlung
Emeticum: Brechmittel Emotion: Gemütsbewegung
Emphysem: Blähung durch Luftanhäufung
Empirie: Erfahrungswissen Empirisch: erfahrungsgemäß
Endocarditis: Herzentzündung
Enteritis: Darmkatarrh
Enuresis: Unvermögen, den Harn zu halten
Epidemie: Seuche
Epidermis: Oberhaut
Epilepsie: Fallsucht
Erotomanie: Liebeswahnsinn
Erysipelas: Rose
Exzesse: Ausschweifungen

F

Facialis (nervus): der Gesichtsnerv
Facultativ: wahlfrei
Faeces: Darmkot
Faktor: Umstand, Gesichtspunkt
Favus: Erbgrind
Febris: Fieber
Fermentation: Gärung
Fibrom: Faserfleischgeschwulst
Flatulenz: Blähsucht
Fluor albus: Weißfluss
Foetororis: übler Mundgeruch
Fomalhaut: Stern Alpha im Sternbild Fische mit sehr günstigen Wirkungen
Frequenz: Anzahl, Häufigkeit
Furunkel: Blutgeschwür
Furunkulose: Auftreten von Blutgeschwüren an verschiedenen Stellen des Körpers
Fustigation: Hautgeißelung durch Aufschlagen mit dem faradischen Pinsel

G

Ganglien: Nervenknoten des vegetativen Nervensystems
Gangrän: Gewebsbrand
Gaster: Magen
Gastralgie: Magenschmerz
Gastritis: Magenentzündung
Gastroenteritis: Magendarmkatarrh
Gastrospasmus: Magenkrampf
Genius wird die Planetenintelligenz genannt, die den während der Geburt am Horizont aufsteigenden Grad des Tierkreises beherrscht. Er ist der göttliche Schutzgeist, unter dessen Obhut jeder kraft seiner Geburt lebt
Geozentrisch: was sich auf den Mittelpunkt der Erde bezieht
Gingivitis: Zahnfleischentzündung

Glandula: Drüse
Glans: Eichel
Glaukoma: Grüner Star
Glossa: Zunge
Glossitis: Zungenentzündung
Glossokarzinom: Zungenkrebs
Glottidospasmus: Stimmritzenkrampf Glottis: Stimmritze
Glykogen: Leber- oder Muskelzuckersubstanz
Gonagra: Kniegicht
Gonorrhoe: Tripper
Guttur: Kehle,
guttural die Kehle betr.

H

Habitus: Körperzustand
Haema: Blut
Haematemesis: Bluterbrechen
Haematocele: Blutbruch
Haematocyste: Blutblase
Haematoma: Blutgeschwulst
Haematonephrose: Nierenblutung
Haematurie: Blutharnen
Haemoglobin: Blutfarbstoff
Haemophile: Bluter
Haemophilie: Bluterkrankheit
Haemopthe: Bluthusten
Haemorrhagie: Blutung
Haemorrhoiden: variköse Erweiterung der unteren Mastdarmvenen
Haemostasie: Blutstillung
Haemostatica: blutstillende Mittel
Haemotoxine: Blutgifte
Halluzinationen: Sinnestäuschungen
Harnsaure Diathese: Neigung des Körpers zu starker Harnsäurebildung
Heliotherapie: Behandlung mit Sonnenlicht
Hepar: Leber
Hepar adiposum: Fettleber
Hepatitis: Leberentzündung
Hepatocirrhose: Säuferleber
Herba: Kraut, Pflanze
Herbalastrologie handelt von den Beziehungen der planetarischen Kräfte zu den Pflanzen und Kräutern
Hereditär: erblich Heredität: erbliche Belastung
Hernia: Brach
Herpes: Bläschenflechte
Herpes Zoster: Gürtelrose
Herzhypertrophie: Herzvergrößerung
Herzneurose: Herznervenschwäche
Histologie: Gewebelehre
Homöopathie: die auf dem Ähnlichkeitsgesetz beruhende Heillehre Hahnemanns
Hordeolum: Gerstenkorn
Hormone: bei der inneren Sekretion abgesonderte Stoffe, im weiteren Sinne chemische Sub-

stanzen, die auf die Zellen anregend wirken Humoralpathologie: Erklärung d. Krankheiten durch verdorbene Körpersäfte
Hydrämie: wässerige Beschaffenheit des Blutes
Hydroderma: Hautwassersucht
Hydropericardium: Herzbeutel, Wassersucht
Hydrops: Wassersucht
Hyperämie: Blutüberfüllung
Hyperaesthesie: Überempfindlichkeit
Hyperglykämie: vermehrter Zuckergehalt des Blutes
Hypertonie: übermäßige Spannung
Hypnose: Einschläferung
Hysterie: nervöses Kranksein
Hysterotabetismus: gleichzeitiges Bestehen von Hysterie and Rückenmarksdarre

IJ

Jackson'sche Epilepsie: Krämpfe, die auf gewisse Muskelgruppen beschränkt sind
Ichthyosis: Fischschuppenausschlag Idiosynkrasie: besondere Empfindlichkeit für bestimmte Stoffe Idiot: ein Schwachsinniger
Ikteras: Gelbsucht
Ileum: Krummdarm
Ileus: Koterbrechen
Iliacus: Hüftmuskel
Imbecillität: Verstandesschwäche
Immunität: Unempfindlichkeit gegen Krankheiten und Gifte
Impetigo: Eiterflechte
Impotenz: männliches Unvermögen zum Coitus
Impuls: Antrieb, Drang
Inclination: Neigung
Incubus: Alpdrücken
Indifferent: gleichgültig, wirkungslos
Indigestion: Verdauungsstörung
Individualität: Persönlichkeit
Indolent: schmerzlos
Indolenz: geistige Unempfindlichkeit
Infektion: Ansteckung
Infizieren: anstecken
Influenza: epidemisches Katarrhalfieber
Innere Sekretion: Absonderung von Hormonen
Innervation: Versorgung der Nervendurch Kraftzufuhr
Insania: Geistesstörung
Insolatie: Sonnenstich Inspiration: Eingebung Instinkt: Naturtrieb
Insuffizienz: Unzulänglichkeit
Intakt: unversehrt
Intension: Ausdehnung
Intercostalneuralgie: Zwischenrippennervenschmerz
Intermittierend: zeitweise aussetzend
Intervall: Zwischenraum

Intoxikation: Vergiftung
Intuition: innere Eingebung
Ischiagra: Hüftgicht
Ischias: Hüftweh
Ischurie: Harnstrenge, Harnverhaltung

K

Kachexie: ungesunde Körpersäfte
Kachektisch: ungesund
Karies: Knochenfraß
Katalepsie: Starrsucht
Kataplexie: Schrecklähmung
Katarakta: Grauer Star
Katatonie: Schlafsucht
Kalorie: Wärmeeinheit
Karzinom: Krebsgeschwür
Katarrh: Verschleimung
Keratitis: Hornhautentzündung
Klimakterium: Beschwerden der Wechseljahre
Klonus: Krampf
Klonische Krämpfe: Schüttelkrämpfe Koma: Bewusstlosigkeit
Kokainismus: Vergiftung mit Kokain
Konstitution: Körperanlage
Konstitutionsanomalie: krankhafte Körperbeschaffenheit
Koprostase: Kotstauung
Kosmogonie ist die Lehre von der Entstehung und Bildung des Weltalls.
Kosmologie ist die Gesamtheit der Lehren, die sich auf die in der Welt wirkenden Kräfte und herrschenden Gesetze beziehen.
Kraurosis vulvae: Schrumpfung der äußeren weiblichen Geschlechtsteile
Krisis: Entscheidung
Kyphose: Buckel, Höcker

L

Labia: Lippen
Larviert: versteckt
Laryngitis: Kehlkopfentzündung
Laryngophtisis: Kehlkopfschwindsucht
Laryngospasmus: Kehlkopfkrampf
Larynx: Kehlkopf
Laxativa: abführende Mittel
Leguminosen: Hülsengewächse
Lepra: Aussatz
Lethargie: Schlafsucht Leukämie: eine mit Vermehrung der weißen und Verminderung der roten Blutkörperchen verbundene Krankheit
Leukorrhoe: Weißfluss
Libido sexualis: Geschlechtstrieb
Lichen: Knötchenflechte
Lien: Milz
Lienitis: Milzentzündung
Lipoma: Fettgeschwulst
Lipomatosis: Fettsucht
Lithiasis: Steinkrankheit
Lues: Syphilis

Lumbago: Hexenschuss
Lumbi: Lenden
Lungenemphysen: Lungenblähung
Lungenödem: Lungenwassersucht
Lungentuberkulose: Lungenschwindsucht
Lupus: Wolf, fressende Flechte
Lymphadenitis: Lymphdrüsenentzündung
Lymphangitis: Lymphgefäßentzündung
Lymphosarkom: bösartige Lymphdrüsengeschwulst
Lymphomyom: gefäßreiche Neubildung des Gebärmutterparenchyms
Lyssa: Tollwut

M

Magnetotherapie: Behandlung durch tierischen Magnetismus Makrokosmos: die Welt im Großen, das Weltgebäude Malaria: Wechselfieber
Malignus: bösartig
Malum coxae senile deformierende Hüftgelenkgicht
Mamma: weibliche Brust
Manie: Tobsucht
Manifestation: Kundgebung, Offenbarung
Manus: Hand
Marasmus: Altersschwäche
Mastitis: Brustdrüsenentzündung
Masturbation: Selbstbefleckung
Materialismus: Weltanschauung, welche die Materie als das Wesen der Dinge ansieht
Mechanotherapie: physikalische Heilmethode durch mechanische Heilverfahren, insbesondere Heilgymnastik, Atemgymnastik, Massage. Orthopädie usw.
Medium: Versuchsperson für hypnotische und spiritistische Experimente
Medulla: Mark
Medullarapoplexie: Rückenmarkschlagfluss
Melancholie: Schwermut
Meniere'sche Krankheit: Ohrenschwindel
Meningitis: Entzündung der Hirnhäute
Meningitis cerebrospinalis epidemica: Genickstarre
Menorrhagie: überstarker Monatsfluss bei Frauen
Menstrualkolik: heftige Unterleibsschmerzen vor Eintritt der Monatsregel
Menstruationsanomalien: Störungen der monatlichen Regel
Mesmerismus: Lehre vom tierischen Magnetismus
Meteorismus: Gasanhäufung im Darmkanal
Metritis: Gebärmutterentzündung
Migräne: halbseitiger Kopfschmerz
Miserere: Koterbrechen

Monomanie: fixe Idee
Morphinismus: Morphiumsucht
Myelitis: Rückenmarksentzündung
Myelomalacie: Rückenmarkserweichung
Myelosclerose: Sklerose des Rückenmarks
Myomalacie: Muskelerweichung
Myositis: Muskelentzündung
Myospasmus: Muskelkrampf
Myxödem: mit Temperaturherabsetzung sowie mit Atrophie der Haut und der Schleimhäute verbundenes Ödem, das auf einer krankhaften Veränderung der Schilddrüse beruht.

N

Nadir: Fußpunkt im Gegensatz zum Zenit (Scheitelpunkt)
Naevus: Muttermal
Narkose: Betäubung
Narkotika: betäubende Mittel
Nasal: zur Nase gehörig
Nasus: Nase
Nativität: Geburtshoroskop
Nausea marina: Seekrankheit
Nekrose: das Absterben
Nephri: Nieren
Nephritis: Nierenentzündung
Nephrolithiasis: Nierensteinleiden
Nephrophitis: Nierentuberkulose
Neuralgie: Nervenschmerzen
Neurasthenie: Nervenschwäche
Neuritis: Nervenentzündung
Neuroparalyse: Nervenlähmung
Neurose: Nervenkrankheit
Nikotinismus: Nikotinvergiftung
Nitrogen: Stickstoff
Nodus: Knoten, Geschwulst
Noma: Wasserkrebs
Noxen: schädliche Stoffe
Nutriment: Nahrungsmittel
Nymphomanie: Mannstollheit

O

Obstipation: Stuhlverstopfung
Od: Naturkraft, die nur für Sensitive bemerkbar ist
Odoramenta: Riechmittel
Ödem: Wasseransammlung unter der Haut
Olenitis: Entzündung des Ellbogengelenks
Oophoritis: Eierstockentzündung
Oophoron: Eierstock
Ophthalmie: Augenentzündung
Opposition: Widerstand, Gegensatz
Opticus: Sehnerv
Orchitis: Hodenentzündung
Oszillation: Schwingung, Zittern
Osteom: Knochengeschwulst
Osteomalacie: Knochenerweichung
Osteomyelitis: Knochenmarkentzündung
Ostitis: Knochenentzündung
Ovarialgie: Schmerzen in den Eierstöcken

Ovarialtumor: Eierstocksgeschwulst
Ovarienhyperämie: Blutüberfüllung der Eierstöcke
Ovarium: Eierstock
Oxygen: Sauerstoff
Ozaena: stinkendes Nasengeschwür
Ozon: aktiver Sauerstoff

P

Palingenese: die Wiederholung der Entwicklung der Vorfahren bei der Entwicklung der Individuen
Palmospasmus: Schüttelkrampf
Palpitatio cordis: Herzklopfen
Panaritium: Fingergeschwür
Pankreas: Bauchspeicheldrüse
Pankreatitis: Bauchspeicheldrüsenentzündung
Papilla mammae: Brustwarze
Parakinese: Koordinatenstörung
Paralyse: vollständige Lähmung
Paralysis agitans: Schüttellähmung
Paranoia: Verrücktheit mit Sinnestäuschungen
Parasiten: Schmarotzer
Paraspasmus: Krampf der unteren Gliedmaßen
Parotis: Ohrspeicheldrüse
Parotitis: Ohrspeicheldrüsenentzündung, Mumps, Ziegenpeter
Pathologie: Lehre von den Krankheitsformen
Pathologisch: krankhaft
Periode: Wiederkehr in gleichen Zeitabschnitten und permanenter Regelmäßigkeit
Periodizität: Regelmäßigkeit
Periostitis: Knochenhautentzündung
Peristaltik: wurmförmige Bewegung des Magens und der Därme bei der Verdauung
Peritonitis: Bauchfellentzündung
Perityphlitis: Blinddarmentzündung
Perniciös: schlimm, bösartig
Phagedänisch: fressend, ätzend
Pharyngitis: Rachenhöhlenkatarrh
Pharyngospasmus: Schlundkrampf
Pharmazie: Arzneilehre
Phase: Lichtgestalt bzw. Stand des Mondes, im weiteren Sinne Stand, Abschnitt, Entwicklungsstufe
Phlegma: Kaltblütigkeit, Unempfindlichkeit, Gleichgültigkeit
Phrenitis: Zwerchfellentzündung
Phrenocardie: nervöse Herzbeschwerden
Phtisis: Schwindsucht
Phtisisch: schwindsüchtig
Physiognomie: Gesichtsausdruck
Physiologie: die Lehre von den Lebenserscheinungen
Physiotherapie: physikalische Behandlung
Physisch: körperlich, leiblich
Pigment: Farbstoff

Pigmentierung: veränderte Färbung der Haut
Plasma: die farblose Flüssigkeit des Blutes
Plethora: Vollblütigkeit
Pleuritis: Brustfellentzündung
Plexus: Geflecht, Nervengeflecht
Pneumonie: Lungenentzündung
Pneumorraghie: Lungenblutsturz
Polarität: Gegensatz zweier in Wechselbeziehung zu einander stehenden Eigenschaften oder Kräfte
Polysarcie: Fettsucht
Polyurie: zu häufiges und zu reiches Harnen
Praeputium: Vorhaut
Priapismus: schmerzliche Steifheit des männlichen Gliedes
Profus: reichlich, übermäßig
Prognose: Voraussage, Vorhersage
Progressiv: fortschreitend
Prostratio: Erschöpfung
Pruritus: Jucken
Psora: Krätze
Psoriasis: Schuppenflechte
Psvchoneurose: Nervenstörung mit seelischen Reizzuständen
Psychopathie: Geistesstörung
Pyretica: Fiebermittel

R

Rabies: Tollwut
Rachitis: englische Krankheit, Zwiewuchs
Radioaktiv: Radium ausstrahlend
Radiotherapie: Behandlung mit Röntgen- und Radiumstrahlen
Raynaud'sche Krankheit: Neurose der Gefäßnerven
Rectum: Mastdarm
Regeneration: Wiederherstellung
Reproduktion: Wiedergabe
Residuen: Rückstände
Resonanz: Widerhall
Respiration: Atmung
Retinitis: Netzhautentzündung
Rheumatismus: Reißen
Rhinitis: Nasenentzündung
Roseola: rotfleckiger Ausschlag
Rotation: Drehung
Rotula: Kniescheibe
Rubeolae: Röteln
Ruptur: Riss

S

Sakralgegend: Kreuzbeingegend
Sakrum: Kreuzbein
Salacitas: Geilheit, gesteigerter Geschlechtstrieb
Salpingitis: Eileiterentzündung
Salpinx: Eileiter
Sanguinisch: leichtblütig, hoffnungsfreudig
Sapphismus: homosexueller Trieb beim weiblichen Geschlecht
Satyriasis: übermäßiger Geschlechtstrieb infolge geistiger Reize
Scabies: Krätze

Scarlatina: Scharlach
Scrofuloderma: Hauttuberkulose
Scrofulose: Drüsenerkrankung
Scrofulös: drüsenkrank
Sekretion: Absonderung
Sensible Nerven: Empfindungsnerven
Sepsis: Fäulnis, Zersetzung
Septicaemie: faulige Blutvergiftung
Serum: wässeriger Bestandteil des Blutes (Blutwasser)
Signum: Zeichen Silikat: kieselsaures Salz
Skorbut: Ernährungsstörung mit Neigung zu Hautblutungen und Anschwellungen des Zahnfleisches
Skotophobie: Furcht vor Dunkelheit
Somnambulismus: Schlafwandeln
Soor: Schwämmchen
Sopor: Schlafsucht
Spasmodisch: krampfhaft
Spasmophilie: Neigung zu Krampfzuständen
Spasmus: der Krampf
Spermatitis: Samenstrangentzündung
Spermatorrhoe: Samenfluss
Sphinkter: Schließmuskel
Spina dorsalis: Rückgrat
Spinalparalyse: Rückenmarkslähmung
Splen: die Milz
Splenitis: Milzentzündung
Splenomegalie: Milzvergrößerung
Sputum: Auswurf. Schleim
Stenocardia: Herzkrampf
Stenose: Verengerung
Steril: unfruchtbar, keimfrei
Sterilisation: Entkeimung
Stomakace: Mundfäule
Stomatitis: Mundhöhlenentzündung
Strabismus: Schielen
Strangurie: Harnzwang, Harnstrenge
Subcutan: unter der Haut liegend
Suggestion: Beeinflussung
Superoxydation: die höchste Verbrennungsstufe
Surrogat: Ersatzmittel
Sympathikus: Nerv des vegetativen Nervensystems
Sympathie: seelische Übereinstimmung
Symptom: Krankheitszeichen
Synkope: Ohnmacht
Syphilis: Geschlechtskrankheit
System: Bau, Gefüge, geordneter Komplex
Systole: rhythmische Zusammenziehung

T

Tabes: Abzehrung, Schwund
Tabes dorsalis: Rückenmarksschwindsucht
Tachykardie: Herzklopfen mit Pulsbeschleunigung

Teint: Haut-, Gesichtsfarbe
Telepathie: Fernheilung, Fernwirkung
Temperament: Säftemischung, Gemütsart, Veranlagung
Tenesmus: schmerzhafter Drang der Blase oder des Mastdarms
Tetanie: Gliederstarre
Tetanus: Starrkrampf
Therapie: praktische Heilkunde
Therapeutik: Krankenbehandlung, Heilbehandlung
These: Behauptung, Leitsatz, Satz
Thorax: Brustkorb
Thymusdrüse: eine Drüse im oberen Teil der Brusthöhle, die nur im Kindesalter bis zum 14. Jahre vorhanden ist
Tibia: Schienbein
Tinea: Grind
Tinctur: weingeistiger Arzneiauszug
Tonica: Stärkungsmittel
Tonisch: stärkend, belebend, die Spannkraft erhöhend
Tonus: Spannung, Spannkraft
Tonsilla: Mandel
Tonsillitis: Mandelentzündung
Torpid: schlaff, schleichend
Toxikämie: Blutvergiftung
Toxine: Gifte
Trachom: ägyptische Augenentzündung
Trance: tiefer Schlafzustand
Transformation: Umformung
Trauma: Wunde, Verlegung
Traumatisch: durch Verwundung bewirkt
Trismus: Kinnbackenkrampf
Trophische Störungen Ernährungsstörungen
Tuberkulose: Schwindsucht
Tumor: Geschwulst
Tussis: Husten
Typhlitis: Blinddarmentzündung
Typhlon: Blinddarm
Typhus: Nervenfieber
Typhus abdominalis: Unterleibstyphus
Typhus exanthematicus: Flecktyphus

U

Ulceratio: Geschwür
Ulcus: Geschwür, Verschwärung
Ulcus durum: harter Schanker
Ulcus molle: weiches Schankergeschwür
Ulcus rodens: fressendes Geschwür, Hautkrebs
Ultrarote Strahlen: unsichtbare Strahlen von größerer Wellenlänge und geringerer Brechbarkeit als die roten Strahlen
Ultraviolette Strahlen: unsichtbare Strahlen von kleinerer Wellenlänge und größerer Brechbarkeit als die violetten Strahlen
Unguentum: Salbe Universum: Weltall

Urämie: Harnstoffverhaltung im Blut
Urate: harnsaure Salze
Urethra: Harnröhre
Urethrismus: Harnröhrenkrampf
Urethritis: Harnröhrenentzündung, Tripper
Urina: Harn
Urogenitaltuberkulose: tuberkulöse Zerstörung des Harn- und Geschlechtsapparates
Urolith: Harnstein
Urticaria: Nesselsucht
Uterus: Gebärmutter
Uvula: Zäpfchen
Uvulitis: Zäpfchenentzündung

V

Vagina: Scheide
Vaginismus: Neuralgie der Scheide
Vaginitis: Scheidenentzündung
Vagus: Lungen- und Magennerv
Varices: Krampfadern
Varicocele: Krampfadernbruch
Variola: Pocken, Blattern Vasomotorische Nerven: Gefäßnerven
Vegetabilien: Pflanzenstoffe
Vegetarismus: Ernährung durch Pflanzenkost
Vegetation: Pflanzenwuchs Vegetationen: Wucherungen Vegetatives Nervensystem: die Nerven, die die unwillkürlich tätigen Organe innervieren Vehemenz: Heftigkeit
Venenum: Gift
Venerisch: geschlechtskrank
Venter: Bauch
Vermes: Würmer
Vertebra: Wirbelsäule
Vibrationstherapie: Behandlung durch fortgesetzte leichte Erschütterungen des ganzen Körpers oder einzelner Teile mit einem Vibrationsapparat
Virginität: Jungfernschaft
Vitalilität: Lebenskraft
Vitalismus: Lehre von der Lebenskraft
Vitalität: Lebensfähigkeit
Vitamine: stickstoffhaltige lebenswichtige Substanzen, deren Mangel in der Nahrung Krankheiten verursacht
Vomitus: Erbrechen
Vulnus: Wunde
Vulva: Schamlippe
Vulvismus: Scheidenkrampf
Vulvitis: Entzündung der Vulva
Vulvovaginitis: gleichzeitige Entzündung der Vulva und der Scheide

W

Wega: der Stern. Alpha in der Leier, ein sehr günstiger Fixstern
Weltsysteme: die verschiedenen Theorien betreffs der Anordnung und Bewegungsart der

Körper unseres Sonnensystems. Das ptolemäische (geozentrische) System lässt alle Himmelskörper sich um die Erde bewegen. Das kopernikanische (heliozentrische) System nimmt an, dass sämtliche Planeten sich um die Sonne bewegen

Werlhof'sche Krankheit: Blutfleckenkrankheit

Wetterastrologie: bezeichnet die Voraussage des Wetters aufgrund bestimmter Konstellationen

X

Xeroderma: Pergamenthaut

Xerosis: das Austrocknen

Xerostomie: Trockenheit der Mundhöhle infolge mangelnder Absonderung der Speicheldrüsen

Z

Zentrifugalkraft heißt die bei der Rotation auftretende Kraft, vermöge deren die rotierenden Teile das Bestreben haben, sich von der Rotationsachse zu entfernen

Zentripetalkraft, auch Schwerkraft oder Gravitation genannt, ist die Kraft, die einen bewegten Körper ununterbrochen nach einem bestimmten Punkt hin (Schwerpunkt, Zentralpunkt) zieht und in ihrem Zusammenwirken mit der Zentrifugalkraft die Gestalt der Bahn des bewegten Körpers verursacht

Zirbeldrüse: nach der medizinischen Schulwissenschaft ein Teil des Gehirns hinter den Vierhügeln, ein Anhang, der in der Rückbildung begriffen ist, nach okkulter Lehre ein in der Entwicklung begriffenes Organ für einen neuen Richtungssinn

Zirkulation: Kreislauf

Zoster: Gürtelrose

Zymose: Gärung, Gärungskrankheit

Zymotisch: Gärung erregend

Claudia Neubert und
Deborah Rolka

Krankheitsdispositionen im Horoskop

Mit Astrologie Symptome erkennen
210 Seiten, Paperback,
ISBN 978-3-937077-93-2

Beschrieben werden die Zeichen und Planeten mit ihren Entsprechungen. Auch die Aspekte sind sehr wichtig, denn viele Körperbereiche werden erst durch einen Aspekt zwischen zwei Planeten angesprochen. Ein Faktor alleine zeigt keine Krankheit an, maßgeblich ist vielmehr die Kombination mehrerer Aspekte und Planeten. Anhand von 38 Krankheitsbildern belegen die Autorinnen ihren Ansatz. Mit zahlreichen Tabellen zum Nachschlagen.

»In den 38 Beispielhoroskopen wird gezeigt, dass nur ein Zusammenspiel von mehreren Horoskopentsprechungen zum Krankheitsausbruch führen kann. Wer sich dessen bewusst ist, für den ist das Buch eine wertvolle, fundierte und nützliche astromedizinische Nachschlaghilfe«.

Astrologie Heute Nr. 191, 2018

astronova